SV

Caspar David Friedrich *Segelschiff*

Manfred Frank
Die unendliche Fahrt

Ein Motiv und sein Text

Suhrkamp

CIP-Kurztitelaufnahme der Deutschen Bibliothek
Frank, Manfred:
Die unendliche Fahrt : e. Motiv u. sein Text /
Manfred Frank. – 1. Aufl. – Frankfurt am Main:
Suhrkamp, 1979.
ISBN 3-518-07527-6

Erste Auflage 1979
© Suhrkamp Verlag Frankfurt am Main 1979
Alle Rechte vorbehalten
Druck: H. Mühlberger KG, Augsburg
Printed in Germany

Inhalt

Dem folgenden Text liegt eine Vorlesung zugrunde, die ich im Wintersemester 1978/79 in Düsseldorf gehalten habe. Bei der Herstellung der stark gekürzten Druckfassung habe ich mich nicht bemüht, Stil und Gestus des gesprochenen Wortes zu retuschieren: die Lesbarkeit, so hoffe ich, wird dadurch gewinnen.

Ich widme diesen Text den Kommilitonen, die trotz meines zu raschen Vortrags bis zum Schluß geduldig ausharrten und mich auf viele Ideen brachten, die in die vorliegende Fassung eingegangen sind.

Motivation und Motiv

Man könnte scherzhaft fragen – aber die Frage wäre nicht ohne Hintersinn –, womit beginnen muß, wer eine literaturwissenschaftliche Vorlesung »von vorn« zu beginnen verspricht. Sind die Themen und die geschichtlichen Gegenstände unseres Fachs nicht immer umgriffen und umschlossen entweder vom Skopus anderer Wissenschaften – z. B. der Geschichtswissenschaft, der Soziologie, der Philosophie (den komischerweise so genannten ›Hilfswissenschaften‹ unserer Fachbibliotheken) – oder von epochalen Zusammenhängen, Traditionen, kurz: von der Vorgeschichte des Themas, das im Zentrum eines Forschungsvorhabens steht? Zum Überfluß verlängert sich das Problem in den Erwartungen, in den Einstellungen, ja auch in den Wünschen derer, die am Prozeß der Forschung – lehrend oder lernend (diese Rollen werden ja ständig gegeneinander ausgetauscht) – teilhaben. Wenn ich z. B. über ein Motiv der neueren europäischen Literatur zu sprechen (oder zu schreiben) ankündige, muß ich damit rechnen, daß einige meiner Hörer (oder Leser) hoffen, es sei damit die neueste, die allerneueste Literatur gemeint – und da hätten wir bereits das Bekenntnis einer Vorerwartung, die mit dem Ruf, vorne zu beginnen, nicht ohne weiteres vereinbar ist. Denn wo wäre die Geschichte der Literatur weniger ›vorne‹ als an ihrem hintersten Ende? Natürlich habe ich da eine rhetorische Frage gestellt. Sie ist ihrerseits einem bestimmten epistemologischen Modell verpflichtet, nämlich einem Modell über den Richtungssinn der Zeit. Wer sagt denn aber, daß die Geschichte in der Vergangenheit entspringt und sich nicht vielmehr krebsförmig auf sie zubewegt? Schelling z. B. – aber er ist weder der erste noch der einzige – nannte die *Zukunft* die »eigentliche Zeit in der Zeit«.[1] Aus ihr entwickele sich die Geschichte, um alsbald der Vergangenheit anheimzufallen, in der sie ihr Ziel (ihr »Seyn«) finde. Und was ist endlich die Gegenwart, auf die der Aktualismus pocht, selbst? Ein infinitesimaler Punkt ohne Ausdehnung, der – leer und unbeschrieben – erst aus

1 *Sämtliche Werke*, Stuttgart 1856–1861 [zit.: *SW*], I/6, 276; I/7, 238.

der Zukunft, in die er sich vorspannt, und von der Vergangenheit her, auf deren Sockel er erwächst, Sinn und Profil erwirbt.

Ich will dieses Zusammenwirken der geschichtlichen Projekte mit den Zeitphasen in einer ersten vagen Annäherung Motivation nennen: Immer wird *von* etwas *her* und im Vorgriff *auf* etwas gefragt, und das Gegenwärtige wird davon zugleich umgriffen und bestimmt. So ist auch das Interesse an der aktuellen Gegenwart – ob im Leben, ob in der Literatur oder im politischen Bereich – immer motiviertes Interesse; und da begegnen wir, scheinbar unversehens, einem weiteren Begriff des eben formulierten Titels, der ja ein Motiv ankündigt. Das Motiv – ich spiele absichtlich mit dem Etymon, obwohl die Bedeutungen der beiden Ausdrücke sich auseinanderentwickelt haben – ist das literarische (oder textuelle) Pendant zur Motivation. Auch die Motive der Literatur verweisen ja auf einen Geschichts- oder Traditionszusammenhang; und sie tun das in der Weise, daß ihre bloße Präsenz – ihr Auftauchen in den Texten der Gegenwart – für das einsteht, was aus ihrer Vergangenheit unabgegolten ist und insofern, wie man sagt, Zukunft hat.

Jedes Motiv, das in literarischen (und allgemein: kulturellen) Gebilden überlebt hat, bricht ein Stück kultureller Erbschaft an, um sie im Vorblick auf ein bestimmtes Projekt von der Zukunft dieser Kultur neu zu deuten: Was immer sich inzwischen verändert haben mag (und wir sind uns heute in fast verstörender Weise bewußt, von den gesellschaftlichen Verbindlichkeiten der Traditionen abgespalten zu sein): – etwas, ein strukturelles Minimum (könnten wir sagen), hat sich durchgehalten: eben das Motiv.

Man definiert es als eine »kleinere stoffliche Einheit« (Frenzel 1957) bzw. als einen »elementaren, in sich einheitlichen Theil eines poetischen Stoffes« (Scherer 1888). Eine ›restance minimale‹ – wie Derrida sagt –, eine minimale Bleibe oder Beharrungskraft ist dem Motiv wesentlich. Dies Merkmal reicht freilich noch nicht aus, um das Motiv von der amorphen Masse eines ›Themas‹ oder ›Stoffes‹ abzuheben und zu einer Art Seismograph (literatur)geschichtlicher Tendenzen werden zu lassen. Dazu wird vielmehr erfordert, daß es (in gewissen Grenzen beliebige) semantische Merkmale in charakteristischer Weise verwebt (d. h. – im Wortsinne – textualisiert). Motive besitzen nämlich vermöge ihrer strengen Strukturiertheit die Fähigkeit, ganz unabhängig von dem Stoff, in dessen Rahmen sie auftauchen, und unabhängig von der Textgattung oder von der Symbolwelt, in denen sie sich entfalten, in größeren Textzusammenhängen in wiedererkennbarer Weise aufzutauchen und aus sich heraus Kontexte aufzubauen (analog zu den Bauplänen organischer Substanzen). Und drittens – davon war ich ausgegangen – ist das Motiv von seinem Wesen her tradierbar und aus Traditionen abkünftig. Sagen wir vereinfachend und resümierend: die Permanenz eines Motivs (unabhängig von seinem Thema, seiner Gattung, seiner Symbolik) enthüllt das Gewordensein dessen, was ist, in der Dimension der Geschichte von Texten. Es gibt dem Aktuellen und sogar dem Zukünftigen den Index einer Traditionszugehörigkeit. Was *heute* motivierende Kraft besitzt, besitzt sie nicht erst *seit* dem heutigen Tag, sondern auf Grund einer Vorgeschichte, in die wir unwissentlich verstrickt sind und die wir ins Licht zu heben trachten. Die fortwährende Wirksamkeit jener Baupläne und Operationsschemata zu entdecken, aus denen jener ›texte général‹, der unser kollektives Selbstverständnis vermittelt, verwoben ist, ist ein wesentliches Interesse jeder kulturgeschichtlichen (und also auch: literaturwissenschaftlichen) Forschung.

Das Thema

Ich gehe gleich ans Ziel: Die Zeitspanne, innerhalb deren meine Untersuchung sich bewegt, reicht zum Ereignis der neuzeitlichen Epochenwende zurück. Mit dem Einschnitt der kopernikanischen Revolution beobachtet man vielerorts in der Dichtung das Aufblühen und die rasche Ausbreitung einer Motivstruktur, die – unabhängig von ihrer jedesmaligen inhaltlichen Auffüllung – ihre eigene Evolution parallel zur Logik der Evolution der Epoche vorantreibt. Ich darf mich mit ein paar Stichworten begnügen. Die Katastrophe (im Sinne von: Um-wendung), die das neue Weltbild der mittelalterlichen Kosmo-Theologie zumutet, besteht u. a. darin, daß sie den Fixstern Erde de-zentriert und mit ihm auch den Menschen aus dem Schöpfungsmittelpunkt entfernt. Eine symbolschwangere Ent-stellung, die die prästabilierte Harmonie zwischen der irrenden Seele und dem Ort, an welchem sie ›eigentlich‹ zu Hause ist, durchschneidet. Denn der Begriff der Unendlichkeit impliziert den der Mittelpunktlosigkeit; von keinem Punkt im leeren All ließe sich mit größerem Recht als von irgendeinem anderen sagen, er sei das Zentrum. Die Erde, der angestammte Ort des gott-ebenbildlich geschaffenen Menschen – »son lieu propre« (wie die Franzosen sagen) –, ist nicht der Ort, auf dem das Auge der Unendlichkeit mit irgendeiner Vorliebe zu verweilen Grund hätte. Aber der moderne Mensch bedauert das nicht: er feiert die Befreiung aus den Banden einer fremdbestimmten Lebensordnung; er bringt den alten Gott-Vater hinter sich; er wagt – als Forscher – den Blick durch das Fernrohr und verlacht – wie Brechts Galilei – jene florentinischen Kirchenknechte, die da argumentieren, der Blick lohne nicht: denn daß der Jupiter keine zwei Monde habe, das wisse man schon aus der unverbrüchlichen Autorität des Aristoteles und aus der biblisch-scholastischen Naturphilosophie.[2] »Es hat immer geheißen«, sagt Galilei und fügt einen charakteristischen Vergleich an, »die Gestirne sind an einem kristallenen Gewölbe angeheftet, daß sie nicht herun-

2 *Gesammelte Werke*, Ffm. 1967, Bd. 3, 1265 ff.

terfallen können. Jetzt haben wir Mut gefaßt und lassen sie im Freien schweben, ohne Halt und in großer Fahrt, gleich unseren Schiffen, ohne Halt und in großer Fahrt.«[3]
Der Prozeß der theoretischen Neugierde gleicht also der verwegenen Tat der großen Weltentdeckungs- und Kolonialreisen. Diese Tat setzt den Mut voraus, das Tabu zu brechen, das über den Grenzen der alten Welt lastet: auch im imperial-politischen Sinne. Der neuzeitliche Mensch durchschifft die Meere und kolonisiert die wilden Kontinente. Er wird die Pole entdecken und den Mond erreichen.
Es beginnt die Zersetzung der Struktur der hierarchischen, aus letzten Werten beglaubigten und zusammengehaltenen Ordnung des christlichen Europa. Ein Prozeß kommt in Gang, der sich mit einer inneren Logik bis hinein in unsere Tage vollzieht: der Prozeß der Rationalität. Das Lebensgefühl seiner Anfänge ist in dem »juvat vivere« der humanistischen Ära überliefert. Je sichtbarer die Triumphe des wissenschaftlichen Geistes über die wilde Natur (auch diejenige des Menschen selbst) wurden, je dichter das Netz einer zur Maschine verknöcherten und humanistischen Zwecken entglittenen Rationalität sich über die Erde und die menschlichen Gesellschaften zog, desto unnachfühlbarer wurde das jubilatorische Pathos der ersten Stunde. Die große Philosophie des 19. und 20. Jahrhunderts ist zwar eine Philosophie ›nach dem Tode Gottes‹, die insofern die historische Tat der Vernunftemanzipation nicht widerruft; aber es ist eine Philosophie mit kritischer Wendung gegen den übermächtigenden Geist der Neuzeit, wo nicht des Abendlandes insgesamt. Darin kommen so gegensätzliche Positionen wie die des alten Schelling, Marxens, Nietzsches, Heideggers, Adornos oder Derridas überein.
Die frühesten Spuren einer Kehrtwendung gegen den Geist der völlig auf eigene Füße gestellten Rationalität finden sich in der Dichtung. Man wird das natürlich finden. Im Gegensatz zu den Historikern, denen es eher um die Erforschung der objektiven Taten, und zu den Wissenschaftlern, denen es um die Akzeleration des rationalen Prozesses geht, sind die Dichter so etwas wie die Historiographen der Schicksale der

3 L. c. 1234.

menschlichen Seele, die sich – wie die Zeugnisse lehren – mit der vom Weltgeist ausgegebenen Parole eines hemmungslosen Fortschritts von Anfang an nicht so recht befreunden will. In die Feier der Befreiung aus den Fesseln der von Gott geschaffenen und tyrannisch in Ordnung gehaltenen Welt mischen sich bald (und je weiter die Neuzeit voranschreitet, desto unüberhörbarer) Töne, die Zweifel an der Legitimierbarkeit, ja nur an der Wünschbarkeit einer völlig auf sich gestellten (nicht mehr, wie der Idealismus es nannte, von »Ideen« kontrollierten) Weltneugier artikulieren. Solche Vorbehalte sind kein spezifisch neuzeitliches Syndrom und entspringen nicht einer eigentümlichen Idiosynkrasie der Dichtung gegen die mittelalterlich-christliche Axiologie: Jeder Mythos und jede religiöse Weltanschauung schützt die oberste Wertüberzeugung, die den Konsensus ihrer Teilhaber fundiert, durch den Akt der *sanctio*: der Heiligung, die zugleich als Sanktion, als Ahndung der Tabuverletzung, funktioniert. Es wäre naiv zu glauben, daß man die gemeinschaftsstiftende Kraft einer aus Wertüberzeugungen gerechtfertigten Weltansicht in eine von diesen Axiomen sich befreiende Gesellschaft hinüberretten könnte. Ist es Zufall, daß die Meerstraße von Gibraltar in antiker Zeit den mythischen Namen der »Säulen des Hercules« trägt und also mit einem Index der Sanktion versehen ist? Apollodor berichtet, daß Herakles (dieser Christus oder Siegfried der griechischen Mythologie, der sich durch rettende Taten einen Platz unter den Göttern selbst verschafft) bei seinem Zug durch Westeuropa und Nordwestafrika – im Vollzug nämlich seines Auftrags, die Rinder des schrecklichen Riesen Geryones herbeizuschaffen – die Meerenge von Ceuta und Gibraltar erreicht und hier – gleichsam am Ende des abendländischen Kosmos gegen den Atlantik hin – zwei Säulen errichtet habe. »Manche glauben, daß die beiden Kontinente früher miteinander verbunden gewesen waren und daß Herakles entweder zwischen ihnen einen Kanal grub oder die Klippen voneinander trennte; andere behaupten das Gegenteil: daß er die schon bestehende Meerenge verkleinerte, um den Durchzug von Walfischen und anderen Seeungeheuern zu verhindern« (II, 5, 10). In jedem Falle sind diese »columnae fatales« (die nach der Prophezeiung des Chorliedes aus Senecas *Medea* erst am

Jüngsten Tage offenstehen) als Abgrenzungssymbole mit dem Index eines Tabu versehen. Sie bezeichnen die Grenzen des erlaubten Wagemuts in eins mit den Schwellen der bekannten Welt und dem Geltungsbereich der machthabenden Götter. Der Weise, schreibt Pindar in der dritten Olympie, hält hier an; schrecklich wäre es, weiterzuschreiten (III, c). Es gibt andere *loci fatales* in späterer Zeit: z. B. das euphemistisch so genannte Kap der guten Hoffnung: Warum mußte Vasco da Gama den Seeweg um Afrikas Südspitze gegen den Sturm, das warnende Zeichen des alten Gottes, erzwingen? Warum nahmen er und Bartolomeo Diaz Meuterei und Gemetzel in Kauf, warum verfluchten sie Gott?

Die kollektive Phantasie der Seefahrer erblickt eines Tages das Gespenst des Fliegenden Holländers auf den Meeren der neuen Welt: »blutrot die Segel, schwarz der Mast«. Ziellos, mit beschädigtem oder weggespültem Steuer und zuweilen ohne lebende Besatzung, geistert es – düsteres Mahnbild in einer optimistischen Zeit – über die Fluten und verhängt über den, der es kreuzt, den Fluch der Ziellosigkeit und des Todes bei Lebzeiten.

Dies Motiv, dessen literarische Verbreitung außerordentlich ist – wenn die inhaltliche Erfüllung der Struktur auch stark variiert und die erste Aufzeichnung der Sage nicht vor dem 19. Jahrhundert unternommen wird –, – dies Motiv erscheint mir als geeigneter Einstieg in unsere Untersuchung. Da es, wie alle Motive, eine Vergangenheit hat (die in diesem Falle bis in die Anfänge der Antike zurückreicht); und da es ferner einer Phantasie verpflichtet ist, die auf die historische Realität der großen Entdeckungsfahrten verweist, bietet dies Motiv in besonderer Weise Stoff zu geschichtlicher Reflexion: hier hebt sich das Paradigma der Neuzeit vor dem Hintergrund der Antike und des Mittelalters heraus, um als solches und im ganzen in Frage zu stehen. Die geschichtliche Untersuchung des Motivs in wechselnden historischen Konstellationen wird uns dann etwas über die Kette der Einstellungen lehren, die zu verschiedenen Zeiten von den Menschen der Neuzeit zum Schicksal ihrer Epoche eingenommen wurden. Charakteristisch scheint mir, daß die ziellose Fahrt des Geisterschiffs auf den irdischen Gewässern von Anfang an (und keineswegs, wie man glauben könnte, erst in dem Augenblick, da der Weg des Fortschritts die Talsohle der Verzweiflung erreicht hat und in nostalgische Beschwörungen der guten alten Vorwelt umschlug) mit einem Index des Unheils, der Schuldverbüßung und der Wissenschaftskritik versehen war. Die Wissenschaft – das kennen wir – rächte sich an solcher Miesmacherei der Dichtung, indem sie ihr kurzerhand die Seriosität und wissenschaftliche Strenge absprach: durch eine offensichtlich tautologische Behauptung zwar (»das Nicht-Wissenschaftliche ist nicht wissenschaftlich«), die in einem szientistischen Zeitalter dennoch auf Applaus hoffen durfte – bis hinein in die Pinscher-Schimpfe unserer Tage. Gleichwohl hat gerade die Technologie-Kritik dieses Jahrhunderts die Poesie als einen, ja als den einzigen, wenn auch negativen Ort des Heils beschworen (Benjamin, Adorno) und mit solcher Sakralisierung der Kunst an die poetische Rationalitätskritik der neuzeitlichen Epochenschwelle angeknüpft. Die Poesie konnte zur säkularen Statthalterin der alten Religion werden, indem sie dem szientifischen Prozeß gegenüber jene intersubjektiven Verbindlichkeiten und legitimierenden Wertüberzeugungen einklagte, die in der realen Geschichte der europäischen Aufklärung immer funktionsloser wurden: freilich mit der Folge einer sukzessiv sich verschärfenden Entfremdung zwischen dem Rationalismus der Gesellschaften und den Sinnforderungen der Individuen, die an imaginäre Kompensationen verwiesen sind. Richard Wagner hat eine besonders eindrucksvolle Formulierung für die religiöse Erbschaft der Kunst gefunden. Sein Essay *Religion und Kunst* beginnt mit den Worten: »Man könnte sagen, daß da, wo die Religion künstlich wird, der Kunst es vorbehalten sei, den Kern der Religion zu retten, indem sie mythische Symbole, welche die erstere im eigentlichen Sinne als wahr geglaubt wissen will, ihrem sinnbildlichen Werte nach erfaßt, um durch ideale Darstellung derselben die in ihnen verborgene tiefe Wahrheit erkennen zu lassen.«[4] Freilich ist die Aufhebung der Religion in die

4 Richard Wagner, *Gesammelte Schriften und Dichtungen*, Volksausgabe, Leipzig ohne Jahr, Bd. 10, 211 (hinfort im laufenden Text zitiert unter der Sigle *GSD*).

Kunst keine Errungenschaft des 19. oder des 20. Jahrhunderts. Die theonome Rechtfertigung der poetischen Praxis war seit dem 16. Jahrhundert eine Selbstverständlichkeit. Ich gebe ein Zitat für viele: »Die Poeterey«, schrieb Opitz 1624 in seiner *Deutschen Poeterey*, »ist verborgene Theologie« (hg. von R. Alewyn und L. E. Schmidt, Tübingen 1954, 7). Das bedeutet freilich nicht, daß sie ausschließlich über Göttliches redet; aber sie redet – auch nach dem Funktionswechsel, den man seit Klopstock beobachtet – mit hieratischer Gebärde,[5] sie beerbt vollends in der Romantik und im französischen Symbolismus die verlorene Heiligkeit einer funktionierenden Religiosität. Gewiß überkompensiert die Poesie auf diesem Wege ihre wissenschaftliche Ächtung und die gesellschaftliche Bedeutungslosigkeit, zu der sie herabgesunken ist. Doch stets tritt sie mit dem inneren Glanz eines Aschenputtels der neuzeitlichen Kultur auf; und dieser Glanz wird dort, wo er ein Auge erreicht, verstanden als Einmahnung eines Legitimationsverlustes eben der Gesellschaften, denen die poetische Praxis im übrigen als prärationaler Atavismus oder als eine chronisch verschleppte Pubertät gilt. Wer immer die Dichtung totgesagt hat – und das haben im Verlauf der Neuzeit viele bedeutende Namen, darunter auch solche von Dichtern, getan –, der hat womöglich diejenige Instanz mortifizieren helfen, in der noch mehr von dem alten heraklitischen Lebensquell, dem Feuer, glimmt als in den toten Produkten einer unters Kalkül geratenen Maschinenwelt, in welcher das Pathos der Humanität in der Tat unhaltbar geworden ist.

Soll man also sagen, die Stimme, mit der die Neuzeit spricht, sei von Anfang an gespalten gewesen? Ich glaube es fast: Fortschrittsglaube und Aufklärungskritik sind gleichursprünglich. Die Spaltung setzt sich fort in einem philosophischen Theorem, das wie kein anderes den Lauf der Neuzeit geprägt hat, dem Theorem des Selbstbewußtseins, jener Vertrautheit des Selbst mit sich, die alle anderen Kenntnisse an Evidenz übertrifft und insofern für den Quell der Rationalität gelten konnte. Heidegger hat in einer kulturpessimisti-

[5] Vgl. G. Kurz, *Theater der Existenz. Eine Studie zu Kafkas Werk*, Habilitationsschrift, Typoskript Düsseldorf 1978, 79/80.

schen Tradition des ausgehenden 19. Jahrhunderts der Neuzeit die Diagnose gestellt, in ihr vollstrecke sich undurchschaut und darum unaufhaltsam die Selbstermächtigung von Subjektivität mit dem Ziel der Selbstzerstörung des Denkens. Das Denken aber mahne den ›Herrn‹ des Subjekts, das verworfene und vergessene ›Sein‹ ein. Dieser Diagnose ist mit Recht entgegengehalten worden, daß das Bewußtsein der Selbstmächtigkeit von Subjektivität von Anfang an mit dem Bewußtsein einherging, daß diese Macht sich nicht ihr selbst verdanke, daß sie den Grund ihres freien Selbst- und Weltverhältnisses nicht abermals sich selbst zuschreiben könne, daß die moderne Subjektivität sich erfährt als ›geworfene‹, als grundlos existierend, als ungerechtfertigt.[6]

Warum gerade die Dichtung diesen zweiten Aspekt so stark zum Ausdruck gebracht hat, wird uns im Verlauf dieser Untersuchung noch beschäftigen. Gewiß ist, daß ohne das Bewußtsein einer absoluten Abhängigkeit der Vernunft von ihrem Grunde das Motiv des Fliegenden Holländers und allgemein: der ziellosen Fahrt weder hätte aufkommen noch so ungeheuer sich ausbreiten können. Denn wäre das Paradigma der rationalen Emanzipation, des Fortschritts und der Aufklärung jemals – und sei's nur in den Köpfen der Wissenschaftler und der Philosophen – ganz unangefochten und erfolgreich gewesen, wie hätte sich jene restaurative, religiös inspirierte und kulturkritische Phantasie, die dem Aufklärungsoptimismus unüberhörbar entgegenarbeitet, so tief im kollektiven Sagengut und später in der Dichtung verankern können? Und vor allem: wie hätte gerade die Neuzeit die unheimliche Vorstellung der Ziellosigkeit entwickeln können, wenn die Lücke, die dem religiösen Bedürfnis durch den Verlust des mittelalterlichen Gottes und der kosmisch geordneten zentrischen Welt geschlagen worden ist, sich durch die prometheische Selbsterlösungsideologie einer absoluten Vernunft hätte schließen lassen?

6 Vgl. die Aufsätze in Hans Ebeling (Hg.), *Subjektivität und Selbsterhaltung. Beiträge zur Diagnose der Moderne*, Ffm. 1976.

»Der Jäger Gracchus«
Variationen einer modernen Phantasie

Ich beginne meinen Parcours durch die Geschichte des Motivs – gleichsam wider die eben getroffene Verabredung – nicht »von vorne«, sondern mit einem Text des 20. Jahrhunderts. Wenn es nämlich wahr ist, was ich soeben behauptet habe, daß die rationalitätskritische Opposition der Dichtung schritthaltend mit der Beschleunigung rationaler und technischer Weltbemächtigung sich verschärft, dann wird sich die Struktur des Motivs an einem sehr späten Beispiel besonders leicht enthüllen. Stets gibt der Zielpunkt eines Prozesses die beste Auskunft über die verborgenen Triebkräfte und Implikationen seines Beginns, weil er diesem Beginn die Fülle und Konkretheit der (Hegelschen) Wahrheit voraus hat. Ich werde also zum Einstieg ins Thema eine Dichtung der jüngeren Vergangenheit wählen und sie nach der Kontinuität des Motivs, d. h. danach befragen, welche wirkungsgeschichtliche Fracht aus welchen historischen Zeiträumen in ihr nachweisbar ist und ob die narrative Logik, mit der sie die einzelnen Momente verknüpft, derjenigen früherer Schichten des Motivs in gesteigerter Form entspricht.

Für eine solche Frage ist mir *Der Jäger Gracchus* von Franz Kafka besonders willkommen. Die Erzählung stammt aus den Jahren 1916/17 und wurde von Max Brod 1931 aus dem Nachlaß publiziert. Sie existiert in zwei Fassungen, einer durchgeführten und einer fragmentarischen, die Max Brod in einem anderen Band mit Nachlaßnovellen und Skizzen unter dem Titel *Beschreibung eines Kampfes* (1954) abdruckte und die ich gelegentlich mitbenutzen werde.[7]

Der Jäger Gracchus, der gewissermaßen die Signatur seines

---

7 Ich zitiere aus der Erzählung unter der Sigle *E* im laufenden Text (nach der Ausgabe der *Sämtlichen Erzählungen*, hg. von Paul Raabe, Ffm.-Hamburg 1970), aus dem Fragment zum Jäger Gracchus nach der Ausgabe von Max Brod unter der Sigle *B*.
Die bislang gründlichste Interpretation des *Jäger Gracchus* hat Gerhard Kurz in seiner schon zitierten Arbeit *Theater der Existenz* (135 ff.) geliefert. Er deutet die unendliche Fahrt des Jägers als eine Verdrängung des Todes.

Schöpfers trägt (›graculus‹ heißt wie ›kavka‹ Dohle), ist bei der Gemsenjagd im Schwarzwald verunglückt. Fröhlich wie die Braut ins Hochzeitskleid schlüpft er ins Totenhemd und streckt sich auf der Bahre aus, die ihn ins Jenseits – die eigentliche Heimat des Menschen – tragen wird. Er liegt und wartet, doch »dann geschah das Unglück« (E 288): die Totenbarke – unverkennbares mythologisches Requisit: denken Sie an Charons Boot, das Totenschiff Naglfar oder die Barke des ägyptischen Totengottes Sokar –, der schwimmende Sarg nimmt eine Zeitlang Kurs auf die himmlische Heimat, wird jedoch unversehens abgelenkt, d. h. verfehlt sein Ziel (wie es charakteristisch heißt) und muß fortan auf den »irdischen Gewässern« (E 287) rastlos und ohne die Aussicht auf Erlösung oder Vernichtung mit dem Wind fahren, »der in den untersten Regionen des Todes bläst« (E 288).

Ich werde mich, um den einführenden Charakter meiner Interpretation nicht zu sprengen, auf wenige Züge beschränken. Beachtenswert erscheint mir zunächst, mit welchem Geschick Kafkas Erzählung eine klassische Opposition zum Scheitern bringt. Im allgemeinen verwendet man den Ausdruck ›Zeitlichkeit‹ (sofern man ihn nicht bereits altfränkisch findet und meidet) synonym mit ›Endlichkeit‹. Beide Begriffe sind der ›Ewigkeit‹ entgegengesetzt. Nun ist das Absurde jenes Sturzes in die Zeitlichkeit, von dem der Jäger berichtet, daß die Zeit dem Reisen gerade kein Ende bringt. Es gehört zur Ordnung des Daseins, daß es enden, ja selbst: daß es zur Unzeit enden kann. Das Leben ist von seinem Wesen her lebensgefährlich: jeder Augenblick trägt uns dem Tode näher und verkürzt die Zeitspanne zu unserem ›Ende‹. Dies akzeptiert der Jäger Gracchus ausdrücklich als die »Ordnung« der Dinge. Nach dieser Ordnung bringt das Ende der Zeit jedoch entweder die Auflösung des Organismus, die Vernichtung seiner Individualität – oder aber seine Aufhebung in die Ewigkeit. Beides geschieht nicht im *Jäger Gracchus*: ohne die Schwelle der Ewigkeit zu überschreiten, kommt seine Barke hienieden nicht zur Ruhe. Man könnte sich ja vorstellen, daß sie zwar kein Ziel fände, in dem ein so anspruchsvolles Wesen wie das menschliche einen Sinn erblickt; dennoch müßte ihre Fahrt irgendwann einmal – sinnlos – zu Ende gehen. Das ist nicht der Fall: Das alte religiöse Jenseits übt ex negativo noch eine fatale Macht auf die Weltenreise dieses ehemaligen Festlandbewohners aus: es hindert die Zeit am Stillstand. Um es auffällig zu sagen: Die Unendlichkeit der Zeit überflutet alle Grenzen und Barrieren, die die Endlichkeit mit ihren Institutionen (die des Todes eingeschlossen) ihr entgegenstellt. Und indem sie zwar nicht die Ewigkeit erreicht, ist sie dennoch mehr als nur endlich. Diese endliche Unendlichkeit – die Hegel die »schlechte« oder »abstrakte Unendlichkeit« nennt und von der er die »gute« oder »konkrete Unendlichkeit«, nämlich die Ewigkeit, unterscheidet –, – diese nicht endende Endlichkeit scheint das Element zu sein, in welchem der ›obdachlose‹ Jäger nicht haust – ein Haus, griechisch *oîkos*, setzt ein Eigenes, einen festen Ort der Rückbeziehung, eine *Ökonomie* der Heimkehr voraus –, – etwas also, in dem der Jäger nicht haust, sondern in das er geworfen ist.

Indessen erinnert diese Ziel- und Endlosigkeit den modernen Menschen zugleich, und zwar beständig, an einen nicht wieder gutzumachenden Defekt: an ein Fehl der Ewigkeit, das als solches noch Wirkung übt, indem es der Zeitspanne des Lebens verweigert, in sich selbst Befriedigung und Zweck zu erreichen. Insofern gleicht das Leben einer Krankheit ganz besonderer Natur: Der Gedanke, sie kurieren zu wollen, ist selbst die Krankheit, gegen die es ankämpft, »und muß im Bett geheilt werden« (*E* 288).

Die negative Theologie dieser in der Unendlichkeit der Fahrt abwesend gegenwärtigen Ewigkeit ist auch an anderen Zügen der Erzählung nachweisbar: Es gibt die Tauben und besonders die eine, die der Frau des Bürgermeisters von Riva im Traum erscheint und sofort für ein Zeichen des Advents der Barke erkannt wird – sie ist außerdem groß wie der Hahn, bei dessen Schrei Petrus innewird, dreimal den Herrn verleugnet zu haben. Es gibt Kultgegenstände und ritualisierte Handlungen: das Trauerband und sogar das Gebet. Kerzen flackern an der Bahre, und Knaben treten auf wie weltliche Ministranten. Der Jäger wird noch deutlicher: »Zu meinen Häupten steht eine Kirchenkerze«, sagt er (*E* 287).

Und der Name des Bürgermeisters, Salvatore, hat unüberhörbar geistliche Konnotationen – obwohl sich das endzeitliche Phantasma des treibenden Totenschiffes inmitten der realen Geographie eines mitteleuropäischen Ortes ins Werk setzt.

Für den Jäger jedenfalls stellt sich sein Geschick (was er nämlich so nennt) durchaus in der Sprache des religiösen Kultus dar. Das Kafkasche Paradox scheint mir am besten bezeichnet in der Wendung, daß der Entzug eines transzendenten Zieles der menschlichen Existenz keineswegs gestattet, sich im Diesseits heimatlich einzurichten: unter dunklen Himmeln, die keine Hoffnung mehr gewähren, schwelt trotzdem eine nicht zu befriedigende Sehnsucht, die über alles Erreichbare hinausdrängt und den Lebenskahn nicht zur Ruhe kommen läßt.

So erging es bereits dem Fischerknaben in Brentanos Romanze *Auf dem Rhein* (von 1800): Während Berge, Türme, Wälder, Städte und – im Mittelpunkt des Gedichts – ein Nonnen-Kloster an dem flußabwärts treibenden Kahne vorbeifliegen, beschwören der Fischerknabe und seine gestorbene Liebste ein letztes Mal vergeblich die geistlichen Gewalten, um ihrer gebrechlichen Liebe Dauer zu verleihen. Aber die Geister-Mette im nächtlichen Kahn hält den reißenden Sturz der Zeit nicht auf; der Knabe legt sich weinend in den Nachen, »läßt alles Rudern sein, / Und treibet weiter, weiter / Bis in die See hinein« (Strophe 21 der Zweitfassung, in: *Gesammelte Schriften*, hg. Chr. Brentano, 1852, Bd. 2, 99 ff.). Nicht wirklich lebendig, und doch auch nicht einfach tot, ist er, wie der Jäger Gracchus, ins Zwischenreich des Imaginären entrückt, abwesend und den Träumen der Lebenden allgegenwärtig zugleich: Symbol einer ›Sehnsucht‹ (Str. 22), die über das Irdische hinausverlangt, ohne der Ewigkeit zu begegnen.

Die vergeblich zelebrierte Mette verweist ebenso deutlich aufs Überirdische, wie die unendliche Kahnfahrt in den »irdischen Gewässern« steckenbleibt. Gibt es am Ende eine Ursünde des modernen Menschen, die ihm die unproblematische Teilhabe am göttlichen »Verwahrsam« versperrt (vgl. Schelling, *SW* II/2, 157/8)? Ich richte die Frage an den exemplarischen Text des *Jäger Gracchus*. Der bekräftigt in hastiger Versicherung (die er dazu noch dreimal wiederholt), daß er eine »Schuld« nicht gewahren kann (*E* 288). Immerhin: auch er interpretiert die Katastrophe der Ablenkung mit einer religiösen Kategorie, deren Untauglichkeit er im gleichen Atemzug beteuert. Ob er sich verstellt? Schließlich wissen wir, daß er, wie es heißt, zur Abwehr von Wölfen »aufgestellt« war (l. c.) – nicht zur Gemsjagd (Tiere, die im Schwarzwald übrigens nicht heimisch sind, obwohl man sie zuweilen findet). Aufgestellt von wem? möchte man weiterfragen. Wieder gibt es Anspielungen auf einen anonymen Bereich des Heiligen und seine Entweihung. Die Jagd ist in Kafkas Werk – und nicht nur in dem seinen – ein geläufiges Symbol weltneugieriger Zudringlichkeit, die sich das Seiende verfügbar machen möchte. David Hume verglich die Jagd mit dem Entdeckenwollen des Philosophen, des Mannes der Wissenschaft;[8] Joyces Leopold Bloom sollte in der Urfassung des Romans Mister Hunter heißen; und die Volkssage vom »Wilden Jäger« bringt den Fluch dieses Unglückseligen, der im Sieben-Jahres-Zyklus rastlos wandern muß, mit der Ursünde einer frevelhaften Wildverfolgung in Verbindung. Im übrigen ist die Tötung eines Tieres – eines Albatros im *Ancient Mariner*, eines Wals in *Moby Dick*, eines Schwans in *Parsifal*, der heiligen Vögel in der *Insel Felsenburg* usw. – ein geläufiges Motiv nicht nur der Volksmärchen und zieht schlimme Folgen nach sich. Ohne Zweifel ahnt der Jäger Gracchus den Zusammenhang zwischen seinem Tun und seinem Leiden. Wie könnte er sonst gegen eine Schuldzuschreibung protestieren und zugleich ein Anrecht auf die himmlische Heimat einfordern? Schließlich ist die Schuld das Komplement der Erlösung: nur der kann sie ersehnen, für den das religiöse Schema des verwirkten und wiedererlangten Paradieses noch Sinn macht. So auch der Jäger: für ihn ist ausgemacht, *daß* es Schuld *gibt*, wenn es

8 In einem eigenen Kapitel des *Treatise on Human Nature* hatte David Hume die theoretische Neugierde mit der Jagdleidenschaft verglichen und die Rolle der Wahrheit an Gewinn und Beute illustriert, welche die Jagd einbringt und ihr als Motiv dient: *Treatise*, ed. Selby-Bigge, Oxford 1888, 448 ff., 451/2.

auch die Schuld eines anderen ist: des Bootsführers – unüberhörbare Anspielung auf den Steuermann Christus, der in der Lyrik des Mittelalters und noch im Barock den Kahn der Lebensreise vor Fährnissen und dem Scheitern schützt und ins göttliche Verwahrsam zurückführt. Der Bootsführer hat den Jäger also – aus Unachtsamkeit? oder weil er durch seine »wunderschöne Heimat« abgelenkt wurde?[9] (E 287) – vom Kurs aufs Ewige abgebracht.[10] Dieses Ewige – noch einmal – mag von dem Augenblick an, da der moderne Mensch der Natur gegenüber die Stellung des Jägers, des Forschers und Entdeckers bezogen hat, inexistent geworden sein: es hat offensichtlich nicht aufgehört, ein idealer Ort zu sein, von dem her der Mensch – trotz seines Fehls – sein Selbstverständnis bestreitet.

Ich will zum Schluß einige Züge anfügen, die den *Jäger Gracchus* in die Tradition des Fliegenden Holländers stellen. Da ist zunächst die zeitliche Datierung der Katastrophe: »seit Jahrhunderten« wohnt der Jäger auf seinem »Kahn

9 Wer das Subjekt der Ablenkung ist: der Bootsführer oder der Jäger, das bleibt grammatisch unentscheidbar. Aber diese Zweideutigkeit ist sicher gewollt, da die Erklärung dem Jäger selbst in den Mund gelegt ist, der seine eigene Schuld angestrengt verleugnet.

10 Ähnlich ergeht es übrigens dem *Landarzt* der gleichnamigen Erzählung von 1919: Er folgt dem »Fehlläuten der Nachtglocke« (E 128) und macht sich auf zu einem jungen Patienten, der an einer unheilbaren »handtellergroßen Wunde« dahinsiecht: diese Wunde sitzt ihm sprechenderweise an derselben Stelle, an der sich Jakob in seinem Ringen mit Gottes Engel verwundete. Einmal – scheiternd – mit dem Mehr-als-Irdischen in Berührung gekommen, gibt es für den Landarzt kein Zurück mehr zum Zuhause. »Niemals komme ich so nach Hause; (. . .). Nackt, dem Froste dieses unglückseligsten Zeitalters ausgesetzt, mit irdischem Wagen, unirdischen Pferden, treibe ich mich alter Mann umher. (. . .) Betrogen! Betrogen! Einmal dem Fehlläuten der Nachtglocke gefolgt – es ist niemals gutzumachen« (E 128). – Die gleiche Struktur wie im *Jäger Gracchus*: eine Katastrophe, für die der Held keine Schuld übernehmen will und die er gleichwohl in der Sprache einer negativen Religion beschreibt, hat ihn von der (irdischen? überirdischen?) Heimat herausgelöst: Nun irrt er im Froste der Gegenwart herum, ohne im »Unirdischen« anzukommen. Sagen wir: Ohne die Hoffnung auf eine transzendente Erlösung zu rechtfertigen, geht der Kalkül des Endlichen doch nicht auf – er verweist aufs Unendliche.

ohne Steuer« (E 288); das Fragment nennt gar die Jahreszahl »fünfzehnhundert« (B 334), also die Zeit dicht nach der Entdeckung der Neuen Welt. In jedem Falle handelt sich's um die Neuzeit, denn das Schießpulver war schon erfunden. Die Theologie des Jägers hat bemerkenswert weltliche Züge (die wir in der Holländersage wiederfinden werden): er interpretiert seine Tüchtigkeit als Jäger gut protestantisch als Gottwohlgefälligkeit: »Meine Arbeit wurde gesegnet. ›Der große Jäger vom Schwarzwald‹ hieß ich« (E 288). – Dennoch hat er Zweifel an der Legitimität seiner Wildverfolgung: sie überschritt die »Grenzen« des erlaubten Wagemutes. »Jagd«, notiert Kafka in seinen Tagebüchern, »ist ja nur ein Bild, ich kann auch sagen ›Ansturm gegen die letzte irdische Grenze‹, und zwar Ansturm von unten, von den Menschen her«.[11] Die Überschreitung dieser vom Gott der alten Welt verhängten Grenze wird als Frevel erkannt, als ein Akt eigenmächtigen Über-die-Welt-verfügen-Wollens. »Ich wollte«, gesteht Joseph K. im Prozeß, »immer mit zwanzig Händen in die Welt hineinfahren, und überdies zu einem nicht zu billigenden Zweck«.[12] Das Bewußtsein, daß der Zweck seiner Jagd nicht zu billigen ist, zwingt den Jäger zu seinen Verstellungen und den Widersprüchen in seiner Erzählung. Ans Bateau ivre erinnert der Jubel, den er anstimmt, als er nach seinem tödlichen Fehltritt (diesem deutlich religiös überdeterminierten Ereignis) auf der Pritsche sich ausstreckt. »Niemals haben die Berge solchen Gesang von mir gehört wie diese vier damals noch dämmerigen Wände« (E 288). So auch das Trunkene Schiff: nachdem Wilde (»schreiende Rothäute«) die Seile durchschnitten haben, die den Frachter mit dem Festland verbanden, »ließen die Fluten mich treiben, wohin ich wollte« (Str. 2). »Und die Halbinseln, die ich hinter mir ließ [es kann auch heißen: die treibenden Inseln], haben nie triumphierendere Tohuwabohus erlebt« (Str. 3). Wie der Fliegende Holländer und wie das Trunkene Schiff hebt sich die steuerlose Todesbarke des Jägers zuweilen in

11 Tagebücher 1910–1923, hg. von Max Brod, New York/Frankfurt a. M. 1951, 552/3
12 Der Prozeß. Roman, hg. von Max Brod, New York/Frankfurt a. M. 1950, 269.

23

die Lüfte (Str. 19), mehr einem »Schmetterling« als einem Kahn ähnelnd und doch das »Jenseits« nicht erreichend (*E* 287). Endlich gibt es die Erwähnung jenes kleinen Bildes an der Kajütenwand, das den Jäger aufs äußerste stört. Es zeigt einen Buschmann, »der mit einem Speer nach mir zielt und hinter einem großartig bemalten Schild sich möglichst deckt« (*E* 287). Das Ärgernis, das der Jäger Gracchus an diesem »dummen« Bilde nimmt, läßt sich vielleicht deuten, indem man annimmt, daß die Gebärde des Tötenwollens, die hier im Bilde gleichsam zum dauernden Vorsatz erstarrt ist, diejenige des Gemsentöters wiederholt und ihm – als absurdes Mahnmal einer unnachvollziehbaren Schuld – wie eine Heimsuchung nacheilt. Aber diese Deutung findet kaum Stützung durch den Text. Was sich mit Gewißheit ausmachen läßt, ist allein dies, daß das Bild des Buschmannes kolonialistische Phantasien evoziert (wie das der Wilden im *Bateau ivre*, die in ebenso merkwürdiger Verkehrung der Schuldzusprechung die Mörder, nicht die Gemordeten sind). Auf jeden Fall sprengt das Bild den Horizont des alten Europa und appelliert im Verein mit den anderen Zügen an die Zeit des freventlichen Kolonialimperialismus. Daß freilich der Wilde es ist, der den Speer zückt, mag man als Anspielung auf eine Stelle in Wagners *Fliegendem Holländer* deuten. In seinem ersten großen Auftritt klagt der Unglückliche, daß er vergebens den Tod gesucht habe, indem er sich »in Meeres tiefsten Schlund« gestürzt oder sein Schiff »zum Klippengrund« getrieben habe; selbst dem Piraten habe er höhnend seine Schätze gezeigt und die Brust zum Todesschuß dargeboten.

> Doch ach! des Meer's barbar'scher Sohn
> schlägt bang' das Kreuz und flieht davon. –
> Nirgends ein Grab! Niemals der Tod!
> Dies der Verdammnis Schreckgebot.
>
> (*GSD* I, 260/1).[13]

Ich verlasse einstweilen den *Jäger Gracchus*, der mir diente, die Gegenwart des Motivs, dem ich meine Untersuchung

---

13 Den Todeswunsch teilt Wagners Holländer mit dem Trunkenen Schiff: »O bräche doch mein Kiel! o sänk' ich doch ins Meer!« (Str. 23).

widme, am Beginn des 20. Jahrhunderts zu sichern. Aber vielleicht handelt sich's um einen anachronistischen Spätling, der nicht repräsentativ war für die moderne Literatur? Ich will zur Vorsicht die Textbasis der Moderne etwas erweitern.

Zunächst erinnere ich an Friedrich Dürrenmatts Horrorgeschichte *Der Tunnel* (aus der Sammlung *Die Stadt*, Zürich 1952, 141–157): die Erzählung einer Eisenbahnfahrt nach Zürich. Der überfüllte Zug läuft hinter einem Jurastädtchen in einen sonst nicht besonders auffälligen Tunnel ein, der gar nicht enden will. »Ein Vierundzwanzigjähriger, fett, damit das Schreckliche hinter den Kulissen, welches er sah (das war seine Fähigkeit, vielleicht seine einzige), nicht allzu nah an ihn herankomme, der es liebte, die Löcher in seinem Fleisch, da doch gerade durch sie das Ungeheuerliche hereinströmen konnte, zu verstopfen, derart, daß er Zigarren rauchte (Ormond Brasil 10) und über seiner Brille eine zweite trug, eine Sonnenbrille, und in den Ohren Wattebüschel« (141): dieser so beschriebene junge Mann alarmiert zunächst den Schaffner, dann den Zugführer – deren unbegreifliche Gelassenheit veranlaßt ihn endlich, nicht ohne Gefahr (denn der Zug rast mit beträchtlicher Geschwindigkeit und unter Schlingern und Stampfen abwärts) sich zur Lokomotive vorzukämpfen. Der Führerstand ist leer, die Notbremse funktioniert nicht, die Maschine rast immer weiter. Der Lokomotivführer, gesteht der Zugführer endlich, sei schon nach fünfminütiger Tunnelfahrt abgesprungen: »Es war sinnlos, noch eine Rettung zu versuchen. Der im Packraum ist auch abgesprungen« (156). Inzwischen stürmt die Maschine mit »Zweihundertzehn« »in fürchterlichem Sturz dem Innern der Erde entgegen« (157), »diesem Ziel aller Dinge zu, so daß der Zugführer in seinem Schacht direkt über dem Vierundzwanzigjährigen hing, der am Grunde der Maschine auf dem silbernen Fenster des Führerraumes lag, das Gesicht nach unten, [während seine Kraft nachließ].«

Der Zugführer stürzte auf das Schaltbrett und kam blutüberströmt neben den jungen Mann zu liegen, dessen Schultern er umklammerte. »Was sollen wir tun?« schrie der Zugführer durch das Tosen der ihm entgegenschnellenden Tunnelwände hindurch dem Vierundzwanzigjährigen ins Ohr, der mit seinem fetten Leib, der jetzt nutzlos war, und nicht mehr schützte, unbeweglich auf der ihn vom Abgrund trennenden Scheibe ruhte, und durch sie hindurch den Abgrund gierig in seine nun zum ersten Mal weit geöffneten Augen sog. »Was sollen wir tun?« »Nichts«, antwortete der andere unbarmherzig, ohne sein Gesicht vom tödlichen Schauspiel abzuwenden, doch nicht ohne eine gespensterhafte Heiterkeit, von Glassplittern übersät, die von der zerbrochenen Schalttafel herstammten, während zwei Wattebüschel, durch irgendeinen Luftzug ergriffen, der nun plötzlich hereindrang (in der Scheibe zeigte sich ein erster Spalt), pfeilschnell nach oben in den Schacht über ihn fegten. »Nichts. Gott ließ uns fallen und so stürzen wir denn auf ihn zu.« (S. 157)

Der Text interpretiert sich selbst: mitten in die philiströse Alltäglichkeit eines westlichen Wohlstandslandes bricht die auch mit Sonnenbrille und Wattebüschel nicht abzudrängende Gewißheit von der (im Wortsinne) Unheimlichkeit des Existierens nach dem Verlust einer verbindlichen Weltorientierung. Nietzsches häßlichster Mensch, der Gott umgebracht hat (um sich des Zeugen, der seine Scham potenziert, zu entledigen) – dieser Mensch ist inzwischen zu dem von Gott Verlassenen geworden: Gott ließ ihn fallen. Gott ist also abwesend-anwesend zugleich, wie im *Jäger Gracchus*: er hindert die gottlose Alltäglichkeit daran, in sich Genüge zu finden. Wie immer verdrängt, ist das »Ungeheuerliche« gegenwärtig (im Fragment zum *Jäger Gracchus* kann der Jäger gar nicht glauben, daß die Menschen irgendein anderes Gesprächsthema kennen [*B* 337]: als die unendliche Fahrt, die wie die Zeit selbst auf Gott hin gravitiert. (Schelling nannte die Zeit eine »beständige Sucht nach der Ewigkeit« [*SW* I/8, 235]).

Zahlreich sind im 19. und 20. Jahrhundert die lyrischen Bearbeitungen des Themas der auf dem Wasser Treibenden, die Gott vergaß (A. Rimbaud, G. Heym, B. Brecht). Ich zitiere die letzte Strophe des Liedes, das Baal singt:

Als ihr bleicher Leib im Wasser verfaulet war
Geschah es, sehr langsam, daß Gott sie allmählich vergaß:
Erst ihr Gesicht, dann die Hände und ganz zuletzt erst ihr Haar.
Dann ward sie Aas in Flüssen mit vielem Aas.[14]

Von Gravitationen handeln auch die Gedichte von Jules Supervielle (1884–1960). *Gravitations* ist der Titel seiner wahr-

14 Brecht, *Gesammelte Werke*, Bd. 1, 53

scheinlich berühmtesten Gedichtsammlung (1925). Gravitationskern aller stürzenden Dinge und Lebewesen, von denen diese Lyrik spricht, ist Gott: ein abwesender Gott freilich, den der Sternenwanderer mit zwei blinden Hunden vergeblich sucht.[15]

Mein Herz jeden Tages, hier ist schwarz die Morgenröte,
Will vergeblich sich entzünden unter dem Himmel, der es überragt.
Der Rauhreif der Nacht zerstört den Äther,
Ich schreite fort und fühle mich tausendfach enthüllt,
die Seite, den Rücken, den Kopf, die Brust bietend
den Dolchen des Unbekannten, das an mich stößt.
Ich gehe, die Füße setzend auf wolkigen Grund,
wo meine Augen die Spuren Gottes nicht sehen,
und lasse hinter mir nur den Rest des Abgrunds,
der kaum nur von weitem vernarbend sich schließt.

(. . .)

Der Himmel ganz in meiner Nähe quält und belügt mich,
er hat mir meine beiden Hunde genommen: eiserstarrt blieben sie zurück,
und ich höre ihr blutlos unbewegliches Gebell.

(. . .)

Der Himmel ist immer da, der seinen Weg höhlt,
Und da ist das Echo des Klopfens [des coups de pic] in meiner Brust.
O Himmel, herabgefallener [oder: erniedrigter: abaissé] Himmel, ich berühre dich mit den Händen
und dringe gebeugt ein in das himmlische Bergwerk.

Sagen wir: dieser gestürzte Himmel schützt weder vor dem Frost des Daseins noch schafft er einen »anderen Halt als den des nächtlichen Sandes« – immer noch reißt er jedoch den Menschen zu sich hinüber – oder hinab – als eine hienieden erfahrbare transzendente Gravitation.

Es gibt andere (übrigens zahlreiche) Gedichte von Supervielle, die diese Erfahrung dem Motiv der unendlichen Fahrt einprägen. In *Pleine Mer* (S. 299) – einem Gedicht aus der Zeit nach 1945, das Enzensberger seinem *Museum der mo-*

15 Ich gebe eine deutsche Prosaübersetzung, da es mir gegenwärtig nur um den Inhalt des Gedichtes geht. Meine Textvorlage in: *Choix de poèmes*, Paris 1947, 109 f. (= *Sans Dieu*). Die eingeklammerten Seitenzahlen im Text verweisen auf diese Quelle.

dernen Poesie einverleibte – gibt es die Vision einer absoluten Auflösung und Verflüssigung des organisch Seienden (hier: der Bäume) ins Meer: »Nichts steht, alles geht, es verliert / das Gedächtnis die hölzerne Schale.« Dem Menschenauge täuschen die treibenden Algen »Wurzeln vor im Untergang, / aber keine Erde trieb sie«.

> Nur dann und wann [so schließt das Gedicht] ragt ganz allein
> ein Schiffsmast in den Himmel
> verworren, laublos, trifft er eine Verschwörung
> mit der unwirklichen Wiederbelaubung.

Die Schlußstrophe ist kaum zu übersetzen: »Mais parfois le fût d'un navire / Se dresse tout seul dans le ciel / Confus, sans feuilles, il conspire / Au reboisement irréel«. »Dans le ciel confus« kann natürlich auch heißen: verworren/eingewoben in den Himmel, oder: in den verworrenen Himmel ragt der Mast – das bleibt offen. Der Schluß meint: Um seine Blätter gebracht (die Insignien ehemaligen organischen Lebens), konspiriert der Mast mit einer irrealen Neubeseelung, die ihm wieder Laub schafft. Das Leben ist erstorben – doch nicht schon so, daß es nicht um eine – wenn auch unmögliche – Wiedergeburt wüßte. Die Sehnsucht hat den Tod des Lebens überstanden.

Zwei andere Gedichte illustrieren die Präsenz unseres Motivs im 20. Jhd. zweifellos unmittelbarer. *Haut Ciel* aus den *Gravitations* und *Le Sillage* aus *Les Amis Inconnus*. Ich gebe Ihnen je eine deutsche Übersetzung, obwohl es mir schwerfällt, die Mehrsinnigkeit verschiedener Wendungen nachzuahmen. Zuerst: *Hoher Himmel.*

> Es öffnet sich der Himmel, überladen vom Milieu der Nacht,
> die Schweigen vor sich herwälzt,
> den Sternen verwehrend, auch nur einen Schrei zu schleudern
> in den Abgrund ihrer ewigen Geburt.
>
> Gefangene ihrer selbst
> entzünden sie ein Licht,
> das sie vereint, das sie befreit
> und gnadenlos wieder vereint.
>
> Sie wehrten in den Jahrhunderten
> die ursprüngliche Ungeduld ab,

die man leicht erkannte
an einem kleinen Blinzeln.

Der Himmel aus schwarzen Veilchen
verbreitet einen Duft des Unendlichen
und wird in ihrem Staub
die Sonnen suchen, die der Tod verbannt.

Ein langer Schatten naht und schlürft
die Sterne ein mit seinem Nebelschlund.

Man ahnt die harte Anstrengung [das Stöhnen: le ahan]
                    der Galeerensklaven des Himmels,
gekauert zwischen den Rudern eines alterslosen Schiffs,
das in die Luft ein Knirschen von Muschelwerk entsendet
und ziellos in die ewige Nacht treibt
[Et navigue sans but dans la nuit eternelle],

In die Nacht ohne Nothäfen [Anlegestellen: escales],
                ohne Rampen noch Standbilder [sans rampes ni statues],
ohne die Süße der Zukunft,
die uns mit ihren Flügeln streift
und uns zu sterben verwehrt. (52/3)

Die Vision eines zur Menschheitsarche gewordenen Fliegenden Holländers, der nirgends ankern, vor Hafen gehen, ankommen wird und dem doch (oder gerade darum) der Tod
verwehrt ist: Eine Sehnsucht greift über das Ende hinaus,
das der Tod gewährt (oder androht), und hindert die imaginäre Lebensreise daran, irgendwo ihr Ziel – d. h. einen Ort,
an dem sie *als* ewige Reise endete – zu finden.
Das andere Gedicht – wie gesagt aus dem Zyklus *Les Amis
Inconnus* von 1934 heißt *Le Sillage* (Das Kielwasser).

Man sah das Kielwasser und nirgends die Barke,
ein schlimmes Zeichen irrte dahin [une menace errait],
als suchte es seinen Ort [place].

Sie hatten sich betrachtet im Grunde ihrer Augen,
schließlich gewahrend die ersehnte Lichtung,

Wo die großen Hirsche ganz frei herumlaufen.
Die Jäger drangen nicht ein in dies Land ohne Tränen.

Am folgenden Tag war's, nach einer kalten Nacht,
daß man in ihnen Ertrunkene an der Liebe (noyés par amour)
erkannt hat.

Doch was man für ihren Schmerz halten konnte,
galt uns als Mahnzeichen für alle, nicht an ihn zu glauben
[Nous faisait signe à tous de ne pas croire en elle].

Ein wenig von ihrem Segelwerk irrte noch in der Luft,
ganz allein, und spielte zu seiner Lust mit dem Wind,

Fern der Barke und den Rudern im ziellosen Abtreiben.
[Loin de la barque et des rames à la dérive].

»Dérive« ist nicht leicht zu übersetzen: Abdrift, willenloses Umhertreiben, vom eigentlichen Ort (vom *place propre*) Abgetriebensein o. ä. Hier erscheint die unendliche Fahrt in zärtlicheren und wehmütigeren Farben: Es ist die Ortlosigkeit der Liebestranszendenz – die fehlende (irdische) Heimat der Liebenden, die der Liebestod aus unsern Blicken – schmerzlos – entfernt hat und von denen wir nicht wissen, welches Schicksal ihrer wartet. Es wäre falsch, sagt Supervielle, ihren Tod leidvoll zu denken. *Wie* er aber zu denken sei, darüber wissen wir so wenig wie Tristan (»O König, das kann ich dir nicht sagen; / und was du frägst, / das kannst du nie erfahren. –« [*GSD* 7, 55]). Immerhin handelt sich's um die Geschichte eines Lebensschiffbruchs: die gescheiterte Barke ist nurmehr in der Spur des Kiels nachweisbar, die sich flüchtig im Meer eingräbt; und in der Luft spielt ein Fetzen Segeltuch, wie die Liebenden entfernt von der Barke und ihren vom Wege abgekommenen Rudern. (Unübersetzbar ist die Schlußzeile: ist nur die Barke »à la dérive«? oder sind's die Liebenden? Das ist unentscheidbar.)

Das überragende Vorbild fürs Phantasma dieser scheiternden Schiffe, die ins Unendliche treiben, ist ohne Zweifel Rimbauds *Bateau ivre* (1871).[16] Das Gedicht führt einen Aufbruch ins Irreale, eine wilde Ablösung von der Realität, ja eine systematische Entdichtung des Stoffs, aus dem die Wirklichkeit gemacht ist, ins Gas einer hermetischen Bilderwelt vor. Dies »trunkne Schiff« (Symbol zugleich einer poetischen Innerlichkeit – »ich« –, mit der es unversehens verschmilzt: »Das grüne Wasser durchdrang *meinen* Tannen-

16 *Œuvres complètes*, éd. de la Pléiade, Paris 1972, 66–69. Ich zitiere den dort hergestellten Text nach der Verlaine'schen Kopie in eigener Übersetzung, und zwar nach Strophen und Zeilen.

holzrumpf« [5, 2]; »Nun, *ich*, im Haargeflecht kleiner Buchten verlorenes Schiff« [18, 1]) löst sich mit den ersten Versen aus jedem Bezug auf eine raumzeitliche Wirklichkeit, um ihr (trotz aufkeimender, aber unerfüllbarer Sehnsucht nach »Europas alten Wehrmauern« [21, 4], ja nach dem Tod [23, 4]) nie mehr zu begegnen. Eigentlich handelt sich's weniger um einen selbstgewählten Aufbruch – der lag dem Einsatz des Gedichtes zumindest voraus – als um ein auf Gewalttat gegründetes Widerfahrnis (was die Nähe zu Kafka verstärkt): »Rothäute hatten (meine Treidler) schreiend an farbige Pfähle genagelt / Und nackt zum Ziel ihrer Schüsse gemacht« (1, 3/4). In der Folge nun dieses Unglücks lassen die Fluten das von jedem Halt zum festen Land befreite Schiff treiben, wohin es will. So heißt es wörtlich in 2, 4: Nicht das Schiff läßt sich, sondern die Fluten lassen das Schiff treiben: wohin es auch sei, das Ziel ist erwünscht. Diese merkwürdig intransitive Beschreibung des eigenen Wollens paßt gut zu der Unentschlossenheit zwischen Aktiv und Passiv, die die ersten Strophen prägt. Von der achten Strophe an beschränkt sich das Pronomen »Ich« darauf, Verben als grammatisches Subjekt zu dienen, die – sozusagen – inaktive Aktivitäten ausdrücken: willenloses Zuschauen, Sichfügen, Aufgeben: ich weiß, ich sah, ich träumte, ich folgte, ich kann nicht mehr; ich, verlorenes Schiff, geworfen..., aufgetaucht,... welches trägt..., erzitterte,... fuhr (usw.). Die Handlung erscheint jedenfalls nicht als Effekt einer Willenstätigkeit des Subjekts. Sie verfällt zu einem anonymen Geschehnis, dem das Bewußtsein nur – anfangs willentlich – folgt. Rimbaud hielt das für eine fundamentale Wahrheit, daß »nicht Ich denke, sondern daß man mich denkt« (Brief an Izambart vom 13. Mai 1871). Das trunkene Schiff jedenfalls – und das Ich, mit dem es zusammenfällt – ist seiner navigatorischen Kontrolle längst entglitten und zieht seine Kielspur in einem Traum, der nicht der seine ist.
Ich kann an dieser Stelle nichts über die Revolution der bildlichen Mittel sagen, die von diesem Gedicht auf die moderne Lyrik übergesprungen ist.[17] Ich werde mich statt des-

17 Ich habe es anderswo versucht: *Das individuelle Allgemeine*, Ffm. 1977, 236 ff.

sen auf ein paar Züge beschränken, die unserer ersten tasten-
den Orientierung im Gebäude unseres Motivs Halt geben.
Das Gedicht ist deutlich in fünf Abschnitte gegliedert (nahe-
gelegt von den wenigen realen Zeitadverbien: Et dès lors,
parfois usw.):

1. Die ersten 5 Strophen liefern die Vorgeschichte der
unendlichen Fahrt: in einem imaginären Wilden Westen
werden von Rothäuten die Treideltaue gekappt. Bisheriger
Zweck der Reise war Handel mit Baumwollstoffen und flan-
drischem Korn. Alle Besatzungsleute werden massakriert,
aber dem Schiff ist das gleichgültig. Ähnlich dem Jäger
Gracchus, der berichtet, daß die Berge niemals fröhlichere
Gesänge gehört haben, als an dem Tag, da er in seinen Sarg
gebettet werden sollte –, ähnlich haben auch jene schwim-
menden Inseln »nie triumphierendere Tohuwabohus gehört« (3, 3/4) als in dem Augenblick, da die Fluten das Schiff
»treiben ließen, wohin ich wollte«. Es tanzt wie ein Kork auf
den Wellen, das Wasser dringt zersetzend in seinen Leib ein
»und wusch mich von Flecken blauen Weines und von Er-
brochenem, Steuer und Anker mit sich reißend« (5, 3/4).

2. Es folgt ein begeisterter Aufbruch in eine grandiose, in
eine gewaltige und gewalttätige Unendlichkeit: »Und seitdem habe ich mich gebadet in dem Gedicht des sterngge-
tauchten und milchschäumenden Meers« (6, 1/2). Allerlei
teils verifizierbare, teils irreale Dinge begegnen ihm (das
meiste sind Lesefrüchte aus Victor Hugo, Théophile Gautier
[*Qui sera roi?*], Reisemagazinen [*Magazine pittoresque*], Jules Verne, Léon Dierx, J. Michelet usw.: jedoch in kühne
Metaphern verwandelt).

3. Zwischen Strophe 16 und 18 kommt Überdruß auf: »Zuweilen hob – [zu mir, dem] Märtyrer, der Pole und der
Zonen überdrüssig – das Meer seine Schattenblumen mit
gelben Saugnäpfen empor. (...) Nun, ich, im Haargeflecht
kleiner Buchten verlorenes Schiff« usw. (16; 18, 1).
Kurzum, das Schiff-Ich sieht sich in der Gestalt des religiösen Dulders, des Märtyrers. Und das ist ein Zug, den wir
nicht übersehen werden.
Das zweite Zitat, das ich unvermittelt abgebrochen habe,
bildet den Beginn einer langen Relativsatz-Periode, die im-

mer wieder durch das anaphorische »Ich, der ich . . .« ange-
führt und an ihr Subjekt gemahnt wird – einer Periode, sage
ich, die endlich in das Geständnis mündet: »Ich, der ich
zitternd auf fünfzig Seemeilen die Brunst der Behemothe
stöhnen hörte und die mächtigen Mahlströme, ewiger Segler
blauer Unbeweglichkeiten: ich habe Heimweh nach Europa
mit seinen alten Wehrmauern« (21).

4. Indessen, es gibt kein Zurück in die reale Heimat, ins alte,
ins abendländische Europa (23/4). Nicht einmal der Tod will
sich des sonderbar aus dem Imperfekt oder passé composé
ins Präsens zurückgekehrten Schiffes erbarmen: »O bräche
doch mein Kiel: O sänk' ich doch ins Meer!«. Umsonst, der
Tod bleibt ebenso verwehrt wie der (vielleicht biographi-
sche) Kindheitstraum vom Maasufer oder vom kleinen Tüm-
pel, in dem »ein Kind gekauert, voller Schwermut, ein
Schiffchen fahren läßt, das zerbrechlich ist wie ein Mai-
Schmetterling« (24, 3/4).

5. Der aus allen Bindungen Entbundene kann in nichts Be-
stimmtem mehr heimisch oder seßhaft werden. Das ›univer-
sell Allgemeine‹ (wie Emrich in seiner Kafkainterpretation
sagt) nimmt wieder Besitz von dem Schiff, das ins Namenlose, ins Unendliche getrieben wird. Die Schlußzeilen bringen übrigens ein Motiv, das Supervielle vielleicht aufgegrif-
fen hat:

»Von euren Ermattungen, o Wellen, gebadet, kann ich die
Spur des Kielwassers [hinter] den Baumwollträgern nicht
mehr aufnehmen noch durchmessen den Stolz der Fahnen
und Flammen, noch rudern unter den entsetzlichen Augen
der Schiffsbrücken!« (25). – Eine reine Unmöglichkeit ist die
Zukunft dieser Reise, die dennoch nicht endet.

Von der Wendung »martyr lassé des pôles et des zones«
abgesehen, erinnert nichts an den religiösen Bereich (die »er-
leuchteten Füße der Marien, die die Schnauze der keuchen-
den Ozeane bezwingen könnten« [11, 3/4], sind zweifellos
eine ironische, wo nicht blasphemische Phantasie: denn
diese in den irrealen Plural versetzten Marien sind's ja gerade, an die das Schiff »nicht denkt«: »Sans songer que . . .«/
11, 3). Immerhin: vom *Jäger Gracchus* her lassen sich doch
einige inexplizite Merkmale ans Licht bringen. Es handelt

sich um die Phantasie einer Handelsreise, wenn nicht einer Kolonialfahrt (die Indianer schlachten die Eindringlinge hin: warum wohl?). Von der Harmlosigkeit des Schiffs mag überzeugt sein, wer will: mir scheint sie anfechtbar. Wie dem auch sei: in der Spannung zwischen Amerika (und den »Floriden« [12, 1]) – der Neuen Welt – und dem alten europäischen Kontinent mahnt sich die Erinnerung der großen Weltentdeckungsreisen – sagen wir abgekürzt: die Symbolik des Jagens und Entdeckenwollens – ein. *Dieses* Ziel ist schon gescheitert, bevor das Gedicht eigentlich anhebt. Indessen stürzt es sich trunken in eine von der Tyrannei des Zieles entbundene wilde Irrfahrt, den Elementen preisgegeben. Dies alles wird im Imperfekt erzählt, d. h. gehört einer inzwischen schon überschrittenen Erfahrungs-Zeit an. Inzwischen nämlich erlebt sich das Schiff – ebensowenig bußfertig wie der *Jäger Gracchus* (der hier manchen Zug entlieh) – als »Märtyrer«, des unendlichen Umhertreibens »müde« oder »überdrüssig«. Erst jetzt läuft es in die eigentliche Dimension seines Geschicks ein: ins Nicht-mehr-zurück-*Können* (vorher *wollte* es nur nicht, was ganz etwas anderes ist).

Dies Geschick ist freilich ebenso deutungsbedürftig wie das des *Jägers Gracchus*: Offenbar (das zeitlose *nunc stans* des Präsens in den Schlußstrophen zeigt es deutlich) überdauert der *Segen* der Abtäuung vom Festland im *Fluch* des Wedersterben-noch-vor-Land-gehen-Könnens, d. h. in jenem Zwischenzustand zwischen Tod und Leben, der, ohne das Ewige zu erreichen, doch in den irdischen Gewässern nicht ankommt: ein Zustand, der sich ohne eine Art negativer Religiosität gar nicht verstehen läßt.[18]

18 Zahlreich sind die unmittelbaren Nachahmungen des *Bateau ivre*. Ich erinnere nur an Brechts Gedicht *Das Schiff* aus der *Hauspostille* (*Ges. Werke*, Bd. 8, 179–181). »Durch die klaren Wasser schwimmend vieler Meere / Löst ich schaukelnd mich von Ziel und Schwere / Mit den Haien ziehend unter rotem Mond. / Seit mein Holz fault und die Segel schlissen / Seit die Seile modern, die am Strand mich rissen / Ist entfernter mir und bleicher auch mein Horizont. // Und seit jener hinblich und mich diesen / Wassern die entfernten Himmel ließen / Fühl ich tief, daß ich vergehen soll. / Seit ich wußte, ohne mich zu wehren / Daß ich untergehen soll in diesen Meeren / Ließ ich mich den Wassern ohne Groll. (...) Fremde Fischer

Die erscheint denn auch viel weniger unausdrücklich in einem Gedicht Brentanos, das ich bereits erwähnt habe: in der Romanze *Auf dem Rhein*. Hier wird die Erfahrung des »Zerrinnens« und »Vergehens« – des unaufhaltsamen Sterbens – vergeblich gebannt durch inbrünstiges Gebet und Zelebration einer Geister-Mette im nächtlichen Kahn. Aber kann man für einen Toten beten, an dessen Tod man nicht glaubt? (»Sein Liebchen war gestorben, / Das glaubt' er nimmermehr« [1. Str.].) Es ist das »Sehnen« (Str. 22), das den Tod der Geliebten überdauert und ihr – wie im Märchen vom *Totenkrüglein* oder in Supervielles Erzählung *L'enfant de la haute mer* – verwehrt, im Grabe zur Ruhe zu kommen: Von den Phantasien der Lebenden mit einer chimärischen Existenz begabt, können die Toten nicht wirklich, wie man sagt, hinübergehen. Der phantasierende Fischerknabe verwandelt sich selbst in eine Phantasie, die *uns* heimsucht. Er legt sich weinend ins Boot, läßt das Rudern sein und treibt ziellos »in die See hinein«.

Vom Schluß gibt es zwei Versionen. Ich stelle sie nebeneinander:

Die Meereswellen brausen	Ich schwamm im Meeresschiffe
Und schleudern ab und auf	Aus fremder Welt einher,
Den kleinen Fischernachen	Und dacht an Lieb und Leben,
Der Knabe wacht nicht auf.	Und sehnte mich so sehr.
Doch fahren große Schiffe	Ein Schwälblein flog vorüber,
In stiller Nacht einher,	Der Kahn schwamm still einher,
So sehen sie die beiden	Der Fischer sang dies Liedchen,
Im Kahne auf dem Meer.	Als ob ich's selber wär.

sagen aus: sie sahen / Etwas nahen, das verschwamm beim Nahen. / Eine Insel? Ein verkommnes Floß? / Etwas fuhr, schimmernd von Möwenkoten / Voll von Alge, Wasser, Mond und Totem / Stumm und dick auf den erbleichten Himmel los.«

Gewiß hat sich der Tonfall – das müd-ironische Einverständnis mit dem Vergehen – gegenüber Rimbaud geändert: aber alle Requisiten sind noch vorhanden: Vom Sich-den-Wassern-überlassen-ohne-Groll über die eingeschwemmten toten Tiere, die Möwenkote bis hin zu jener negativen Theologie des Zutreibens auf die »erbleichten Himmel«. (Vgl. zum Thema Werner Ross: *Vom Schwimmen in Seen und Flüssen: Lebensgefühl und Literatur zwischen Rousseau und Brecht*; in: *Arcadia* 3 [1968], 262–91.)

Die erste Fassung erinnert unmittelbar an den Schluß des *Trunkenen Schiffs*:[19] Auch dies schwimmt ziellos unter den Augen der Pontonierboote oder der Schiffsbrücken: ein Fliegender Holländer, der an die Unsterblichkeit der Liebe – in der sehnsüchtigen Phantasie der Lebenden – erinnert. (Allen diesen Texten, oder doch den meisten, ist ja dieser *Mitteilungsdrang* eigentümlich, von dem schon der *Jäger Gracchus* Zeugnis ablegte: eine Erinnerung gilt es der das Unendliche verdrängenden Menschheit zu bewahren).[20] Die zweite Fassung identifiziert schon – wenn auch nicht auf ganz manifeste Weise – das lyrische Ich mit dem Fischerknaben bzw. mit seinem Kahn. Das ist ein wenig gar zu deutlich gemacht: immerhin wird auf diese Weise klar, was die Allegorie der unendlichen Kahnfahrt bedeutet: sie versetzt die Sehnsucht nach der Liebe, die vergeblich nach Ewigkeit schmachtet, ins Reich einer imaginären Allgegenwärtigkeit. Solange die Le-

19 Nicht nur an den Schluß, versteht sich. Indessen fehlt Brentanos Romanze der Zug des (wenn auch vorübergehenden) Einverständnisses mit dem ziellosen Gleiten: Die Beschwörung der himmlischen Gewalten soll es ja aufhalten. Eine Analyse der Verben würde zeigen, daß man drei Rubriken aufmachen könnte: Es gibt 1. Tätigkeitswörter, die flüchtige visuelle Impressionen oder eilige Bewegungen bezeichnen (blinken, schimmern, zittern, wanken, schnell treiben, schweben, schwanken, spielen, lächeln, reißen, klingen, brennen, zerrinnen, vergehen, rauschen, wildentbrannt erschallen, netzen, fliegen, vorüberfliegen, singen usw.); 2. solche, die vergebliche Strebungen, Absichten oder Tendenzen bezeichnen (ausstrecken, erfassen wollen, geschlichen kommen, niederknien [nämlich um zu beten], Hände falten, beten, mit Tränen ansehen, denken an, sich sehnen nach usw.); und schließlich – 3. – solche, die unbestimmte Tätigkeiten oder geradezu Untätigkeit bezeichnen: sitzen, harren, schlafen, nicht mehr finden, liegen, sein lassen, treiben, einherschwimmen usw. Kurz: Die Semantik dieses Gedichtes verweist viel mehr auf die Sphäre der treibenden Ophelia (bei Rimbaud) – als auf die des Trunkenen Schiffs. Diese Figuren sind Getriebene: Ihre Handlungen erschöpfen sich in Wollungen: sie sehnen sich, sie beten usw.: sie beschwören Abwesendes, Vergangenes oder Unmögliches. Aber ihre Sehnsucht (und die des Dichters, der sich auf ihre Seite schlägt) läßt dennoch nicht ab und stellt das Getriebenwerden so auf eine zwar imaginäre, aber doch endlose Dauer.
20 Geradezu als Schriftsteller versteht sich der Jäger Gracchus: »Niemand«, sagt er zum Bürgermeister, »wird lesen, was ich hier schreibe« (*E* 288).

benden die Phantasie des Ewigen und der ewigen Heimat nur verdrängen, aber nicht überwinden: so lange wird der Kahn der Lebensreise in den Phantasien des ›modernen‹, des emanzipierten Europa seine unendliche Irrfahrt fortsetzen: Ausdruck einer unverlierbaren Sehnsucht, die über das Irdische hinausgreift, ohne die Ewigkeit zu erreichen.

Heimkehr und Lebensreise.
Die Zerstörung der Öko-nomie

Ich habe einige Beispiele für die bis ins 19. und 20. Jahrhundert reichende Gegenwärtigkeit unseres Motivs gegeben. Nun wird es Zeit, nach seinem Ursprung zu fragen. Ursprung – griechisch *arché* – meint sowohl (geschichtliche) Herkunft wie Wesen. Im Falle eines Motivs wird die Frage nach seinem Ursprung auf die ›minimale Beharrungskraft‹ der Struktur gerichtet sein, die in ihm überdauert.

Das Motiv der unendlichen Fahrt nimmt – mit charakteristischer Transformation – die Symbolik der *Lebensreise* auf. Es handelt sich im klassischen Sinne um eine Metapher, d. h. um den Austausch zweier Ausdruckskomplexe, zwischen denen eine Ähnlichkeit unterstellt wird. So wie die Schifffahrt, in einem Hafen auf festem Land beginnend, dem unsicheren Element der Fluten sich anvertraut, steuernd und planend so viel wie möglich ihre Autonomie geltend macht und, stets bedroht von der Aussicht des Abgetriebenwerdens, des Stillstands in Flauten, des Scheiterns, ihrem Ziel am festen Lande wiederzustrebt – eben so verhält sich's mit der ›navigatio vitae‹ im übertragenen Sinne: die Lebensreise verknüpft die himmlische Heimat, allerlei Fährnisse bestehend, mit dem Ziel, das von Gott verheißen ist. Diese Verheißung gilt, wohlbemerkt, auch für den Fall, daß das Leben nicht aus eigener Kraft hingelangt, daß es ›in wäßrigen Tiefen vergeht‹ (Tieck). Der himmlische Vater liefert das Komplement des unvollkommenen Lebens, er kann das Fehl des irdischen Seins ergänzen, wie es in Hölderlins Versen heißt: »Was hier wir sind, kann dort ein Gott ergänzen / Mit Harmonien und ewigem Lohn und Frieden.« Wenn ich behaupte, daß bis hin zur Epochenschwelle der Neuzeit die ›navigatio vitae‹ auf dieses göttliche Komplement rechnen darf, so tue ich das zwar aus Gründen einer idealisierenden Vereinfachung. Auf anderem Wege jedoch wird die Transformation einer Struktur, die sich fast unsichtbar allmählich vollzieht, nicht sinnenfällig.

Ich sammle zunächst die Züge, die die ›unendliche Fahrt‹ mit der antik-christlichen ›Lebensreise‹ gemein hat. Bewahrt werden ohne besondere Not die Elemente der Struktur selbst: das unberechenbare Meer, der Kahn, der Reisende, der Ausgangspunkt, das aufgeschobene, womöglich problematisch gewordene Ziel – gleichsam die Spieler des symbolischen Sprachspiels. Zum Reisenden hinzuzudenken ist das Steuer, das Teilsymbol des Willens und der Vernunft.[21] Es spielt natürlicherweise eine große Rolle in der Topik des Staats- oder Kirchenschiffes. Eines der ältesten Beispiele ist das Fragment des Alkaios (etwa 600 bis 550 vor Chr.):

> Nicht mehr zu deuten weiß ich der Winde Stand,
> Denn bald von dorther wälzt sich die Wog' heran,
> Und bald von dort, und wir inmitten
> Treiben dahin wie das Schiff uns fortreißt
>
> Mühselig ringend wider des Sturms Gewalt,
> Denn schon des Masts Fußende bespült die Flut,
> Und vom zerborstenen Maste trostlos
> Flattern die mächtigen Segel abwärts.
>
> (Übers. von E. Geibel)

Hier sehen wir den Augenblick einer besonderen Gefährdung: das Segel ist (wie im *Bateau ivre*) weggespült, die (im Wortsinne) kybernetische Kompetenz des Steuermanns versagt, die Gefahr des Scheiterns ist unmittelbar beschworen. Ein weiteres berühmtes Beispiel ist die Staatsschiff-Allegorese des Horaz, die die Verse des Alkaios aufgreift und die in ihnen ausgedrückte Sorge auf die ungewisse Situation der Auseinandersetzung zwischen Octavian und Antonius vor der Schlacht bei Aetium richtet:

> O navis, referent in mare te novi
> Fluctus? O quid agis? Fortiter occupa
> Portum! Nonne vides, ut
> Nudum remigio latus

---

21 Ein gut Teil dieser Requisiten versammelt *Die Geistliche Schiffahrt* des Angelus Silesius: »Die Welt ist meine See / der Schifmann Gottes Geist / Das Schif mein Leib / die Seel ists die nach Hause reist.«

Et malus celeri-saucius Africo
Antemnaeque gemant, ac sine funibus
Vix durare carinae
Possint imperiosius

Aequor? (usw.) (*Carmina*, Liber I, 14)

Auch hier ist keine Rede vom göttlichen Komplement, sondern – rhetorisch-dramatisch – davon, daß dem zerborste-
nen Schiff, dessen Rahen knirschen, dessen Mastbaum angegriffen ist, dessen Taue kaum noch die Planken zusammen-
halten – daß diesem Schiff »die Götter fehlen, die es – be-
drängt – in seiner Not anrufen könnte« (Vers 10).
Achtet man freilich auf den Typ von Redeverwendung, den
Horaz wählt, so sieht man sofort, daß er nicht beschreibt
oder konstatiert. Hier liegt vielmehr der Sprechakt der Beschwörung oder der Warnung vor. Die Schlußstrophen machen es klar: Wenn der Steuermann wieder Vertrauen fassen
könnte zum schwer lädierten Staatsschiff, wenn er den rettenden Hafen (den es mithin in erreichbarer Nähe gibt) un-
beirrt ins Auge faßte, wenn er den riskanten Luxus sich
versagte, sein Schiff zwischen den schimmernden Cycladen
hindurchzuschleusen – dann kann noch alles gut ausgehen.
Den Mittelweg zu steuern, hat Horaz auch sonst dem Lebensschiff gern geraten, z. B. in der Licinus-Ode (*Carmina*
II, 10): »Soll dir's wohl ergehen, Licinus, so steure / Weder
stets ins offene Meer, noch fahre, / Bang die Stürme mei-
dend, zu nah des Strandes / Tückischen Klippen.«
In christlicher Zeit ist der Heiland oft höchstselbst der Steuermann des Lebensschiffes (er hat weniger heilkräftige Vorbilder unter den Heroen der Antike, Herakles und Iason
z. B.). In der Barocklyrik gibt es Hunderte von Beispielen
dafür. Ich gebe für viele andere ein Sonett des Andreas Gry-
phius (*Sonette*, 1. Buch, XIV):

Auff! auff! wach auff, herr Christ! Schau wie die winde toben!
Wie mast und ruder knackt! Ietzt sinckt dein schiff zu grund;
Itzt schaumt die wilde fluth, wo flack und segel stund;
Uns fehlts an stärck und rath; bald kracht die lufft von oben;

Bald schluckt die teuff' uns ein. Wird dich denn iemand loben,
Der ins verderben fährt? Ist diß der feste bund,

Der stets uns hoffen hieß, wenn gleich der weite schlund
Der höllen riß entzwei? wo hast du hin verschoben,

Was deine treu versprach? hilff, eh der Kahn sich trennt!
Hilff, ehr das schwache bret an jene klippen rennt!
Kann denn kein zeter-schreyn dich aus dem schlaff erwecken?

Auff! auff! schilt fluth und meer! so bald du auff wirst stehn,
Wird brausen, sturm und wind in einem nu vergehn.
Durch dein wort muß, was uns in nöthen schreckt, erschrecken.

Hier wird sichtbar, wie das antike Symbol christlich zuge-
eignet und um Motive aus Christi Stillung des Seesturms
(Matth. 23 ff.; Mark. 4, 35 ff.; Luk. 8, 22 ff.) typologisch
bereichert wird. Deutlicher als in den antiken Beispielen
wird der komplementierende Charakter des rettenden Steuermanns, der nun nicht mehr der (von Göttern unterstützte)
Mensch selber ist, sondern der Menschensohn im emphati-
schen Sinne.

Das menschliche Leben ist fast immer nach dem Schema des
Mangels und seines Komplements ausgelegt worden: Am
Anfang steht eine Verfehlung – das Geburtstrauma ist eine
schon sehr konkrete und abgeleitete Bestimmung dieser Verfehlung –, am Anfang steht ein grundlegender Mangel, den
der Lebende strebend zu überwinden trachtet. Das Leben ist
ein Hunger nach Ganzsein, und der Mensch ist ein un-hei-
les, ein un-ganzes Wesen. Nun hat niemand Hunger, ohne
zu wissen, woran es ihm fehlt. Selbst ein so heikler Hun-
gernder wie der Hungerkünstler aus Kafkas gleichnamiger
Erzählung ist sich dessen bewußt. Er verhungert zwar, weil
er die Speise nicht findet, die ihm allein zuträglich ist – er
hungert nämlich nach dem Absoluten, und das kann ihm
nicht (oder richtiger: nicht mehr) geboten werden. Doch
weiß er jederzeit, woran es ihm fehlt, und damit ist auch ihm
ein Ziel seines hungernden Lebens erstanden – wenn es auch
ein Ziel ist, das er nicht wird erreichen können. Worauf es
mir ankommt, ist, daran zu erinnern, daß jeder negative Zustand – Leid, Schmerz, Trauer, Hunger, Sehnsucht, Liebe
usw. – auf einen positiven bezogen ist, der allerdings, solange das Leid empfunden wird, abwesend ist. Darum kann
Tieck in einer Elegie *(Einsamkeit)* sagen: »Der ist nicht ein-

sam, der noch Schmerzen fühlet.« Das meint: verzweifelt ist nicht der, der weiß, woran es ihm fehlt (wer »des Verlustes Bild im Herzen hält«). Wer das nicht mehr kann, gleicht dem Verzweifelten in einem berühmten Gedicht von Verlaine:

> C'est bien la pire peine
> De ne savoir pourquoi,
> Sans amour et sans haine
> Mon cœur a tant de peine!

Nun, wenn das Leben – christlich, aber die Antike sieht es doch ähnlich – als »Jammertal« beschrieben wird, so eben zugleich als »Pilgerreise nach der ewigen Glückseligkeit«, d. h. als ein zeitlich befristeter (›endlicher‹) Leidensweg, dem Kreuzgang Christi vergleichbar, dessen Ziel und Beweggrund die Erlösung von diesem Leiden ist.[22] Die metaphorische Tradition der Lebensreise appelliert mithin an eine *Ökonomie des Heils.* Ich verwende den Ausdruck ›Ökonomie‹ hier und im folgenden im etymologischen Sinne des Wortes. Drei Phasen artikulieren die Bahn des endlichen Lebens: etwas ist Ursprung, Heimat, Ausgangspunkt: der feste und bleibende Wohnsitz des Menschenwesens *(oĩkos);* etwas ist Ziel; und dazwischen dehnt sich eine Bewegung, die den einen Punkt mit dem anderen verbindet (der Zielpunkt kann auf einer höheren Ebene liegen als der Ausgangspunkt: wie die himmlische Heimat des christlichen Pilgers; Odysseus freilich kommt geradezu nach Hause). Nicht die Bewegung, die Reise im strengen Sinne, die das Menschenleben der zeitlichen Erstreckung nach erschöpft (denn der Ausgangspunkt ist immer schon verloren, und das Ziel wird nicht lebend erreicht), – nicht sie ist freilich das eigentlich Seinsollende, sondern nur das Mittel, den anfänglichen Verlust der Heimat im Vorlauf auf sein Komplement wiedergutzumachen. Das geschieht, indem die Lebensreise ihre Abweichung vom heimatlichen Ort – vom *oĩkos,* vom *lieu propre* – nach einem vorbestimmten Gesetz (nach einer *oikonomia)* korrigiert und das Einlaufen in den Hafen zu einer Rückkehr (ob, wie im Christentum, auf höherer Ebene, oder

22 Vgl. zum Thema C. S. Claggot, *The Pilgrimage of Life,* New Heaven/London 1962.

geradezu) an den Ausgangspunkt werden läßt: ein zyklisches Schema. In solchem Aufschub des Ziels oder des Sinns der Reise gründet freilich von Beginn eine Gefahr, an welche der Untertitel von John Bunyans *Pilgerreise* (1678) erinnert: *His* (nämlich des christlichen Pilgers) *Dangerous Journey: And safe Arrival at the Desired Countrey.* Dies Buch gehört zu den meist übersetzten Werken der Weltliteratur und erreicht noch heute im angelsächsischen Sprachraum Auflagen, von denen die sogenannten seriösen Poeten neidisch träumen. Es steht seinerseits in einer breiten puritanischen Tradition, in der man ähnliche Titel findet, z. B. Arthur Dents *The Plain Man's Path-Way to Heaven* (von 1601). Am Anfang steht die Flucht aus der Stadt der Zerstörung, und am Ende der Eingang in die Stadt Gottes. Aber in der Mitte – und das Buch handelt, wie sein Titel verspricht, fast ausschließlich davon – gibt es eben jene »gefährliche Fahrt«, die erst bestanden sein will, bevor der Christ in »that world which is to come« eingeht: z. B. den Sumpf der Verzagnis, die personifizierten Sünden Halsstarrig und Weltklug, den Riesen Verzweiflung, den Jahrmarkt der Eitelkeiten, die Burg des Zweifels, den Fluß des Todes usw. Unter der Hand entdeckt man, daß das fast ausschließliche Interesse dieses gotttrunkenen Autors auf den Weg als solchen, und das heißt: auf die Gefahr der Zielverfehlung gerichtet ist. Die dralle Melone der kommenden Seligkeit vor der Nase, hat dieser christliche Pilger – der wir übrigens alle sind, nach Bunyans Ansicht – überhaupt nichts zu lachen. Hier, wie in fast allen kosmo-theogonischen und christlichen Epen – Dantes *Comedia*, Miltons *Paradise Lost and Regained*, Klopstocks *Messias* usw. – gelingt die Schilderung der negativen Seiten des Prozesses, zumal der widerstehenden Kräfte und des Leidensweges, ungleich besser als die Schilderung der kommenden Herrlichkeiten, die all dies Leiden nach dem Apostelwort rechtfertigen sollen. (Schopenhauer hatte dafür die spöttische Erklärung, daß wir das Jammertal und die Hölle unmittelbar vor unseren Augen liegen sehen, während unser Leben kaum Vorbilder für die Ausmalung des Paradiso, das darum stets blaß und langweilig gerät, liefert.) Man beobachtet hier eine auffällige Diskrepanz zwischen der Privilegisierung des Ziels der Reise und seiner fast vollständigen Verdrängung aus der Realität der Reise als solcher. Dasjenige, dem bestimmt ist, bloßes Mittel kommender Verherrlichung zu sein, das eben spreizt sich auf und greift auf den Platz des Ziels über. Das Leben wird zur Reise, auf der es zwar von den Idolen des vorgeburtlichen Paradieses und seiner Wiedererlangung jenseits des »Todesflusses« heimgesucht wird, inzwischen jedoch nur von den Gefährdungen und Drohungen des Weges selbst zu berichten weiß. Die schlimmste Gefahr ist freilich die Gefahr der Zielverfehlung oder – schlimmer – der Erkenntnis, daß es ein dem Menschen wesenhaft zubestimmtes, ein (wie Lukács sagt) »transzendentales Obdach«,[23] nicht gibt. Ich wage – pour faire vite – eine schlimme Vereinfachung und behaupte, daß in dem Abgrund, der sich zwischen diesen beiden Möglichkeiten höhlt, die ganze Differenz der antik-mittelalterlichen und der modernen Metaphorik der Lebensreise sich auftut, und erinnere an die Ökonomie der verzögerten Heimreise in einer der ältesten Dichtungen des Abendlands, der *Odyssee*. Gleich der Eingang des Gedichts beschwört in einem großen syntaktischen Bogen – den die *Aeneis* dann nachahmen wird – sowohl die Potenzierungen des Aufschubs[24] wie das endliche Gelingen der Heimkehr *(nóstos, nóstimon ämar)*. Der Umweg, der das Ziel von der Heimat abspaltet und in die Ferne rückt, gefährdet nicht wirklich das Wohnrecht des Menschen in einem ihm zubestimmten Heim, an einem Ort, an welchem sein Selbst eigentlich zu Hause ist. Es ist das *Schema der Reflexion*, das hier poetisch präfiguriert wird und dem Denken des Abendlandes wie kein anderes Halt

---

23 Georg Lukács, *Die Theorie des Romans. Ein geschichtsphilosophischer Versuch über die Formen der großen Epik*, Neuwied/Berlin 1963, 35. (Die Metaphorik des »transzendentalen Ortes«, der »transzendentalen Topographie«, der »Orientierung« und der »wesenhaften Heimat« [vgl. die ersten beiden Kapitel] ist durchgehend.)
24 Es gibt, sagt Rilke, jene »eifernden Voreiligen, die gleich mit Gott anfangen wollten um jeden Preis. Wir muten uns dies nicht mehr zu. Wir ahnen, daß er zu schwer ist für uns, daß wir ihn *hinausschieben* müssen, um langsam die lange Arbeit zu tun, die uns von ihm trennt« (*Sämtliche Werke*, Insel-Ausgabe, 11, 879).

und Orientierung gewähren soll: die Identität dessen, woher, und dessen, wohin das Lebensschiff oder die Momente des vollen Begriffs spuren. (*Nóstos* heißt Fahrt und Heimfahrt zugleich: dem ökonomischen Denken des Abendlandes erscheint die Entfernung vom Ursprung nur als der Umweg, den der Gedanke nehmen muß, um den Ausgangspunkt *als* das Ziel zu erkennen: in dieser Entfernung gründet freilich die Gefahr des Identitätsverlustes.[25]) Noch die spätesten und spekulativsten Versuche, sich denkend der Einheit des abendländischen Weges zu versichern, sind über dem Grundriß der *Odyssee* und ihrer jüngeren Schwester, der *Aeneis*, errichtet. Schelling z. B. erkennt im System des Idealismus »die Odyssee des Geistes (. . .), der wunderbar getäuscht, sich selber suchend, sich selber flieht« (*SW* I/3, 628). Und Hegel vergleicht die Selbstbegründungsarbeit der vollen Subjektivität der Mühsal des Aeneas, das römische Volk zu begründen (I, 33): »Tantae molis erat se ipsam cognoscere mentem.«

Der ganze Kontrast zu dieser Weltansicht tritt uns aus einer anderen, aus einer modernen Odyssee entgegen, dem *Ulysses* von James Joyce (1914–21). Nur auf den ersten Blick ist der Lebensweg des gutmütigen, unheroischen Annoncenanwerbers Leopold Bloom eine karikatureske Minderung des heldischen Formats seines typologischen Ahnherrn. Tatsächlich ist seine Reise ›gefährlicher‹. Ich will es an zwei Zügen zeigen. Zum einen ist Bloom in einem viel drastischeren und für die Identität des Selbst bedrohlicheren Sinne »polytrop« als Homers Held. Dies Epitheton aus dem ersten Vers der *Odyssee* (von Spöttern in die Lesart *polýkrotos*[26] versetzt) kann mehreres bedeuten. *Polýtropos*[27] ist, wer viel herumgekommen, aber auch: wer wandlungsfähig, flexibel, findig ist. (Das deutsche ›verschlagen‹ vereinigt ungefähr beide Bedeutungen.) Blooms Tageslauf scheint streng ökonomisiert. Alle seine Taten und Verrichtungen erscheinen eingestellt in eine

25 Von ihr handelt Baudelaires Reise-Gedicht *(Le Voyage)*: »Singulière fortune *où le but se déplace* / Et, n'étant nulle part, peut être n'importe où!« (*Œuvres complètes*, L'Intégrale, Paris 1968, 123).

26 viellärmend (z. B. von Pan gesagt).

27 von *trép-ein*, (s.) wenden.

festgefügte, fast nach dem Meßtischblatt rekonstruierbare und mit dem Chronometer kontrollierte städtische Wirklichkeit. Sie ist Stütze und Orientierungspunkt – doch nur, um den phantastischen inneren Wandlungen dieses neuen Odysseus Profil und Kontrast zu bieten.[28] Die Wahrheit ist, daß sein Selbst grenzenlos verwandelbar ist, ohne innere Identität und von der Natur des proteischen Elements, des »old father ocian«. Buck Mulligan nennt Bloom »the wandering jew ... ancient mariner« (*Ulysses*, 279), womit wir beim Thema sind.[29] Der andere Zug, auf den ich kontrastierend abheben möchte, betrifft Joyces Parodie des Lotophagen-Abenteuers. *Sie* erinnern sich: wer von der Frucht, die süßer ist als Honig, kostet, dem schwindet der Drang zur Heimkehr. Tennysons Gedicht *The Lotos-Eaters* (von 1832) beschwört vortrefflich den Geist der Lähmung und Erschlaffung, der die Reisenden übermannt; und auch Baudelaires »ziellos Reisende« vernehmen die »bezaubernden und schlimmen« Einflüsterungen der Lotophagen: »Venez pour enivrer de la douceur étrange / De cette après-midi qui n'a jamais de fin!« (*Œuvres*, 124). Nun, Bloom – kein Mann des Triebverzichts wie der Held Odysseus – kostet in jener Badehausszene, die dem Lotophagenabenteuer parallel gebildet ist, im übertragenen Sinne von der betörenden Frucht – und ist in der Tat um die Hoffnung auf Heimkehr betrogen; es sei denn, man hält das dampfende Bett seiner von schwülen Träumen dahingerafften heißblütigen und ehebrecherischen Ehefrau Molly/Penelope, zu der er gegen drei Uhr des Morgens betrunken zurückschleicht, für das Ithaka des modernen Bürgers.

Jenseits des Spuks drolliger und unheimlicher Absurditäten (die vor allem das Circe-Kapitel entfesselt) finden wir in den Metamorphosen dieses neuen Odysseus ein sehr ernsthaftes

---

28 Vgl. den ausgezeichneten Aufsatz von Fritz Senn, *Odysseische Metamorphosen*, in: Therese Fischer-Seidel (Hg.), *James Joyce ›Ulysses‹. Neuere deutsche Aufsätze*, Ffm. 1977, 26–57.

29 Die assoziative Phantasie »Sindbad der Seefahrer« ist natürlich nicht zu vergessen. Ähnlich denen des Odysseus stehen alle Fahrten des orientalischen Seefahrers Sindbad im Zeichen durch Abenteuer verzögerter Heimkünfte. Vgl. *Tausend und eine Nacht*, Insel Ausgabe, Ffm. 1953, IV, 200/1, passim.

Problem. Bloom, der exemplarische, der »rein menschliche« Durchschnittsbürger der Moderne, wird von der Unendlichkeit angefressen. Seine Identität steht dahin. Der *Ulysses* ist voll von Zitaten, und keines beschwört das Original in seiner Authentizität. Was diesem gefräßigen Roman und seinem Helden in den Mund oder unter die Finger gerät, trägt einen Index unkontrollierbarer Veränderung. Auch darum ist es bzw. er (je nachdem, ob man Ulysses als Buch oder als Person versteht) »polytrop« – verwandlungssüchtig, reich an Tropen, an Irrnissen. Proteisch und ohne festen Bedeutungskern ist die menschliche Subjektivität. »As she hath the virtue of the chameleon to change her hue at every new approach ... so too is her age changeable as her mood« (*Ulysses*, 540). Die Identitäten der Personen gehen pausenlos ineinander über – das Metempsychose-Kapitel thematisiert dies zwar explizit, doch gilt für den ganzen Roman, daß die Seelen sich davon nicht abhalten lassen, in fremde Seelen hinüberzureichen. Es sind »heimatlose Seelen«, die im ewigen »Wintertag« der Moderne übers Lebensmeer irren, wie Georg Heym in einem lyrischen Fragment übers *Odysseus*-Thema schreibt.[30] Dem Odysseus stahl der Gott nur den *Tag* der Heimkehr, nicht das Ziel selbst. Immer wieder gibt es bei Homer den topischen Nebensatz »bevor er sein Vaterland wiedererreichte«. Der Aufschub, der durch die nicht endende Liste der Verhinderungen und Verführungen immer deutlicher bewußt wird, wird damit zugleich bewußt als Aufschub des Ziels. Schließlich darf man, wenn man mit den faszinierten Augen des modernen Europäers auf die *Odyssee* zurückblickt, nicht übersehen, daß diese ganze Irrfahrt und Heimfahrt im axiologischen Rahmen einer eben noch intakten Mythologie sich abspielt. Die irdischen Konflikte haben ihre Präfiguration, ja ihren Beweggrund in den Rankünen und Streitigkeiten der Götter. Die wählen sich ihren Helden, lenken, strafen ihn unversehens, machen ihn jedoch in jedem Fall zum Werkzeug ihres Willens: alle seine Taten sind letztlich durch eine Ökonomie des Heils gerechtfertigt. Eine stereotype Wendung des Odysseus, wenn er an fremde Gestade

---

30 Georg Heym, *Dichtungen und Schriften*, hg. von K. L. Schneider, 1964, Bd. 1, 172 und 170. (Hinfort im laufenden Text zit.: *DuS*.)

verschlagen ist, lautet: »Weh mir, zu welchem Volke bin ich nun wieder gekommen! / Sinds unmenschliche Räuber und sittenlose Barbaren / Oder gastliche Menschen, und gottesfürchtigen Sinnes?« Die Verfehlungen – im kybernetischen wie im moralischen Sinne – haben ihren Spielraum und ihre festen Grenzen in der Ordnung des zugrundeliegenden Mythos: den dreisten Freiern ist – aufgeschobenerweise – ihr Untergang schon vorbestimmt, als sie den armen Telemachos majorisieren. Der Mythos ist, wie Hegel sagt, »dieses gesicherte Asyl«[31] der menschlichen Seele, welches den guten – den untragischen – Ausgang des an Widrigkeiten, Unglücksfällen und Mühsalen reichen Geschehens garantiert.

Die unheldischen Heroen der modernen Odyssee hingegen haben keine feste Burg mehr. Sie erinnern sich – wie der Jäger Gracchus – an ein solches Idol, aber mit dem Bewußtsein des endgültigen und unwiederbringlichen Verlustes. Sie erreichen ihr Ziel nicht mehr: der Ozean spaltet ihre Identität. Sie sind – selbst wenn Geographie und Chronologie pünktlich beachtet werden – Irrende, d. h. sie haben aufgehört, Bewohner eines Kosmos, eines geordneten Weltganzen zu sein. Ihre Geschichte geht darum auch in keiner Ökonomie des Eigenen mehr auf: die Entfremdung ist ihr Erbteil. Wo das All der Möglichkeiten unendlich geworden ist, da gibt es eben – wie in der Welt des Kopernikus – keinen Punkt mehr, der vor anderen größeres Recht auf den Titel des *Omphalos*, des Erdnabels, hätte, wie Ithaka in der *Odyssee* mit entwaffnender Selbstverständlichkeit genannt wird. Man ist nicht mehr heimisch in der Welt-als-Ganzem, und der neue Odysseus ist, wie ich bereits zitatweise vorweggenommen habe, ein Bruder des Ewigen Juden und des Alten Seefahrers geworden – zweier in der Dichtung der Moderne spukender Symbolfiguren, die den Paradigmenwechsel der Neuzeit voraussetzen und uns noch beschäftigen sollen.

*

Glücklicherweise gibt es einen Text, der den Epochenbruch zwischen der antik-mittelalterlichen Heilsökonomie und ih-

31 Hegel, *Ästhetik*, hg. von Friedrich Bassenge, Berlin 1955, 1084.

rer neuzeitlichen Sprengung an der Gestalt des Odysseus selbst demonstriert. In Dantes *Comedia* (1307–21) steuert Ulyss ins offene Meer hinaus und ermutigt in kühner Rede seine Gefährten, die Säulen des Hercules zu überschreiten und den »anderen Pol« der sonnenabgewandten Seite der Erde zu erforschen. Unfromme *curiositas* ist das Motiv seines *contrapasso* (seiner Verfehlung), und die Strafe folgt auf dem Fuße. Als die Mannschaft in der Ferne einen gigantischen Bergzug gewahrt, wird das Schiff von einem Wirbel ergriffen, der »vom neuen land her« seinen Sog ausübt und ohne Zweifel den Prototyp all jener »whirlpools« und Mahlströme konstituiert, mit denen von Camões über Coleridge, Poe und T.S. Eliot die säkulare Weltneugier, der Geist der *Discovery*, geahndet wird. Bei Poe (der Dantes Erzählung, wie eine Stelle in den *Pinakidia* zeigt, kannte)[32] ist's übrigens eine Fahrt an den Südpol, und zwar an Bord eines Geisterschiffes, dessen *crew* den Tod im Rachen des Strudels wie eine Erlösung feiert *(MS. Found in a Bottle)*. Auch das Schiff des Danteschen Ulyss wird an diesem Ort zerschmettert: und »so mußt es geschehen – / Bis über uns das meer zusammenschlug« (*Inferno* XXVI 76–142, Vs. 141/2, Übers. St. George). Das physische Scheitern hat sein Komplement im Scheitern am geistlichen Heil. Ulysses ist ins *Inferno* gebannt, den Ort der in Ewigkeit verweigerten Heimkehr – die Stätte der Sinnlosigkeit. Nun mag es auf den ersten Blick ganz natürlich erscheinen, den antiken Odysseus in einer christlichen Hölle wiederzusehen. Doch abgesehen davon, daß die Heiden, die vor Jesu Verkündigung lebten, unmöglich dadurch eine Schuld auf sich laden konnten, daß sie keine Christen waren – Dante versammelt die »besten« aus ihrer Schar, z. B. den Homer und die großen römischen Dichter, in der straflosen Vorhölle, dem *limbo*, zur *bella scuola*: dem Verein der großen Geister –, abgesehen also davon, daß Odysseus' Hei-

---

32 Ich entnehme diesen Hinweis wie viele andere der ausgezeichneten und materialreichen Arbeit von Joachim Metzner, *Persönlichkeitszerstörung und Weltuntergang. Das Verhältnis von Wahnbildung und literarischer Imagination*, Tübingen 1976. Metzner sucht das Phänomen allerdings psychose-theoretisch zu analysieren und nimmt ihm auf diese Weise seine kultur- und rationalitätskritische Legitimität.

dentum als *contrapasso* nicht in Betracht kommt, wäre es, worauf wir schon früher hinwiesen, grundsätzlich viel zu kurz gegriffen, das Problem seiner Bestrafung für eine Sache nur des christlichen Kultes zu halten.

Der Fehltritt besteht in einem Aufbegehren gegen die Grenzen eines mythisch interpretierten Kosmos, d. h. gegen die Ökonomie des Heils, die allen Religionssystemen eigen ist: Galt doch schon das Erbauen von Schiffen in der frühen Antike als »Verletzung des Meeres«, die Schiffahrt vollends als Frevel.[33] Ulysses' Rede an die Gefährten spricht in Dantes Text die Sprache der humanistischen Rationalität, wie sie in dem versteckten Sallust-Zitat aus dem Beginn des *Bellum Catilinae* zum Ausdruck kommt:

> O brüder · sprach ich · durch die unzahl schwerer
> Gefahren seid ihr nun gelangt zum westen.
> Zeigt euch an hohem sinne nun nicht leerer
>
> In eures lebens nur noch kargen resten:
> Daß ihr jetzt die erforschung wolltet missen
> Der sonn-rückwärtigen unbewohnten festen.
>
> Ich ruf euch eure abkunft ins gewissen:
> Ihr seid nicht da zu leben gleich den kühen
> Doch zum verfolg von tüchtigkeit und wissen.[34]

Es gibt hier – bedenken Sie, daß wir mit einem hochmittelalterlichen Text zu tun haben – ein ganz bemerkenswertes

33 Vgl. dazu den Essay von Ernst Robert Curtius, *Das Schiff der Argonauten*, in: *Kritische Essays zur Europäischen Literatur*, Bern 1954, und Titus Heydenreich, *Tadel und Lob der Schiffahrt. Das Nachleben eines antiken Themas in der romanischen Literatur*, Heidelberg 1970. Heydenreich erwähnt übrigens in einem Exkurs das VI. Kapitel aus Thomas Manns *Zauberberg*: »Gewiß, nur oberflächlich (...) lasse der Komfort aus dem *Ozean-Steamer* die Umstände und ihre Gewagtheit vergessen«, stimmt Hans Castorp Settembrini zu, »und es liege (...) sogar eine gewisse (...) Herausforderung in diesem vollendeten Komfort, etwas dem Ähnliches, was die Alten Hybris genannt hätten (...) kurz Frevelhaftes.« Settembrini verbindet den Untergang der Titanic, dieser Luxusarche des zivilisierten Zeitalters, mit dem Scheitern des Schiffes von Odysseus bei Dante.

34 Der Mensch, hatte Sallust gesagt, sei von seiner Natur her ein fragendes, wißbegieriges Wesen, und das unterscheide ihn vom »Vieh, das seiner Natur nach vornübergebeugt ist und nur an den Bauch denkt«.

Vernunft-Pathos, das man anachronistisch aufklärerisch nennen möchte und das nicht wenig der Rede des Lessingschen Faust voraneilt, der gegen Gott geltend macht, der Gebrauch der edelsten Gabe, die er seinem Geschöpf verliehen, seines *lumen naturale*, seiner Vernunft, könne unmöglich strafbar oder gar Sache des Teufels sein.[35] (Wir werden diesem Einwand in zahlreichen anderen Texten der beginnenden Neuzeit wiederbegegnen, und oftmals noch im Werk Edgar Poes.)[36] Das Argument schließt eine Abwägung der Güter des nackten Daseins und des geistigen Entdeckens ein; und zwar eine solche, die zuungunsten des Lebens ausschlägt. Nicht nur des Lebens, sondern auch der Liebe (»Ich trennte mich von Kirke die mich wandte / Ein jahr schon bei Gaëta ab vom wege«): der Liebesverzicht steht am Beginn der entdeckerischen Leidenschaft und des Pathos der Naturbemächtigung – und das bis hin zu den Faustversionen Valérys (»Hütet euch vor der Liebe«) und Thomas Mann (»Dein Leben soll kalt sein – darum darfst du keinen Menschen lieben«). Der Liebesverzicht emanzipiert den weltneugierigen Geist zugleich von der Tyrannei der Heimkehr (dem Ulysses ist »der Weg« als solcher wichtig, nicht die Rückkehr) und den Verbindlichkeiten der Sippen- und Verwandtschaftsgesetze: »Nicht zärtlichkeit des sohnes · nicht die pflege / Des greisen vaters · nicht die schuldige liebe · / Die in Penelope die freude rege: / Vermochte daß mein drängen unterbliebe / Wie ich mich über alle welt belehre · / Der menschen tüchtigkeit und eitle triebe.« Diese zwischen-

35 »Triumphiert nicht«, rufen die Engel dem Mephistopheles zu, »ihr habt nicht über Menschheit und Wissenschaft gesiegt; die Gottheit hat dem Menschen nicht den edelsten der Triebe gegeben, um ihn ewig unglücklich zu machen.« Lessings *Werke*, hg. von K. Wölfel, Ffm. 1967 (Insel), 1, 256.
36 Voltaire geht noch weiter, wenn er im dritten Kapitel des *Taureau blanc* die Schlange im Paradies mit Lob bedenkt, weil sie dem Menschengeschlecht einen ungeheuren Dienst geleistet habe: »Ich glaubte, mit meinem Ratschlag dem Herrn aller Dinge zu gefallen. Ein Baum, der dem Menschengeschlecht so nützlich war, schien mir nicht gepflanzt zu sein, um nutzlos dazustehen. Wollte der Herr mit Unwissenden und Narren zu tun haben? Ist der Verstand nicht dazu da, um sich zu vervollkommnen und sich aufzuklären? Muß man nicht Gut und Böse kennen, um das eine zu tun und das andere zu lassen? Man war mir sicher Dank dafür schuldig.«

menschlichen Verbindlichkeiten sind es freilich, über die der Mythos als strukturierende und legitimierende Ordnung wacht. Odysseus' Angriff richtet sich frontal gegen die Grenzen der mythischen Weltansicht, wenn er »zum offnen meere« steuert und die Durchfahrt in den Atlantik erzwingt, wohl wissend, daß »uns die pfosten Hercules' gemahnen / Von hier ab weiter keinen schritt zu machen«. Odysseus – wir sahen es – ignoriert das Tabu und erreicht jenen gewaltigen Läuterungsberg, der im »Teufelsberg« am Kap sein typologisches Pendant im Rahmen der Holländer-Sage finden wird und in Dantes poetischer Geographie den Pol der südlichen Erdhalbkugel bildet. Er entdeckt die Antarktis, wird von einem schrecklichen Wasserwirbel mit Mann und Maus verschlungen und findet sich im Reich der verdammten Seelen wieder.

Dantes *Comedia* ist über dem Grundriß einer dreistufigen Wanderung errichtet. Mit dem Führer Vergil geht der Dichter durchs Inferno und übers Purgatorio (das Reich der Seelenläuterung) ins Paradiso. Der Dreischritt dieses Weges scheint genau ins Schema der Ökonomie zu passen. Indessen muß man sich fragen, ob Satans Reich aus der göttlichen Ökonomie ausgespart ist oder ob es, etwa wie ein Vorhof, seinen Ort in der Architektur des geistlichen Kosmos hat. Die Frage ist nicht unerheblich, denn ihre Beantwortung entscheidet über die Stabilität dieser Ökonomie an der Schwelle zur Neuzeit. Nun, die Wanderung durchs Inferno durchschreitet neun Höllenkreise, und deren Folge gehorcht einem Gesetz der Steigerung im Schlimmen. Der neunte Kreis – der tiefste Verdammungsort – ist die Eishölle, in welcher die Seelen selbst zu Eisklumpen und Gletschern werden. Sooft Dantes Fuß sie tritt, zerfallen sie wie zerstäubender Pulverschnee. Gerade umgekehrt sind die neun Kreise des Purgatorio und des Paradiso angeordnet, die – gegenwendig – zu immer höheren Graden der Erleichterung von Schuld und zu höherer Seligkeit führen. Was aber die Frage nach Satans Ort innerhalb der göttlichen Ökonomie betrifft (Sie erinnern sich, daß Mephisto im Vorspiel zum *Faust* unter der ökonomischen Kategorie des »Gesindes« aufgeführt wird), so wird von ihm berichtet, daß er – und andere Abtrünnige – in der innersten Hölle sitzen, die als gewaltiger Trichter im Mittelpunkt der Erde vorgestellt ist. Es ist genau der Ort, an dem der Weg wieder aufwärtssteigt, zunächst ins irdische und endlich ins himmlische Paradies. Satans Funktion ähnelt also der der Negation in Hegels Dialektik. Sie ist an ihr selber nicht das Wahre, und doch gelangt nichts zur Wahrheit, was nicht zuvor mit dem Ferment des Negativen versetzt, was nicht von der äußersten Kälte der Abstraktion versengt und im Auftreffen auf das Nichtseiende auf sich zurückgeworfen und in ein positives Absolutum verwandelt worden wäre. Der Eishölle folgt übergangslos die erlöste oder erlösungsfähige Welt – vorausgesetzt, man bleibt bei Satan und im Nichtseienden nicht stehen, sondern durchschreitet es als eine notwendige (wenn auch noch nicht zureichende) Bedingung der Erlösung. – Die Verdammung des Ulyss vermag die Tat der Sprengung der Ökonomie des Heils mithin zu integrieren. Der Ausschluß der Verneinung ist ein Moment der Reflexion selbst, die zu sich zurückkehrt, indem sie in sich einholt, was ihr von außen widersteht.

»L'homme aux semelles de vent«[37]
(Ahasver. Der Fliegende Holländer)

Selbst wenn der Danteschen Kosmo-Theologie die Integration ihrer kühnen Widersacher noch gelingt, wird man nicht leugnen, daß sie dafür den Preis einer gegenüber Homers Welt beträchtlichen Komplizierung des Schemas der Heimkehr bezahlt. Die Ökonomie des Heils erhält sich nur, indem sie mit Strafe und Verfemung belegt, was sich ihr widersetzt. Das ist, wie gesagt, grundsätzlich ein Strukturerfordernis aller religiösen Systeme; aber man wird nicht übersehen, daß es an der Grenze zur neuzeitlichen Rationalität ganz anders beansprucht wird als bei Gelegenheit des Feuerdiebstahls durch Prometheus/Phosphorus/Lucifer. Mit diesen Gestalten teilt Dantes Ulyss immerhin den negativen Bezug auf die Ökonomie des Heils; und das gilt in noch höherem Maße für eine andere Mythenfigur, die zwar aus mittelalterlicher Legendenbildung erwächst, doch aber erst in der Neuzeit ihre eigentliche Wirkungsgeschichte antritt. Ich meine die Gestalt des »wandering jew«, des »juif errant«, des Ewigen Juden.

Die Sage vom Ewigen Juden aktualisiert zweifellos ein Motiv, in dessen Wandlungen und Revisionen, aber vor allem: in dessen Kontinuität christlich-europäisches Selbstverständnis sich von jeher symbolisiert glaubte. Es ist eine gleichsam häretische Variante christlichen Selbst- und Weltverständnisses, und sie taucht in schriftlich fixierter Form erst im frühen 17. Jahrhundert auf, nämlich in dem Volksbuch des fiktiven Verlegers (mit dem sprechenden Namen) Christoff Creutzer in Leyden (auch der Ortsname ist selbstverständlich sprechend). Der umständliche Titel des Volksbuches, das womög-

---

37 Als den »Mann mit den Windsohlen« hat Verlaine seinen unsteten Freund Rimbaud bezeichnet: »Verfluchter! Ein niemals Ermüdeter, dich reißt es / Mit jedem Ruck durch die Welt einem Ziellosen zu . . .« (zit. Enid Starkie, *Das trunkne Schiff. Das Leben Arthur Rimbauds*, Hamburg 1963, 425). Verlaine zitiert in diesem Gedicht das Motiv des »Juif errant«: Ich zitiere umgekehrt Verlaines Metapher zur Bezeichnung der Tradition des Motivs.

lich auf eine hundert Jahre ältere Quelle (die aber nicht mehr existiert) zurückgeht, lautet im Stil der Zeit:

Kurtze Beschreibung und Erzehlung von einem Juden, mit Namen Ahasverus: Welcher bey der Creutzigung Christi selbst Persönlich gewesen, auch das Crucifige vber Christum hab helffen schreyen vnnd vmb Barnabam bitten, hab auch nach der Creutzigung Christi nimmer gen Jerusalem können kommen, auch sein Weib vnnd Kinder nimmer gesehen; vnnd seithero im Leben geblieben, vnnd vor etlich Jahren gen Hamburg kommen, auch anno 1599 Im December zu Dantzig ankommen.
Es hat auch Paulus van Eitzen, der heil. Schrift D. vnnd Bischoff von Schleßwig neben dem Rector der Schulen zu Hamburg, mit jhme conferirt: von den Orientalischen Landen, nach Christi Zeit was sich verloffe, hatt er solchen guten Bericht davon gegeben, das sie sich nicht genug darüber verwundern können
            Matthei am 16. (28) [vgl. Joh. 21, 20 ff.]
Warlich ich sage euch, es stehen allhier etliche, die werden den Tod nicht schmecken, biß daß deß Menschen Sohn kommen sehen inn sein Reich.
Gedruckt zu Leyden bei Christoff Creutzer. Anno 1602.

In diesem Volksbuch wird also erzählt, daß Ahasver, ein jüdischer Schuster, an dessen Hausschwelle Jesus bei seinem Gang ans Marterholz vorbeigeführt wurde, diesen höhnisch zu größerer Eile angetrieben habe, worauf sich Christus ihm zugewandt und gesagt habe: »Ich werde stehen und ruhen, du aber sollst gehen.« In der Fiktion des Volksbuches kommt diese Nachricht aus dem Munde Ahasvers selbst. Denn den habe der glaubwürdige Bischof, von dem im Titel die Rede ist, einmal im Winter 1542, während seiner Studienzeit, und mit anderen Studenten zusammen in der Kirche während des Gottesdienstes gesehen und hernach gesprochen (und vom Bischof will es der Verfasser des Volksbuches haben). Dem Bischof sei schon während der Predigt die hohe Figur des Mannes aufgefallen, der, mit lang über die Schulter wallenden Haaren barfüßig der Kanzel gegenüberstehend, mit solcher Andacht dem Gottesdienst beigewohnt habe, daß man auch nicht eine unwillkürliche Bewegung an seinem Körper bemerken konnte; aber sooft Christi Name erwähnt worden sei, habe er sich verneigt, an seine Brust geschlagen und tief aufgeseufzt. Später habe er dem Bischof erzählt, was wir bereits wissen, und hinzugefügt, daß er, von

Jesu Blick getroffen, nicht mehr nach Hause habe zurückkehren können, sondern fortan umhergeirrt und es nun seinerseits sehr wohl zufrieden sei, wenn Gott ihn aus diesem
Jammertal »zur Ruhe abfordere«, welche Gnade er ihm indessen noch nicht habe gewähren wollen.

Nach verbreiteter Ansicht[38] geht diese Sage auf eine Quelle
des Chronisten Roger von Wendower – eines englischen
Mönchs aus der Abtei St. Albans – zurück (aufs Jahr 1228),
die auch sonst überliefert ist. Ich meine die Legende von
Cartaphilus (auch: Buttadeus, ›Schläger Gottes‹), dem Türhüter des Prätoriums. Ähnlich wie im Volksbuch sei ein
Erzbischof aus Armenien im Verlauf einer größeren Wall-
fahrt auch nach England gekommen und habe folgenden
Bericht gegeben: Als Christus nach seinem Verhör vor Pila-
tus aus dem Prätorium zur Kreuzigung geführt worden sei,
habe ihm der Türhüter desselben, ein gewisser Cartaphilus,
verächtlich mit der Faust in den Nacken geschlagen und
höhnisch zugerufen: »Geh doch schneller, Jesus! Was zö-
gerst du?« Worauf Jesus ihn traurig angesehen und gesagt
habe: »Ich gehe, und du wirst warten, bis ich komme.« So
wartet Cartaphilus nun gemäß jenem Wort des Herrn. Der
Mann sei damals, als er Jesus geschlagen habe, ungefähr 30
Jahre alt gewesen (also gleichaltrig mit Jesus); sooft er aber
das hundertste Jahr erreiche, komme er wieder in das Le-
bensalter seiner Freveltat zurück. Später, nach der siegreichen Ausbreitung des Christentums, habe auch er die Taufe
empfangen (auf den Namen Joseph), wohne meist in Armenien und anderen orientalischen Gebieten und sei als Mann
von strengen Sitten und heiliger Rede bekannt.

Der sprechende Name (Karta-philos: der sehr Geliebte) hat
zu allerlei Spekulationen Anlaß gegeben. Z. B. hat man ihn
unter das Wort gestellt, das Jesus seinem Lieblingsjünger auf
den Weg gegeben haben soll: »So will ich, daß er bleibe, bis ich
komme« (Joh. 21, 23). Aber die Gestalt des Johannes scheint
sehr schlecht geeignet, das schwierige Verhältnis des Car-

---

38 Die aber von Eduard König (*Ahasver »der ewige Jude« nach seiner*
ursprünglichen Idee und seiner literarischen Verwertung betrachtet, Güters-
loh 1907) mit guten Argumenten angefochten worden ist. Vgl. dagegen Th.
Kappstein, *Ahasver in der Weltpoesie*, 1906.

taphilus oder des Ahasver zum Heiland zu charakterisieren. Ich will mich (und *Sie*) damit auch nicht aufhalten. Was an der Sage sogleich auffällt, ist die Dialektik zwischen Heilserwartung und Heilsverneinung, die noch im *Jäger Gracchus* nachweisbar ist. Ähnlich dem Jäger muß Ahasver wirklich wandern – und zwar, weil er das von Christus angebotene Heil trotzig von sich gewiesen hat, in alle Ewigkeit. Wie wäre diese Konsequenz anders möglich als dadurch, daß er zwar nicht Jesu Welterlösung, wohl aber seinen Fluch anerkannt hätte? Denn man kann sich unmöglich einem Fluch ausgeliefert fühlen, an den man – emanzipiert von superstitiösen Weltansichten: und Ahasverus ist in den unzähligen poetischen Bearbeitungen des Motivs oft als revolutionärer oder emanzipatorischer Held gedeutet worden – gar nicht glaubt. Wilhelm Hauff, in dessen *Memoiren des Satan* der Ewige Jude auftritt, macht dazu eine eindrucksvolle Bemerkung. Es sei, so legt er einem fiktiven Bearbeiter des Ahasver-Motivs in den Mund, »in der Sage (. . .) eine tiefe Moral, denn der Verworfenste unter den Menschen sei offenbar immer der, welcher seinen Schmerz über getäuschte Hoffnung gerade an dem auslasse, der diese Hoffnung erregt habe. Besonders verworfen erscheint er, wenn zugleich der, welcher die Hoffnung erregte, noch unglücklicher erscheine als der, welcher sich täuschte.«[39] Danach wäre Ahasver der negativ Gläubige par excellence. Er rächte sich an Jesus dafür, daß es ihm an Zuversicht in die überschwengliche Hoffnung gebricht, die er auf Christi Heilstat wirft, indem er den Gegenstand dieser Hoffnung umbringen hilft. Nun aber, da er den unwiederbringlichen Augenblick, da des erschienenen Messias Heil auch ihm angeboten war, trotzig ausgeschlagen hat, da beginnt es zu wirken: als Fluch, und der Spötter erfährt in der Leidensgeschichte, der fortan er selbst ausgesetzt sein wird, zu spät die Inbrunst seines eigenen Glaubens. Da der Glaube aufs Unendliche gerichtet war, ist es nun das Unendliche, die unendliche Irre, die ihn vom Erreichen des Ersehnten trennt. Die Logik dieser Freveltat wiederholt sich im *Jäger Gracchus*.

39 W. Hauff's *sämtliche Werke*, hg. von Alfred Weile, Berlin o. J., Bd. 3, 60.

Schon in Wagners *Parsifal* ist sie präsent. Kundry, »Höllen-rose« und »Gralsbotin« in einer Person, »lebt ein unermeßliches Leben unter stets wechselnden Wiedergeburten, infolge einer uralten Verwünschung, die sie, ähnlich dem ›ewigen Juden‹, dazu verdammt, in neuen Gestalten das Leiden der Liebesverführung über die Männer zu bringen« (*GSD* XI, 404). Die Lust, die sie im Liebesrausch mit den verführten Gralsrittern (und allen voran: dem »sündigen« Gralskönig Amfortas) büßt, steht freilich ihrem eigentlichen Begehren entgegen, welches auf die Erlösung von der Pein ewig ungestillter Liebessehnsucht gerichtet ist und ihr nur durch Verweigerung ihres Begehrens gewährt werden kann. (»Die Labung, die dein Leiden endet, / beut nicht der Quell, aus dem es fließt«, sagt der Erlöser zu ihr [*GSD* X, 361]). Jede ihrer Verführungstaten wiederholt den prototypischen Zwiespalt ihrer Verhöhnung des Heilands am Kreuz. »Oh! – / Kenntest du den Fluch«, sagt sie zu Parsifal, der sich ihrem Begehren verweigert, »der mich durch Schlaf und Wachen, / durch Tod und Leben, / Pein und Lachen, / zu neuem Leiden neu gestählt, / endlos durch das Dasein quält! – / Ich sah – Ihn – Ihn – / und – lachte[40] ... / da traf mich sein Blick. – Nun such' ich ihn von Welt zu Welt, / ihm wieder zu begegnen: / in höchster Not – / wähn' ich sein Auge schon nah', / den Blick schon auf mir ruh'n: – / da kehrt mir das verfluchte Lachen wieder, – / ein Sünder sinkt mir in die Arme!« (*GSD* X, 360)

Ähnlich wie Ahasver, der sich an Christus für sein Unvermögen rächt, all seine Hoffnung auf ihn zu setzen, und der doch keine alternative Hoffnung kennt und also in Ewigkeit des verschmähten Heils harren muß, – ähnlich also wie Ahasver hat Kundry im Namen des Begehrens die Erlösung vom Begehren ausgeschlagen. Nun aber, da sie es getan hat, erfährt sie, daß ihre tiefste, ihre wahre Sehnsucht nicht auf die Lust, sondern auf die Erlösung vom fortdauernden Stachel der Lust gerichtet war, und sie dient in erniedrigter Gestalt den Repräsentanten des geistlichen Heils, das sie verneint

40 Während sie dies singt, ertönt im Orchester jenes Blödigkeits- oder Verstocktheitsmotiv, das zuerst erklang, als Parsifal sprachlos blieb angesichts des Leidens von Amfortas.

hatte. Diese Unentschiedenheit verweist sie auf die Bahn eines ewigen »Irrens« (l. c. 363): Stets verwechselt sie aufs neue ihr Begehren nach dem »Heil« mit ihrem Begehren nach dem Begehren. Indem sie »ihr Haupt über das seinige [Parsifals] neigt, und ... ihre Lippen zu einem langen Kusse auf den Mund des Jünglings [heftet]«, spricht sie zwei völlig unvereinbare Wünsche aus: »Lass' mich dich Göttlichen lieben, / Erlösung gabst du dann auch mir« (l. c. 363) und »Ich will keine Erlösung: ich will dich lieben« (*GSD* XI, 409; vgl. X, 361/2). Was heißt das? Nun, Kundry wünscht sich die Erlösung von der »Wunde« der nie befriedigten Lust ausgerechnet durch »eine Stunde« der Lustgewährung: Sie hintertreibt also die Bedingung ihrer eigenen Erlösung. Als die in Parsifals Unverführbarkeit hell ihr aufleuchtet – als die Grenze, die jedes Begehren in der Weigerung des Anderen erfahren kann –, da vermag sie den Gegenstand ihres Sehnens erst voll zu ermessen, wenn sie sich auch über sein Ziel täuscht: »Wahnsinniges Liebesverlangen brennt nun in des Weibes Seele auf« (*GSD* XI, 409).

Kundry und Ahasver leiden an der Negativität ihrer Beziehung aufs »Heil« – nicht anders als jener Junge in Kafkas Erzählung *Ein Landarzt*. An dessen Hüfte – dem Ort, an welchem Jakob, mit dem Heiligen ringend, verwundet wurde (1.Mose 32, 24 ff.) – klafft eine mit irdischer Arznei unheilbare Wunde, die »rosa« ist, also den Namen der begehrenswerten »Rosa« trägt, jenes Mädchens, das der abberufene Landarzt den wilden Trieben des Hausknechts überlassen mußte (natürlich sind der Junge und der Knecht Allegorien des eigenen, verdrängten Selbst.) Und diese als Pfahl dem Fleische eingetriebene Begehrenswunde ist es, die jeden Gedanken an »Rettung« sinnlos macht (*E* 127/8). Ebenso ist Kundry die Wunde im Fleische des dahinsiechenden Amfortas,[41] der ihrer Verführung nicht widerstanden hat. Und zugefügt wird sie durch jenen Speer, der dem Leib des Gekreuzigten eingetrieben war: durch das Symbol der erlösenden Weltüberwindung. Kundry, Amfortas und der Landarzt leiden alle am Fehl des Heiligen, das sie gleichwohl als Ver-

41 Das macht bereits die Verflechtung des Kundry-Motivs mit dem Motiv von Amfortas' Wunde musikalisch deutlich.

wundung in ihrem Fleische spüren und dem sie durch die abwehrende Geste gegen den Erlöser nicht entkommen sind: Wer das Heil negiert, bleibt negativ auf diesen Gedanken fixiert und muß die verweigerte Gegenwart des Rettenden als den Fluch endlosen Leidens und Irrens büßen.

Diese negative Religiosität macht Wagners und Kafkas Figuren als typologische Variationen des Ahasver-Motivs erkennbar. Es ist seinerseits verwandt mit dem Kains-Motiv. Auch Kain, der Brudermörder mit dem Gottesmal auf der Stirn, ist ein Unsteter, ein Irrender, und auch ihn hat der Frevel gegen Gottes Gesetz von diesem Gesetz nicht etwa erlöst, sondern wie einen Ixion ans Feuerrad gebunden. Jahwe straft Kains Frevel in der alttestamentischen Erzählung durchs Verbot, Ackerbau zu treiben, und durch das Zurückstoßen ins präkulturelle Nomadendasein: »Unstet und flüchtig sollst du sein auf Erden« (1. Mose 4, 12). Aber dieser Fluch ist nicht einfach der Ausschluß aus Gottes Ökonomie, wie Kain glaubt, wenn er den Herrn fragt: »So wird mich also totschlagen, wer mich trifft?« (l. c. 14). Jahwe antwortet nämlich: »Nein, nicht so! Wer immer Kain totschlägt, an dem wird es siebenfältig gerächt. Und der Herr versah Kain mit einem Zeichen, daß keiner ihn erschlüge, der ihn anträfe« (l. c. 15). – Das Geheimnis der Verfluchung offenbart sich an Kain besonders sinnenfällig: es treibt den, den es trifft, nicht einfach hinaus aus dem Bereich der göttlichen Gewalt, sondern es unterstellt ihn dieser Gewalt negativ, so wie wir es an Dantes Inferno sahen. Was immer – und seien es verneinende – Beziehungen zum Heiligen unterhält, kann ihm nicht entkommen. Es ist an Gott gefesselt wie die Hegelsche Negation an ihr Negat oder wie Judas der Verräter an Jesus seinen Lehrer. Kain und Judas sind nur Werkzeuge innerhalb der göttlichen Teleologie.

Ein weiterer Zug des Ahasver-Motivs erscheint mir bedeutsam: Die imaginäre Präsenz des irrenden, auf peinvolle Weise unsterblichen Juden erinnert die religiöse Ökonomie der christlichen Lebensreise an ihre Schwachstelle: an jene »gefährliche« Phase des Weges, die das Menschenleben ausfüllt und doch nur als Moment verstanden wird. Dem Christen ist die Bestimmung des Terminus, an welchem die Zeitlichkeit endet, nicht minder peinvoll als dem Juden: Denn es ist der Zeitpunkt, an welchem Christus sein Reich endlich beziehen wird. Das »Warte, bis ich wiederkomme!« ist auch dem Christen gesagt. Mit jedem Tag, den der Jude länger zu irren hat, ist auch der Tag *aufgeschoben*, auf den der Christ seine Hoffnung setzt. Sollte Ahasver etwa ewig zu wandern verurteilt sein? So wäre ja auch für den Christen das Ausbleiben der Wiederkunft Christi ausgemacht, so vereinigten sich die Irrfahrten des Ahasverus und des christlichen Pilgers. Auch der Christ wäre auf »Matthäi am letzten« vertröstet. Kurz: die verzweifelte Ungläubigkeit dieses Juden erinnert den Christen an das konstitutive Fehl des Glaubens selbst, an den unendlichen Aufschub der Heimkehr in die Gottesstadt. Und weil die Hoffnung auf Erlösung nicht auf den morgigen oder übermorgigen Tag, sondern unendlich aufgeschoben ist, muß sie, so könnte man sagen, zu einer Hoffnung nicht mehr auf dieses oder jenes, sondern zu einer unendlichen Hoffnung oder zu einer Hoffnung aufs Unendliche werden. Sobald diese Konsequenz erkannt ist, wird Ahasverus zum Weggefährten des christlichen Pilgers, und in seine Träume schleicht sich die Aussicht einer steuerlosen und ziellosen Fahrt wie seine schlimmste Befürchtung ein.

*

Sie findet ihren ersten vollkommenen Ausdruck in der Sage vom Fliegenden Holländer.[42] Ich sagte schon, daß sie nicht vor dem frühen 19. Jahrhundert schriftlich fixiert wurde. Doch unterstreicht diese verspätete Einschreibung des Motivs in den Text der Literatur die Bedeutung der Sage eher, als daß sie sie minderte. »Das Neue«, sagt Schopenhauer, »ist selten das Gute: weil das Gute nur kurze Zeit das Neue ist.« Die Relevanz des Motivs, sein Reichtum und die außerordentliche symbolische Kraft, die in vieler Hinsicht nicht

---

42 Ich entscheide mich für die Gattungszuweisung ›Sage‹, weil die kollektive Phantasie des Fliegenden Holländers in einem realgeschichtlichen Ereignis gründet. Allerdings haben die Experten der Textsorten-Typologie die Unterscheidung von ›Mythos‹ und ›Sage‹ mit guten Gründen als impraktikabel verworfen.

weniger erhellend ist für die Bewußtseinslage der Neuzeit als etwa der Faust oder Don Juan (die man seit der Romantik für Archetypen der Moderne hält): all das hat sich in den Jahrhunderten, die zwischen der Konstituierung des Motivs und seiner Literarisierung verflossen, bewähren können und durfte in der Nachromantik als erwiesen gelten.

Natürlich richtet sich auch ein Verdacht gegen den späten Aufzeichnungstermin: Es könnte sich um eine – dem romantischen Kunstmärchen vergleichbare – Sagenschöpfung handeln. Doch abgesehen davon, daß auch eine rein poetische Schöpfung aufhört, Besitz und Meinung ihres Autors zu sein, sobald ihr der Durchbruch ins Repertoire eines aus Traditionen motivierten kollektiven Bewußtseins gelingt, spricht gegen diese Vermutung die Gleichförmigkeit des Sagenkerns und die fast internationale Verbreitung des Glaubens, der an alte mythische Vorbilder (das Totenschiff, das Geister- oder Pestschiff usw.) anknüpfen konnte. Stith Thompsons großangelegter *Motif-Index of Folk-Literature* (Bloomington & London ²1966) räumt dem Motiv »Phantom sailors and travellers«, darunter auch dem »Flying Dutchman«, ein eigenes Lemma ein (*E* 511), in welchem außer holländischen, dänischen, deutschen, bretonischen auch amerikanische und (wie wir sehen werden) mittelbar portugiesische Quellen verwendet wurden.

Ich will zunächst die vier wichtigsten Versionen der Sage zitieren:[43]

---

43 Die ersten drei nach Wolfgang Golther, *Der Fliegende Holländer in Sage und Dichtung*. In: W. G., *Zur deutschen Sage und Dichtung. Gesammelte Aufsätze*, Leipzig 1911, 8/9; die vierte nach Rudolf Engert, *Die Sage vom Fliegenden Holländer*, in: *Meereskunde*. Sammlung volkstümlicher Vorträge zum Verständnis der nationalen Bedeutung von Meer und Seewesen, hg. vom Institut für Meereskunde (Berlin), Band 15, Heft 7 (1927), 9/10. Die Quellen: 1. *Blackwoods Edinburgh Magazine* Bd. 9, 1821, Mainummer. J. P. Lyser, *Abendländisches Tausend und eine Nacht*, Meißen 1838, Bd. 3, 323; Bd. 4, 108; 2. *Ausland*, 1841, Nr. 237; 3. *Meyers Konversationslexikon*, 4. Aufl., Bd. 6, 373; *Brockhaus*, 13. Aufl., Bd. 6, 902; *Daheim*, Jahrg. 1867 (Verf. Kapitän Werner); 4. A. Jal, *Scènes de la vie maritime*, Paris 1832, Bd. II, 89 ff.

1. Ein holländischer Schiffskapitän Namens Van der Decken, aus dem Gebiete der Stadt Terneuse, der ums Jahr 1600 auf einer Reise nach Indien begriffen war, suchte vergeblich das Kap der Guten Hoffnung zu umsegeln. Da tat er den Schwur, er wolle trotz Sturm und Wellen, trotz Donner und Blitz, trotz Gott und Teufel um das Kap herumfahren, und wenn er bis zum Jüngsten Tag segeln sollte. Da rief eine Stimme vom Himmel: Bis zum Jüngsten Gericht! So muß er immer noch fahren. Sein Schiff ist schwarz und führt eine blutrote Flagge, es fährt im ärgsten Sturmwind unter vollen Segeln, sein Erscheinen kündigt den Fahrzeugen, welche ihm begegnen, Sturm oder Untergang an. (So zuerst 1821.)

2. Zu Anfang des 17. Jahrhunderts lebte ein unternehmender Seemann Namens Barend Fokke, der, ohne sich um Wind und Wetter zu kümmern, immer mit vollen Segeln fuhr. Er hatte eiserne Stangen auf den Masten, damit sie bei starkem Winde nicht über Bord wehen konnten, und legte bereits damals die Reise von Batavia nach Holland in neunzig Tagen zurück, während er sie innerhalb acht Monaten hin und zurück machte. Ob dieser Geschwindigkeit galt er als Zauberer, als ein mit dem Teufel im Bunde Stehender. Er war groß und stark, von abschreckendem Äußern und rohem Benehmen und fluchte immer. Als er nun zum letzten Male den Hafen verlassen hatte und man nichts mehr von ihm hörte, so hieß es, er sei des Teufels Beute geworden, welcher ihn zur Strafe für seine Sünden verurteilt habe, auf ewig mit seinem Schiffe zwischen dem Kap der Guten Hoffnung und der Südspitze von Amerika herumzukreuzen, ohne jemals einen Hafen besuchen zu dürfen. Von diesem irrenden Schiff wußten im vorigen Jahrhundert fast alle Seefahrer der indischen Meere zu erzählen. Mancher Schiffer war des Nachts von dem verzauberten holländischen Schiffe angerufen worden und hatte es deutlich gesehen; die Mannschaft an Bord bestand nur aus dem Kapitän, dem Bootsmann, dem Koch und einem einzigen Matrosen, alle steinalt und mit langen Bärten. Jede an sie gerichtete Frage blieb unbeantwortet, indem sie zur Folge hatte, daß das Schiff verschwand. Bisweilen wurde das Gespensterschiff auch am Tage gesehen, und öfters hatten Wagehälse sich erkühnt, mit einer Schaluppe an Bord zu gehen. Allein, sobald sie es erreicht hatten, entschwand es wieder den Blicken.

3. Ein holländischer Kapitän, van Straten, wurde zur Strafe für sein gottloses Leben und weil er, um seine Verachtung des christlichen Glaubens darzutun, am Karfreitag aus dem Hafen in See ging, verdammt, ruhelos auf dem Meer umherzusteuern. Am Kap der Guten Hoffnung kreuzt er gegen die Stürme, ohne von der Stelle zu kommen. In der holländischen Tracht des 17. Jahrhunderts lehnt er einsam am Maste seines Schiffes. Seine Begegnung bedeutet Gefahr und Untergang.

Es gibt nun außerdem noch eine sehr hübsche bretonische Version, überliefert von dem französischen Admiral A. Jal in seinem Werk *Scènes de la vie maritime* (1832). Der Autor will die Geschichte in seiner Jugend von einem alten Bootsmann auf dem Schiff »Le Tourville«, wo er das Bootshandwerk lernte, gehört haben und legt sie auch in seinem Bericht diesem Bootsmann (der einen bretonischen Dialekt redet) in den Mund:

4. Hört gut zu, ich will euch vom fliegenden Holländer erzählen. – Es war einmal vor langer Zeit ein Schiffskapitän, der glaubte weder an Heilige, noch an Gott, noch an sonst was. Es war ein Holländer, wie man sagt, ich weiß nicht aus welcher Stadt; aber das tut nichts zur Sache. Einst fuhr er aus, um nach Süden zu segeln. Alles ging gut bis zur Höhe des Kaps der Guten Hoffnung. Aber dort erhielt er einen gewaltigen Windstoß ... Das Schiff war in großer Gefahr; jedermann sagte zum Kapitän: »Kapitän, man muß einen Hafen anlaufen; wir sind verloren, wenn Ihr Euch darauf versteift, in See zu bleiben; wir werden unfehlbar sterben, und es gibt keinen Geistlichen an Bord, um uns Absolution zu erteilen.« Der Kapitän lachte dieser Ängste der Mannschaft und der Passagiere; er sang, der Frevler, schreckliche Lieder, die ausreichten, den Blitzstrahl hundertmal auf seinen Mast herabzuziehen. Er rauchte ruhig seine Pfeife und trank Bier, als säße er am Tisch einer Schenke in Antwerpen. Seine Leute drangen in ihn, nachzugeben; aber je mehr sie ihn baten, um so mehr versteifte er sich darauf, zu bleiben, alle Segel gesetzt. Denn er hatte nicht einmal beigedreht, was alle zittern machte. Seine Masten brachen, seine Segel wurden weggefetzt, und bei jedem Unfall lachte er, wie ihr andern tun würdet, wenn man euch eine gute Neuigkeit meldete ... – Also der Kapitän machte sich lustig über den Sturm, die Warnungen der Matrosen und das Jammern der Passagiere. Man wollte ihn zwingen, zuzugeben, in eine Bai einzulaufen, die Schutz gewährte, aber er warf den, der drohend auf ihn losging, ins Meer. Da öffnete sich eine Wolke, und eine große Gestalt stieg auf das Achterkastell des Fahrzeuges nieder. Man sagt, diese Gestalt war der himmlische Vater. Alle gerieten in Furcht; der Kapitän fuhr fort, seine Pfeife zu rauchen; er lüftete nicht einmal seine Mütze, als die Gestalt das Wort an ihn richtete. »Kapitän,« sagte sie, »du bist ein Starrkopf!« – »Und Ihr ein Unverschämter!« antwortete ihr der Kapitän, »laßt mich in Frieden, ich verlange nichts von Euch, macht Euch rasch weg von hier, oder ich schieße Euch eine Kugel vor den Kopf.« Der große Alte erwiderte nichts, er zuckte die Achseln. Da sprang der Kapitän nach einer seiner Pistolen, lud sie und zielte auf die Gestalt aus den Wolken. Der Schuß, anstatt den Mann im weißen Barte zu verwunden, durchbohrte die Hand des Kapitäns; das ärgerte den ein wenig, ihr könnt es glauben. Er erhob sich, um dem Greis einen Faustschlag ins Gesicht zu versetzen; aber sein Arm sank von einer Lähmung getroffen herab. O meiner Treu, da geriet er in einen Zorn, schwur und fluchte wie

ein Gottloser und nannte den lieben Gott ich weiß nicht wie! Die große Gestalt sagte alsdann zu ihm: »Du bist ein Verfluchter! Der Himmel verdammt dich, auf immer zu segeln, ohne jemals einen Hafen anlaufen, noch Anker werfen, noch dich zum Schutz in eine Reede oder irgendeinen Hafen begeben zu können. Du sollst weder Bier noch Tabak haben; du sollst zu allen deinen Mahlzeiten Galle trinken, du sollst glühendes Eisen als Prieme kauen; dein Schiffsjunge wird Hörner an der Stirn, das Maul eines Tigers und die Haut rauher als ein Seehund bekommen.« Der Kapitän stieß einen Seufzer aus; der andere fuhr fort: »Du sollst ewig auf Wache sein, und du sollst nicht einschlafen können, wenn du schläfrig bist, weil, sobald du ein Auge schließen möchtest, ein langes Schwert in deinen Leib eindringen wird. Und da du gerne die Seeleute quälst, sollst du sie quälen.« Der Kapitän lächelte. »Denn du wirst der Teufel des Meeres sein; du wirst ohne Aufhören durch alle Breiten fahren, du wirst niemals Ruhe noch schönes Wetter haben; der Sturm wird dein Segelwind sein; der Anblick deines Schiffes, das bis zum Ende der Zeiten in den Gewitterstürmen des Ozeans dahinfliegen wird (voltigera), soll allen Unglück bringen, die es gewahr werden.« – »Amen, denn!« schrie der Kapitän, aus vollem Halse lachend. – »Und wenn die Welt untergeht, wird Satan dir zum Ruhesitz einen Höllenkessel geben.« – »Ich pfeife drauf!« war die ganze Antwort des Kapitäns. Der himmlische Vater verschwand, und der Holländer fand sich allein mit seinem Schiffsjungen, der schon verwandelt war, wie ihm der Greis gesagt hatte. Die ganze Schiffsmannschaft entschwand mit der großen Gestalt in der Wolke; der Kapitän sah es und begann zu lästern. Ja lästere nur, das wird dir viel helfen! – Seit diesem Tag segelt der Fliegende inmitten der schweren Wetter, und sein ganzes Vergnügen besteht darin, den armen Seeleuten Böses zuzufügen. Er ist es, der ihnen den Hagel schickt, der ihre Schiffe auf Sandbänke wirft, die nicht existieren, da sie im »Neptun« nicht angezeigt sind, der sie auf falschen Kurs setzt und Schiffbruch leiden läßt.

Darüber hinaus existieren weitere, untergeordnete Fassungen, an denen freilich bemerkenswert ist, daß sie die Ursprünge der Sage einigermaßen einhellig in frühere Zeiträume verweisen und zuweilen sogar die Berufsklasse und die soziale Schicht bezeichnen, in welcher die Sage aufkam (z. B.: »Die Sage geht seit undenklichen Zeiten unter den englischen und holländischen Seeleuten geringerer Klassen umher und wird von ihnen als unbestreitbare Tatsache angenommen«).[44]
Allen Fassungen ist gemein, daß sie die Figur des verfluchten Kapitäns durch je verschiedene, aber stets pünktliche Na-

44 Zit. Engert, l. c. 11

mensnennung geschichtlich zuzuordnen wissen und daß sie alle in der Zeit des beginnenden Handels mit Ostindien spielen, in welchem im 17. Jahrhundert die Holländer führend waren. Natürlich muß man – auf dem Gebiet der Sagenforschung – die historischen Personen und ihre Taten von den Helden der Sage zu unterscheiden wissen (selbst wenn die Historie verbürgte Auskünfte über sie bereithält). Denn jedes geschichtliche Individuum erleidet, um mich modisch auszudrücken, eine totale, ich möchte sagen: ontologische »Subversion«, sobald es zum Aktanten in einem narrativen Text wird. Der einfachste Beleg für diesen Umsturz ist die Tatsache, daß die reale Person die Seinsweise des Imaginären annimmt, an das *geglaubt* wird. Geschehenes aber *weiß* man. Nun reicht Gewußtes niemals hin, ein soziales Einverständnis zwischen Mitgliedern einer Gruppe zu stiften (wie wir dies an den Triumphen naturwissenschaftlicher Erkenntnisse erleben, die allgemeinen Kredit genießen und uns einander doch nicht näher bringen: sie sind per se nicht sozialisierend). Soziale Identität der Gruppe ist aber konstitutiv für die Existenz von Sage und Mythos. Man pocht auf die ›Wahrheit‹ der Erzählung nicht, weil man sie selbst erlebt hat (solche Beteuerungen werden in Texten selbst fiktiv), sondern weil man im Bekenntnis zu einer und derselben mythischen Erfahrung sich selbst gestützt und gestärkt weiß durch die Überzeugungen der Gruppe (z. B. der »Seeleute geringerer Klasse«) und weil die Gewißheit des Geglaubten eine Funktion der sozialen Solidarität ist. Nach Richard Wagners Ansicht funktionieren alle Religionen nach diesem Prinzip: »Zu allen zeiten«, schreibt er an Ferdinand Heine (4. 12. 1849), »ist den menschen Gott *das* gewesen, was sie gemeinsam als das höchste erkannten, das stärkste gemeinsame gefühl, die mächtigste gemeinsame anschauung.«[45] Gott ist nur ein Name neben anderen für ein solches gemeinschaftsstiftendes Axiom, wie es Sagen und Mythen – und, im Zeitalter einer funktionierenden Öffentlichkeit, Dichtungen – manifestieren. Sobald freilich »alles öffentliche Leben in die Einzelheit und Privatheit des Privatlebens zerfällt, sinkt mehr

45 *Sämtliche Briefe*, hg. von Gertrud Strobel und Werner Wolf, Bd. III, Leipzig 1975, 182.

oder weniger auch die Poesie herab in diese gleichgültige Sphäre« (Schelling, *SW* I/6, 572). Dieser Prozeß ist in der bürgerlichen Gesellschaft besiegelt, und es ist kein Wunder, daß der aufkommende Kapitalismus Utopien wie die folgende nährte: Es läßt sich »wohl annehmen, daß [eine] zukünftige Religion (. . .) eine *allgemeine*, das ganze (. . .) jetzt zertrennte Menschengeschlecht wieder vereinigende, zusammenbringende und zusammenbindende seyn sollte« (*SW* II/3, 522). Marxens Traum von der ›einen Menschheitsklasse‹ steht nicht fern.

Der Prozeß der wissenschaftlichen Neugierde arbeitet ihm jedoch erfolgreich entgegen; und die Sage vom Fliegenden Holländer läßt uns den Kampf der religiösen Weltansicht mit dem Geist der analytischen Vernunft in ihrer Konkurrenz erblicken. Dies ist der motivierende Nerv des Sagentextes; man kommt ihm nicht näher, wenn man die klimatologischen und meteorologischen Eigentümlichkeiten der Kap-Region (an der ja die Sage in allen Fassungen spielt) genau analysiert und sowohl die unvermittelt dem von Westen kommenden Segler entgegenschlagenden Stürme wie die auf Luftschichtenüberlagerung zurückzuführenden ›Seegesichte‹ oder die gespenstischen Schattenprojektionen des Seglers auf Nebelbänke für den realen Nährboden dieser kollektiven Phantasie erklärt. All dies vermöchte keinen Paradigmenwechsel im Bewußtsein der beginnenden Moderne zu begründen: die Phänomene der ›symbolischen Ordnung‹ sind nicht aus physikalischen Phänomenen ableitbar. Das bedeutet nicht, daß diese Realien keine Rolle spielen (sie tun es nur nicht in der Weise realer Ursachen). Um die Textualisierung der Realität zu erforschen, muß man auf die Verwandlungen achthaben, die den physikalischen und historischen Ereignissen bei ihrer Einschreibung in den Text der Phantasie widerfahren. Die erste Ablösung erblicken wir in der Entstehung der Sage vom »Geist des Kaps« und in der Taufe jenes Berges mit der gefürchteten Wolke, aus der zuweilen der gefährliche Südoststurm am Kap hervorbricht, auf den Namen »Teufelsberg«. Hier wird die reale Geographie/ Klimatologie bereits textualisiert, d. h. von einem Netz signifikanter oder symbolischer Züge überspannt, die es im

Bereich des Wirklichen nicht gibt.[46] Und diese Interpretation geschieht offenbar im Zuge der großen Entdeckungsfahrten der europäischen Nationen. Natürlich spielen die Portugiesen die Hauptrolle, waren doch sie es, die den Seeweg nach Indien erschlossen haben. Im unternehmerischen Plan dieser Reisen war mit dem Kap als einem besonderen ›Widrigkeitskoeffizienten‹ (wie Sartre sagen würde) zu rechnen; und daß dies wirklich geschah, ist uns in mehreren historischen und poetischen Zeugnissen berichtet. Vasco da Gama soll bei seiner Kapumseglung einen schweren Sturm bestanden haben, und Bartolomeo Diaz kam in einem Sturm am Kap um. Eine frühe Quelle, die *Lendas da India* des Gaspar Correia (1495–1563?), ein 1551 entstandenes großes Geschichtswerk, gewährt uns Einblick in die Genese der Sage. Die Flotte des Vasco da Gama gerät in der Kapgegend in den Winter, Stürme kommen auf, die Mannschaft kommt nicht mehr von den Pumpen weg. Da raten Steuerman und Schiffsmeister zur Umkehr. Der Kommandant lehnt das schroff ab: Er habe Gott gelobt, keine Handbreit von dem Erreichten preiszugeben. Inzwischen steigert sich der Sturm, Krankheiten brechen aus an Bord, die Mannschaft bereitet auf einigen Schiffen die Meuterei vor. Vasco erhält Kunde davon, läßt die Rädelsführer mitsamt seinem Steuermann und Schiffsmeister in Ketten legen, wirft sämtliche Seekarten ins Meer und schreit der Mannschaft zu: »Von heute an habt ihr nicht Steuermann noch Schiffsmeister (. . .) Gott sei von nun an der Steuermann. Sein Wille geschehe! Und nach Portugal kehren wir nicht um.«[47] Im Werk des Sophus Ruge (über das Entdeckungszeitalter) ist aus Vascos Anrufung der folgende Schwur geworden: »Es möge kommen, was Gott wolle, umkehren werde er nicht!«[48] Eine zweideutige Formulierung, die man sowohl als Schwur *auf* Gott wie *gegen* Gott verstehen kann. Offensichtlich hat sich in der Sage die zweite Lesart durchgesetzt,

46 Sie entstammen, wie wir sehen werden, dem Text der Danteschen *Comedia*: Satan, der Herr der Eiswelt, schält sich – über jedes Menschenmaß groß – aus einer Nebelwand heraus, die ihn, Fahnen gleich, umwallt.
47 Zit. Engert, l. c. 18.
48 Engert, l. c. 17. Vgl. S. Ruge, *Die Entdeckung des Seewegs nach Ostindien durch Vasco da Gama*, Dresden 1899.

und zwar, wie man annehmen darf, aus dem Geiste der Seeleute niederer Klassen. Bei ihnen ist die konservativ religiöse
Option, die in der Erzwingung des Tabubruchs (das Kap
war ein verfemter Ort wie vormals die Säulen des Hercules)
eine Herausforderung des alten Gottes erblicken mußte, am
ehesten zu vermuten, während der Gott, zu dem Vasco
schwört, der unter dem alten Namen fortlebende neue Gott
des wissenschaftlich-technischen Zeitalters ist. Correia berichtet von einer symbolträchtigen Geste des Admirals: er
überläßt das Schiff *steuerlos* den Elementen. Diese Verwe-
genheit wird in der Bestrafung des Kapitäns, wie sie die
augenfällig ähnliche Version der bretonischen Sage berichtet,
auf Dauer gesetzt: Ohne Steuer und Anker, verhindert, irgendwo vor Hafen zu gehen, hat der von unfrommer *curiositas* gequälte Kapitän in Ewigkeit Muße, das Nichtwün-
schenswürdige seines Begehrens zu überdenken.

Engert hat zeigen können, daß schon an Correias Bericht die
Sagenbildung wob.[49] Vascos Flotte erlebte bei der Hinreise
weder Sturm noch Meuterei. Früh schon scheint die Gestalt
des großen Admirals durch die des Bartolomeo Diaz über-
formt worden zu sein, der am Kap in Stürmen ums Leben
kam; und dessen Name mag in holländischer Zeit durch
allerlei Namen von Kapitänen abgelöst worden sein, die den
alten Gott der mittelalterlichen Ära im Namen der Autonomie menschlicher Erkenntnisbegierde herausfordern.

Ein wichtiges Dokument für diesen Umbildungsprozeß ist
der V. Gesang der *Lusiaden* (1572), des großen, knapp hundert Jahre nach dem Ereignis der Entdeckung des Seewegs
nach Indien (1497/98) entstandenen, Nationalepos des Luis
de Camões.[50] (Es steht übrigens seinerseits in der Tradition
der *Odyssee* und vor allem der *Aeneis*: Odysseus hat Lissa-
bon gegründet und erbaut: III, 57; spätere Epen haben diese
Sagenbildung weiter ausgeführt, z. B. *Ulyssea ou Lysboa
Edificada* von Gabriel Pereira des Castro [1636] oder *Ulís-*

---

49 Vgl. auch den in F. Book-Árkossy's Übersetzung der *Lusiaden* (Leipzig
1854) aufgenommenen Auszug aus der *Chronik des Königs Dom Manuel*,
geschrieben von Damian de Goes, bes. S. LXXVII ff.

50 Ich zitiere aus diesem Werk nach der vorstehend genannten deutschen
Übersetzung.

sipo von Antonio Sousa Macedo [1640].) Dort wird Vasco vom Geist des Kaps, der sich aus einer Nebelwolke kondensiert, im Namen Gottes beschworen, seine frevelnde Reise abzubrechen:

> Ich bin der Geist des Kaps, des unbekannten,
> Von euch das ›Kap der Stürme‹ sonst geheißen,
> Das Ptolemäus, Pomponius nicht fanden,
> Noch Strabo, Plinius auf ihren Reisen.
> Ich bin der Schluß von all' den weiten Landen
> Von Afrika, die hin zum Südpol weisen.
> Nie hat mein Vorgebirg ein Aug' gesehen:
> Doch ihr vermesset euch dorthin zu gehen!
>
> (. . .)
>
> (. . .)Verwegen kühne Recken,
> Wie sie noch nie die Welt bisher gesehen,
> Die nur nach wildem Kampf die Hände strecken,
> Und nutzlos sicherm Tod entgegengehen,
> Die selbst Verbotnes trachten zu entdecken,
> Durch Meere schwimmen trotz der Stürme Wehen,
> Die schon so lang' ich wußte zu bewahren,
> Daß nie ein Schiff gewagt sie zu befahren:
>
> Ihr wagt es hier den Wundern nachzuspüren,
> Die einst Natur weit hinter's Meer geborgen, –
> Ihr sucht, was keinem Sterblichen gebühren,
> Und frommen soll den niedern Erdensorgen?! –
> Hört meinen Fluch: er soll zurück euch führen,
> Nie sollt ihr seh'n das Reich im fernen Morgen,
> Im kühnen Wagstück sollt ihr unterliegen,
> Ich will zu Land und Meer euch schwer bekriegen!
>
> (v, 50, 41/2)

Es hilft Vasco nichts, daß er seinerseits und vermutlich scheinheilig den »Ew'gen überm Sternenheere« (v, 38) anruft als die faustische Inspirationsquelle seiner Weltneugier (wie dies, ähnlich, auch der Erzähler von Poes Mahlstrom-Geschichte tut): Der Sturm setzt ein, vernichtet nahezu die Flotte; später tut ein mahlstromartiger Wirbel das seine, der Mannschaft den Fluch (der sich freilich erst auf lange Dauer, ich denke: besonders heute, zu erfüllen beginnt) in Erinnerung zu halten (v, 66); und viele Helden Portugals müssen in der Kolonialgeschichte ihr Leben lassen (v, 45 ff.). Diese Katastrophen werden vom Geist des Kaps[51] pünktlich aufgeführt (Bartolomeo Diaz' Tod ist darunter), und Camões akzeptiert die Prophezeiung immerhin in der Weise, daß er ihr Eintreffen bezeugt: So gar selbstbewußt ist das neuzeitliche Welt- und Vernunftvertrauen auch bei den Angehörigen der oberen Klassen nicht, daß sie nicht die Rache gewisser Altwelt-Gewalten in Rechnung stellten und mithin als Realitäten anerkennten. Auf diese mittelbare Weise ist auch bei Camões das Unheil und die Schuld gegenwärtig, von der noch ein später Nachfahr – oder Zeitgenosse, wie man's nimmt – des Bartolomeo Diaz, der Jäger Gracchus, leugnen wird, sich ihrer bewußt zu sein, ohne daß er durch diese Verleugnung die Kausalität von Verfehlung und Schuldverbüßung außer Kraft setzen könnte: er bezweifelt lediglich die Rechtmäßigkeit dieses Ablaufs, ohne das Schema als solches in Zweifel zu ziehen.

Camões freilich steht auf der Seite der Eroberer. Mit lachendem Auge berichtet er von kolonialistischen Barbareien, die am Wege nach Indien und während der Rückkehr von den Europäern verübt werden. Die Stimme der Natur und der Sittlichkeit verweist er in die Einbildung des warnenden Geistes, der das Tor der *terra incognita* mit reaktionärer Drohung bewacht. Von einigen Racheakten abgesehen, die der Dichter, wie gesagt, in Rechnung stellt, kann der Fluch des Geistes sich jedoch nicht durchsetzen. Alles folgt in den *Lusiaden* dem Schema des aufgeschobenen Ziels, das endlich doch erreicht und von dem her jede Gewalttat als aus dem Telos der vernunftgemäßen und im Plan der Zeiten vorgesehenen Landnahme durch ›Gottes eigenes Volk‹ gerechtfertigt wird.

51 Diese Gestalt erinnert – wie angedeutet – an die Beschreibung, die Dante im 34. Gesang der Hölle von Satan, dem Herrn der Eiswelt, gibt. Hinter dem letzten, neunten Ring richtet sich vor Dante eine nebelartige Wand auf (XXXIV, 3), die ihm rückblickend wie Fahnen vor Satans Thron erscheint. Denn dieser erhebt sich wie der Kapgeist hinter der Nebelwand als eine undefinierbare, alles Menschenmaß überwältigende Riesengestalt inmitten des Eises (XXXIV, 28–31). Bei Dante freilich wehrt er den Seelen den Weg ins Purgatorio, bei Camões hingegen den Weg ins gelobte Kolonialreich. Diese Umwertung markiert den Epochenwechsel in der Umfunktionierung eines und desselben Symbols. Wir werden ihm bei Coleridge, bei Poe und anderen Dichtern wiederbegegnen.

Die Erlösung vom Liebesverzicht

Dieses Schema erleidet in der Zwischenzeit, nämlich bis hin zu den ersten literarischen Bearbeitungen des eigentlichen Holländer-Motivs, Schaden. Die Säkularisation der Jenseitsorientierung lenkt den Blick auf die unentrinnbare Zeit, die freilich in zahlreichen Dichtungen des Barock schon beschworen, seit dem frühen 19. Jahrhundert jedoch mehr und mehr als die alternativelose *conditio* des menschlichen Daseins begriffen wird.[52] Auch das Denken über Zeit und Zeitlichkeit trägt das Prägemal des neuzeitlichen Paradigmas: ganz sich selbst überlassen und Urheber seiner Entwürfe, weiß sich das Subjekt zugleich als nicht Grund seines Seins. Diese paradoxe Erfahrung verweist es in einer und derselben Bewegung an die Zeit und an die Ewigkeit, vor deren Fehl es sich ängstigt. An die Zeit: denn seitdem das Subjekt seine Endlichkeit akzeptiert hat, vermag auch die cartesianische Gewißheit es nicht mehr zu verewigen; das *Cogito* entkommt nicht den Verflechtungen der empirischen Welt. Es

---

52 Bernhard Blume zeigt, wie sich dieser Prozeß in der zweiten Hälfte des 18. Jahrhunderts anbahnt (*Die Kahnfahrt. Ein Beitrag zur Motivgeschichte des 18. Jahrhunderts*, Euphorion 51, Heft 4, 1957, S. 355 ff.). Dem Rokoko- und Empfindsamkeitsidyll der »seelischen Binnenschiffahrt« (l. c. 365) wird in einzelnen Gedichten Leopold von Stolbergs, bei Matthisson oder Salis-Sewis bereits der Gedanke einer unaufhaltsamen Zeitflucht und Vergänglichkeit angekränkelt – Fährnisse also, die die Idylle im Kern bedrohen und das ersehnte Elysium zu einer Beschwörung werden lassen: »Ach! trüg uns die fährliche Flut / Des Lebens so friedlich und leise!« (Salis-Sewis, *Lyrische Anthologie*, Fünfzehnter Teil, Zürich 1807, 63 f.) – Gegen Ende der Epoche, etwa im Sturm und Drang und noch in Goethes früher Weimarer Zeit, erwachen prometheischere Töne, die ein neues Selbstvertrauen des Individuums verheißen, welches während der Lebensreise »männlich an dem Steuer« steht, »herrschend« auf die Elemente blickt »und ... scheiternd oder landend / Seinen Göttern (vertrauet)« (Goethe, *Seefahrt*): *seinen* Göttern, ohne Zweifel den Mächten der eignen Vernunft und des eigenen Herzens. Prometheus und Faust sind die kollektiven Phantasien des sich befreienden Bürgertums. Das Wiederauftauchen des Motivs von Ahasverus und vom Holländer zeigt freilich, daß dieser Traum von relativ kurzer Dauer war. Romantik und Symbolismus führen ihn nicht fort.

hat den Grund seiner selbst immer schon verloren und trachtet danach, diesen Verlust durch einen zukünftigen Zweck zu ergänzen. Sein Wesen ist die Ekstase; sie zwingt das Subjekt, zwischen das, was es war und noch ist, und das, was es sogleich sein wird, einen Abstand einzulegen, d. h. sein Wesen nur *aufgeschobenerweise* sein zu können und allaugenblicklich aufs neue zu verlieren. Der Mensch ist, wie Heidegger sagt, »ein Wesen der Ferne«.[53] Immer entfernt er sich von dem, was er ist, und immer verheißt ihm die Ferne eine neue Weise zu sein, mit der er sich dennoch nicht identifizieren kann. Denn immer verharrt er auf der Stelle des Verlustes und des Noch-nicht. Aber diesen steten Verlust kann das Subjekt sich nicht anders erklären, als indem es ihn bestimmt als einen Verlust-an-Sein oder (was dasselbe besagt) als einen Mangel-an-Ewigkeit. Dieser Mangel scheint die Zeit mit jener Unendlichkeit zu begaben, die, ohne jemals die Fülle des Hegelschen Begriffs zu erreichen, dennoch oder gerade darum alles Endliche transzendiert. Die Zeit selbst ist, wie der Mensch, »Sehnsucht nach dem Unendlichen«:[54] er bestimmt sich in seinem Sein durch das, was ihm fehlt, und verharrt auf diese Weise im Rahmen eines Weltbildes, welches das Leben als einen Aufschub des Ziels auslegt.

Dieser Aufschub ist freilich unendlich geworden, wenn die Dichtung des Holländer-Motivs sich besinnt, nicht um die katastrophale Ausnahme, sondern um das Wesen des Menschen zu symbolisieren. Gewiß: die Katastrophe hat stattgefunden. Sie hat den Menschen um die Identität mit dem Sein gebracht, ja sie hat – wie Sartre es mythopoetisch ausmalt – das massive und opake Sein um seine Dichte gebracht, d. h. aufgespalten und gezwungen, hinfort als Bewußtsein zu existieren: als etwas, das nicht einfach *es* selbst ist, sondern das nur ist, indem es sich auf sich bezieht. Die klassische Struktur der Reflexion, an welche diese Formulierung appelliert, ist freilich aufgebrochen: sie hat die Struktur der Zeitigung: das Subjekt sehnt sich nach einem Zweck, der es mit einem

53 Heidegger, *Vom Wesen des Grundes*, Ffm. ⁵1965, 54.
54 Fr. Schlegel, *Kritische Ausgabe seiner Schriften*, hg. von Ernst Behler (zit.: *KA*) München–Paderborn–Wien, 1958 ff., Bd. XVIII, 418, Nr. 1168.

Wesen – einer festen Identität – erfüllt; es setzt sich über sein Sein hinweg, um sich vom Nichtseienden seinen Sinn zuweisen zu lassen. Dieses Nichtseiende ist die Zukunft, und es fällt von ihr ein Licht auf das Seiende, die Vergangenheit. Zukunft und Vergangenheit fallen aber nicht zusammen, wie es das klassische Schema der Reflexion erheischt. Die ›schlechte Unendlichkeit‹ nagt die Identität der Subjekte an und sprengt das ökonomische Schema der gelingenden Heimkehr. Die Bewegung der Reflexion erreicht nicht mehr den Punkt, von dem sie aufbrach. Diese Verfehlung bringt das Dasein um die Möglichkeit einer dauerbaren Wahrheit und Authentizität.

Ein solches Selbstverständnis menschlicher Existenz muß im kollektiven Bewußtsein einer Epoche Wurzel gefaßt haben, wenn ihre Dichtung den Fliegenden Holländer als den Repräsentanten des Menschen schlechthin entdeckt. Die erste schriftliche Fixierung der Sage fällt ins Jahr 1821. Noch im selben Jahrzehnt gibt es eine Fülle von poetischen Bearbeitungen des Sujets.[55]

Unter den bekannteren Autoren ist Heinrich Heine der erste, der im dritten Teil der *Reisebilder aus Norderney* (1826) eine Version der Sage zitiert (»die Geschichte vom Fliegenden Holländer, den man im Sturm mit aufgespannten Segeln vorbeifahren sieht, und der zuweilen ein Boot aussetzt, um den begegnenden Schiffern allerlei Briefe mitzugeben, die man nachher nicht zu besorgen weiß, da sie an längst ver-

---

55 Es gibt ein Gedicht von einem gewissen Heinrich Schmidt, einem früheren Seemann, betitelt *Der ewige Segler*, aus dem Jahre 1825 (als Novelle umgearbeitet 1828). Dort verflucht der aus Ostindien heimgekehrte Kapitän – sehr viel näher der historischen Wahrheit um Sturm und Meuterei bei Vascos *Rückkehr* nach Portugal – am Kap bei konträr wehenden Stürmen sein ganzes Schiff und weiht es der Hölle. Die Besatzung wird jedoch vor den Augen des Kapitäns entrückt und in die Heimat versetzt, er aber muß ewig auf dem Ozean irren (Engert, 11). – Ich übergehe die zahlreichen Varianten des Geisterschiffs von Hauff bis Marryat, da sie parasitäre Züge aufweisen und den Nerv der Holländersage durch konventionelle Requisiten aus dem Bereich des orientalischen Märchens oder des »gothic novel« überlagern (W. Hauff, *Das Gespensterschiff* [1825]. Captain F. Marryat, *The Phantom Ship* [1839; London 1905, Author's Edition, George Routledge and Sons, Limited]).

storbene Personen adressiert sind«).[55a] Heine zeichnet die Sage, die er womöglich in Norderney als lebendige See-mannserzählung gehört hat, mit dem Kompliment aus, sie sei »die anziehendste« von allen Spukerzählungen der See-fahrer. Tatsächlich hat sie in seiner Phantasie weitergearbei-tet, und wir begegnen ihr wieder in den *Memoiren des Herrn von Schnabelewopski* (1832), jener oft witzigen Folge von Szenen aus dem Leben holländischer Studenten mit einer für die Zeit bemerkenswert großzügigen Sexualmoral. Die Er-zählung wurde 1834 im ersten Band des sogenannten *Salon* gedruckt und ist gewiß schon an sich die Lektüre wert. Den-noch wird auf sie meist wegen des VII. Kapitels verwiesen, in welchem über eine (offenbar fiktive) Aufführung des Thea-terstücks vom Fliegenden Holländer in Amsterdam berich-tet wird. Die Erzählung wird – zum Unmut vieler Zeitge-nossen und Literaturwissenschaftler – an der spannendsten Stelle durch ein frivol-amouröses Abenteuer des Erzählers unterbrochen; doch ist die Lücke, die der Phantasie des Le-sers geschlagen wird, nicht nur überwindbar (Wagners Operntext, der ganz auf Heine basiert, hat sie auf seine Weise geschlossen), sie hat ihrerseits eine unentbehrliche narrative Funktion für die Sage selbst. (Ich werde es gleich zeigen.)

An Heines Erzählung fällt zunächst auf, daß sie die Entste-hung der Sage zwar in frühere Jahrhunderte versetzt, aber die Datierung völlig unbestimmt läßt (»seit undenklicher Zeit« [532]). Ebenso vage ist die geographische Situierung des Geschehens; der Erzähler spricht von »irgendeinem Vorgebirge, dessen Name mir entfallen« (l. c.). Ähnlich wie der Jäger Gracchus coupiert er nahezu alle kolonialistischen und frühneuzeitlichen Assoziationen und verschiebt das Ge-schick des Holländers (der übrigens nicht geradezu Gott verflucht, sondern – faustischer – bei allen Teufeln sich ver-mißt, wider den Sturm ein Kap zu umschiffen) ins »rein Menschliche« (um einen Lieblingsausdruck Wagners vor-wegzunehmen). Der Holländer wird zum Repräsentanten

55a Heinrich Heine, *Werke*, Bd. 2, hg. von W. Preisendanz, Ffm. (Insel) 1968, 158. Die eingeklammerten Seitenzahlen im Text beziehen sich auf diesen Band.

des Menschen selbst, dessen unstet irrende Seele tiefe symbolische Beziehungen zum proteischen Element unterhält (vgl. 159). Sodann assoziiert Heine – ich glaube: zum erstenmal – den Mythos vom Ewigen Juden in den Kontext der Holländerfabel (553). Dieser »Ewige Jude des Ozeans« gleicht eher einem säkularisierten Christus als einem Tabuverletzer: sein Leiden übertrifft jedes Maß der Buße. Ihm ist bestimmt, die unerhörtesten Leiden, offenbar: *das* Leiden der Menschheit stellvertretend, zu erdulden. Sein »Leib (ist) nichts anders als ein Sarg von Fleisch, worin seine Seele sich langweil(t)«; der Ozean speit ihn aus wie einen *outcast*, vor dem ihm ekelt und der doch auch vom Tode abgewiesen wird. Der Tod – das lehrt womöglich am drastischsten der *Jäger Gracchus* – hat seinen strengen Ort in der Ökonomie des Heils: mit Freudigkeit und als gälte es der Hochzeitsvorbereitung legt sich der Jäger in seinen Sarg oder – mutatis mutandis – ins Totenschiff, das ihn hinübertragen soll. Nichts dergleichen bei Heine. Gleich einer leeren Tonne (bei Kafka ist es bald ein Floß, bald eine Barke, bei Rimbaud eine »tollgewordene Planke«) – »gleich einer leeren Tonne, die sich die Wellen einander zuwerfen und sich spottend einander zurückwerfen, so werde der arme Holländer zwischen Tod und Leben hin und her geschleudert, keins von beiden wolle ihn behalten; sein Schmerz sei tief wie das Meer, worauf er herumschwimmt, sein Schiff sei ohne Anker und sein Herz ohne Hoffnung« (533/4).

Die Stimme des Mitleids ist neu in der Geschichte des Motivs. Von Reue freilich weiß sie nichts, denn die Schuldfrage tritt in den Hintergrund (Gottes Name wird nirgends angerufen, übrigens auch bei Wagner nicht). Statt dessen ist die Rede vom Todeshunger des Kapitäns und – das ist ebenfalls neu – vom Hunger nach Erlösung durch einen Menschen. Es scheint, als gehe der Prozeß gegen die theoretische Neugierde hier erstmals in die Revision. Die Verfemtheit der Freveltat tritt in den Hintergrund und gibt dem *Ecce homo* der gepeinigten Kreatur Raum. Wer spricht es aus? Nicht Gott – sondern »ein Weib«. Dem Holländer – dem exemplarisch Neugierigen, dem ermächtigten Subjekt und Jäger, dem neuzeitlichen *Mann* – ist die Erlösung in Aussicht ge-

stellt. Alle sieben Jahre darf er an Land gehen, »um zu heuraten«; aber das Weib, das ihn erlöst, muß ihm treu sein bis in den Tod (533, 534, 536). Diese Bedingung erscheint dem Teufel akzeptabel, denn er kennt die Lockerung der zwischenmenschlichen Beziehungen im warenproduzierenden Zeitalter zu gut, ›um an Weibertreue zu glauben‹ (533). Heines Männerstammtisch-Ironie gegenüber der Frau ist erzählstrategisch. Die bierheitere Verbrüderung des Lesers mit dem Erzähler, die sich bei einem Weibergespräch von Mann zu Mann näherkommen, ist gerade die Falle, die Heines Ironie aufstellt. Das zeigt die scheinbar unmotivierte Unterbrechung der Erzählung. Sie geschieht eben an jener Stelle, da der Holländer dem Weib begegnet, das ihn schon lange erwartet hat (in ihrer Stube hängt ein Konterfei des Unglücklichen: eine phantasmatische Vorwegnahme der wirklichen Liebesbegegnung). Ohne von seiner Frage überrascht zu sein, antwortet sie »entschlossen: Treu bis in den Tod« (534). – Inzwischen fällt des Erzählers Blick auf eine apfel- oder vielmehr apfelsinenschälende »wunderschöne Eva«, die auf der Galerie sitzt und nach kurzer Verhandlung den »guten Gedanken« begrüßt, mit dem galanten Mynheer ins Bett oder vielmehr auf ein Sofa zu steigen (534/5). Schnabelewopski vergleicht die holländische Blondine »mit gefrorenem Champagner. (...) In der eisigen Hülle lauert der heißeste Extrakt« (535), und der zehrendste Sinnenbrand lodere aus dem scheinbar kühl-keuschen Heiligenbilde.
Natürlich lacht des Teufels Herz über diesen Zwischenfall, den Heine ja überdeutlich mit den Insignien der Sündenfallerzählung auszeichnet: die säkularisierte Liebe ist zur reinen Geschlechtsliebe geworden, und die Holländer-Geschichte konterkariert diesen Verfall auf ebenso ohnmächtige wie altfränkisch-sentimentale Weise. Dennoch behält in Schnabelewopskis Erzählung sie, und nicht das sexuelle Abenteuer, das letzte Wort: die Braut hält dem Holländer die Treue nicht nur bis *zum* Tod (so etwas kommt vor), sondern bis *in* den Tod:[56] von einer Meeresklippe stürzt sie sich in den

---

56 Darin besteht der ganze Unterschied zur bürgerlichen Gattenliebe, wie sie, in Wagners Fassung, Erik gelobt: »Mein Herz, voll Treue bis zum Sterben, (...)« (*GSD* I, 274).

Ozean, während das Schiff ihres unglücklichen Gemahls, eben abfahrend, zu sehen ist. Die Erlösung des Holländers ist die phantastische Revokation des Liebes-Sündenfalls jenes Don Juan, auf den Heine unauffällig anspielt. Die Champagner-Parabel findet sich nämlich in Lord Byrons *Don Juan*. Es ist die Allegorie einer kalten und selbstischen Sexualität, die in den einander nur scheinbar ausschließenden Extremen der Hitze und des Frostes nur zwei Weisen ›gnadenloser‹ Mißachtung und Instrumentalisierung des Liebespartners aufbietet. Dies jedenfalls ist Byrons Ansicht (die Heine übrigens auch sonst in seinem Werk gelegentlich beschwört, z. B. in *Kalte Herzen*): »Lust hardens all and petrifies the feeling.« Die Wahrheit des »Sinnenbrandes« der gefrorenen Blondine ist, daß er die »sin of self-love«, die Ursünde der modernen Männer- und Leistungsgesellschaft in phantasmatischer Projektion zum Ausdruck bringt. Was Heine – absichtsvoll – ausspart (und durch die Holländerfabel selbst ergänzt), ist die Tatsache, daß Byron diese aus Männerphantasien verkörperten Idole, »after all«, der riskanten Nordwestpassage zum Indien der warmen Herzen vergleicht. So wenig Parrys Expedition und die Schiffahrten anderer »gentlemen« den Pol bislang erreicht haben, so gering ist die Aussicht für andere gnadenlose Minnejäger, dem Packeis der Polarregion zu entkommen: die frevelhafte Zudringlichkeit dieser Fliegenden Holländer eines instrumentell und unmenschlich gewordenen Begehrens endet, scheiternd, am Nordpol der Herzen – dem Leitmotiv der Byronschen Dichtung.[57]

Heine verknüpft also nicht nur das Motiv des Holländers mit dem des Ewigen Juden. Er läßt das Portrait des Holländers auch merkwürdig mit dem des Don Juan verschwimmen. (Wagner beschwört gar Züge des Ritters Blaubart: denn alle Frauen, die dem Holländer der Reihe nach die Treue nicht halten, sind mit um ihr Seelenheil gebracht: *GSD* I, 290.)[58] Das erklärt sein Abblenden der kolonialisti-

---

57 Canto XIII, 36–39. (Ich zitiere nach der von John Jump überarbeiteten Edition der *Poetical Works*, ed. by Frederick Page, Oxford University Press, 1975, 813.) Vgl. VII, 2; X, 23; XIV, 101/2; IX, 68, passim.

58 Das Blaubart-Motiv hat ferner mit der Neugier, der *curiositas*, zu tun: Peter Berner straft die eigene Neugier, die er richtig für etwas Frevelhaftes

schen Ursprünge der Sage: im 19. Jahrhundert hat die instrumentelle Überwältigung und Bemächtigung des natürlich Seienden längst gesellschaftliche Dimensionen erreicht. In der Entfremdung des Menschen vom Menschen ist sie vertrauteste Alltagswirklichkeit geworden; es bedarf keiner archäologischen Erinnerung, um den »Sündenfall« der wechselseitigen Liebeszuwendung unters Gesetz des vom Mann dominierten Besitz- und Konkurrenzverhältnisses sichtbar zu machen. Dafür freilich eignet sich die Gestalt des Don Juan in besonderer Weise (wie Byron fühlte). Hat der nicht schon bei Tirso de Molina und Molière von seinen sogenannten Aventüren in der Sprache der ehrgeizigen Eroberungs- und Entdeckungsreisenden gesprochen? (Don Juan zu Sganarell: »Ist diese Festung einmal unser, so bleibt zu sagen und zu wünschen nichts mehr übrig: wir schlafen ein. Mann, auf diesem Gebiete habe ich den Ehrgeiz des Eroberers, der ewig von einem Sieg zum andern fliegt und seinen Wünschen keine Grenzen setzen läßt.«)[59] Nicht starke Leidenschaft, sondern starke Ökonomisierung der Leidenschaft ist Don Juans Geheimnis: er wird zum Buchhalter, ja zum Kapitalisten des eigenen Trieblebens; und da er weiß, daß Zeit Geld ist, muß sich für seine kalkulierende Höchstleistungsideologie der Genuß als eine Funktion der Zahl, d. h. durch die Menge der Liebesaffären bewähren, die ihm in maximal effizienter Zeitausnutzung gelingen. Don Juan hält sich selbst, zu Recht, für einen Rationalisten. »Woran ich glaube? ... Daß zweimal zwei vier ist.«[60] – Der Teufel in Heines Erzählung glaubt es auch, und darum glaubt er eben nicht an die Treue: die völlig unökonomische Verschwendung der Liebeszuwendung an den Anderen. Sie hat eben unter Bedingungen des universellen Tauschs und der allgemeinen Konkurrenz keinen gesellschaftlichen Ort

erkennt, in verschobener Schuldzuweisung in der Neugier seiner 7 Weiber. (Vgl. M. Frank, *Das Problem ›Zeit‹ in der deutschen Romantik*, München 1972, 336 ff.).
59 Ich zitiere Brechts Bearbeitung von Molières *Don Juan* (*Ges. Werke 6*, 2553). Vgl. 2564: »Schurke, ich bin 31 Jahre alt. Alexander starb mit 33. Er hatte 618 Städte erobert. Es ist klar, ich muß mich beeilen.«
60 L. c. 2583.

mehr (das gibt ihr den sentimentalen Anstrich), d. h. sie ist im Wortsinne zur Utopie geworden.

Heines glänzender Einfall, die Partie des erlösungssüchtigen Holländers mit dem Kontrapunkt des Don Juan zu untermalen, hat gewisse Vorbilder. Es ist freilich nicht sicher, in welchem Maße Heine sie kannte. Dies zu entscheiden ist auch nicht nötig, da Heine einer für die literarische Epoche typischen Tendenz folgt. Wenige Jahre vor der Publikation des ersten Teils des *Salon,* nämlich im Jahre 1829,[61] war im Adelphi-Theatre zu London die Komödie eines fingerfertigen Stückeschreibers namens Edward Fitz-Ball, *The Flying Dutchman; or, The Phantom Ship. A Nautical Drama,*[62] uraufgeführt worden. Eine Wiederholung in Amsterdam ist nicht nachgewiesen. Dennoch möchte man gerne glauben, daß Heine (und vor allem Richard Wagner) den Text gekannt haben, da sie eine Reihe von Zügen entlehnen. Es handelt sich um ein ›gothisches‹ Schauerdrama mit Zügen der Intrigen- und Verwechslungskomödie, das zwar die Version der Van-der-Decken-Sage zugrundelegt, aber einige wichtige Motive hinzuerfindet. Vanderdecken steht in der Gewalt der schrecklichen Meerhexe Rockalda, die seiner Sehnsucht, nach hundertjährigem Irren über die Gewässer ums Kap einmal wieder den Fuß auf holländisches (Kolonial-)Festland zu setzen, unter zwei Bedingungen stattgibt: erstens darf Vanderdecken bis zu seiner Rückkehr nichts sprechen (eine Bedingung, die natürlich komödiantisch ausgeschlachtet wird); zweitens muß er sich eine Braut suchen, sie mit werbenden Liebesstimmen in den *Devils Cave,* eine Felsgrotte am Meer, entführen und so dem Verderben überantworten. Das Verderben besteht darin, daß die Unglückliche sich in ein *magic book* eintragen muß, das ihre Seele der Hexe überantwortet und sie zu ihrer Sklavin macht. Das erwählte Opfer ist Lestelle Vanhelm (Letty genannt), die

61 Das Stück datiert sich selbst eindeutig auf 1829, denn es fingiert, genau 100 Jahre nach dem letzten Anlegen des Holländers aufs Festland – im Jahre 1729 – zu spielen. Gleichwohl ist die Acting Copy in einigen Bibliotheken auf 1826 datiert.

62 Die Acting Copy ist undatiert: London o. J., printed by John Cumberland. Seitenzahlen beziehen sich auf diesen Text.

Nichte eines bramarbasierenden und polternden Seekapitäns ›alter Schule‹, der – wie könnte es anders sein – verfügt hat, daß Letty den Sohn eines wohlhabenden holländischen Freundes, einen verkrachten Juristen namens Peter von Bummel, zu heiraten haben wird. Sie selbst freilich wird leidenschaftlich geliebt von einem jungen Leutnant namens Mowdrey – und liebt ihn wider. Diese Liebe wird sich zu bewähren haben, denn Letty hat eine gewisse schwärmerische Neigung für das Konterfei eines Mannes mit traurigen Gesichtszügen, das in ihrem Zimmer hängt und das (wie sie sehr gut weiß) den Fliegenden Holländer darstellt. Es hängt ein weiteres Porträt daneben, eine schöne Schäferin zeigend, die mit Letty eine gewisse Ähnlichkeit hat und bei der es sich um niemand andern als um das letzte Opfer des schlimmen Kapitäns handelt. Vor diesen Gemälden pflegt Letty eine Ballade zu singen, einen sentimentalen Schmachtfetzen, in welchem eine verlassene Frau sehnsüchtig um die Rückkehr des Entschwundenen fleht und ihm – wenn auch nicht in diesen Worten – ewige Treue gelobt: »Return, O my love, and we'll never, never part, / While the moon her soft light shall shed: / I'll hold thee fast to my virgin heart, / And my bosom shall pillow thy head« (24, 37). Fitz-Ball ersinnt ein phantasievolles und stellenweise recht komisches Verwirrspiel mit Entführungsplänen, Verwechslungen, Mißverständnissen und Verkleidungen, an dessen Ende freilich doch nicht verhindert werden kann, daß Vanderdecken Lestelle – die bei seiner Berührung von einem Kälteschauer überrieselt wird, der bis in ihren »Busen« reicht (38) – entführt und in die Teufelsgrotte unter einem überhängenden Felsen im Kap schleppt. Dieser Ort verschwimmt atmosphärisch mit dem des Venusberges in der Tannhäuserfabel (vgl. 42):[63] der finster heimatlose Kapitän ist eine Weltschmerz-Phantasie, die die Gedanken junger Frauen heimsucht und einen unübersehbaren Index erotischer Faszination trägt. Warum muß Letty gerade im Augenblick ihrer Entführung, da alle ihre Gedanken auf Mowdrey gerichtet sein sollten,

63 Den Part der Venus übernimmt die Hexe Rockalda. Vanderdecken erlöst sich aus ihrer Gewalt, indem er ihr – wie Max dem Samiel – ›neue Opfer bringt‹.

die Holländer-Ballade singen (37)? – Nun, das Stück endet »happily« – Mowdrey kann seine Braut erlösen, und zum Überfluß bricht Vanderdecken, in seiner Mannes- und Heldenehre gepackt, sein Schweigegebot, so daß unter allgemeinem »Huzza« der Vorhang fallen kann.

Unleugbar gibt es hier ein paar dramaturgische Motive, die ähnlich bei Heine und Wagner[64] auftauchen. Vor allem den Einfall, daß die böse Macht, der der Holländer verfallen ist, alle hundert Jahre ihn an Land gehen läßt, um sich die Braut zu suchen – allerdings nicht mit der Aussicht, durch sie erlöst zu werden, sondern sie – mit Mitteln sexueller Verführung – zu verderben. Fitz-Ball ist also der Urheber der Idee, den Fliegenden Holländer mit der Gestalt des Frauenverführers zu identifizieren. Die planmäßige und in bewußter Opposition gegen die religiöse Verbindlichkeit der Ehe betriebene Verführung ist vor allem eine Tat, in welcher die Wechselseitigkeit der Neigung aufgekündigt wird: die Gegenliebe wird ertrotzt, erzwungen: die Geliebte ist eine »Eroberung«. Kein Wunder, daß auch die Faust-Sage mit der des Verführers sich vereinigte. Fausts geschäftsmäßiger Auftrag an Mephisto (»Hör, du mußt mir die Dirne schaffen!«)[65] verschiebt die Beziehung der Liebenden auf die Ebene der Tauschverhältnisse und der Gleichung von Erfolg (auch sexuellem) und monetärer Macht (Margarete: »Nach Golde drängt, / Am Golde hängt / Doch alles! Ach, wir Armen!«).[66] Gleichzeitig nimmt die Verführte Züge der heiligen Jungfrau an: sie wird zur Erlöserin des Verführten.[67] Ansatzweise schon bei Mozart, der in da Pontes Libretto (Don Giovanni) durch den Zug eingriff, die Donna Elvira zur himmlischen (klösterlichen) Fürsprecherin ihres verruchten Ge-

---

64 Wagners »dramatische Ballade« teilt mit Fitz-Balls Version die Züge der Ballade und des konkurrierenden Liebhabers (Mowdrey bei Fitz-Ball, Erik bei Wagner). Dort wird Letty erlöst, weil Mowdrey sie mehr liebt als sein Leben; hier wird der Holländer erlöst, weil Senta ihm – trotz ihres impliziten Versprechens gegenüber Erik – in den Tod treu ist.

65 J. W. Goethe, Sämtliche Werke, hg. von Ernst Beutler (Nachdruck der Artemis-Gedenkausgabe), Zürich 1977, Bd. 5, 223 (Vers 2619).

66 L. c. 229 (Verse 2802-4).

67 Vgl. Gretchens Verherrlichung im IV. und V. Akt des II. Faust.

mahls werden zu lassen. Dann wieder in dem erfolgreichen Schauerroman des Charles Robert Maturin, *Melmoth the Wanderer* (1820), der seinen Helden mit Zügen des irrenden Ahasverus, des Faust und des Don Juan ausstattet und ihm die Erlösung aus Satans Klauen verheißt, wenn ein anderer Mensch für ihn in den Pakt eintritt: es ist zu erwarten, daß er diesen Tausch am geschicktesten in der Rolle des Verführers und Erpressers von Frauen erreichen wird und um ein Haar Erfolg hat. Edgar Quinets *Ahasvérus* (*Un Mystère* [1833]) findet immerhin zeitweise Erlösung in der Liebe von Rahel, einem Engel in Frauengestalt, der sich durch Mitleidstränen für den Ewigen Juden die Pforten der himmlischen Stadt verschlossen hat und nun, zur Magd erniedrigt, dem Tode dienstbar sein muß. Eine wirkliche Erlösung des Don Juan durch die Liebe einer Frau hat dann José Zorrilla y Moral in seinem noch heute berühmten Drama *Don Juan Tenorio* (1844) vorgeführt: Während der treulos Begehrende schon auf dem Höllenpfade entschwindet, erhebt er die Hand zum Himmel; die zur heiligen Jungfrau verklärte Doña Inés erlöst den Reuigen, und man sieht im Schlußbild die Seelen der Liebenden auf einem von Engeln bereiteten Blütenbett ruhen: Don Juan stirbt den Liebestod des Tristan.

So auch der Fliegende Holländer in der Romantischen Oper Richard Wagners (1841, Uraufführung 1843).[68] Senta, dem »Schrecken aller Frommen« treu bis in den Tod (*GSD* 1, 291), »stürzt sich ins Meer; in demselben Augenblicke versinkt das Schiff des Holländers und verschwindet schnell in

---

68 Wagner hat den Schluß der *Holländer*-Ouvertüre (und der Oper selbst) 1860, in der *Tristan*-Zeit und im *Tristan*-Stil, nachkomponiert:

Das Motiv, das der Sequenz zugrundeliegt, erklingt am Schluß der Senta-Ballade: »Ich sei's, die dich durch ihre Treu' erlöse« (*GSD* 1, 272), wird aber in der nachkomponierten Version durch die *Tristan*-Chromatik, wie Carl Dahlhaus sagt, »bis zur Kenntlichkeit verändert (. . . und) spricht aus, was in Sentas Willen, Werkzeug der Erlösung des Holländers zu sein, immer schon verborgen war: Sehnsucht zum Tode« (*Richard Wagners Musikdramen*, Velbert 1971, 17).

den Trümmern. – In weiter Ferne entsteigen dem Wasser der Holländer und Senta, beide in verklärter Gestalt; er hält sie umschlungen. Der Vorhang fällt« (l. c.). Wagners Operntext ist zu bekannt, um eines Referats zu bedürfen. Ich beschränke mich darauf, seine historische Innovation im Repertoire des Motivs zu unterstreichen. Wagner war, soviel ich sehe, der erste, der ganz ausdrücklich die Holländerfabel mit der Geschichte der neuzeitlichen Rationalität assoziiert und in ihr eine Entstellung des auf Wechselseitigkeit gegründeten Liebesverhältnisses zuungunsten der Frau nachgewiesen hat. Die Frau ist die Natur *in exemplo,* welcher der Weltbemächtigungs- und Beherrschungsdrang des Manns Gewalt antut. Längst – die traurige Gestalt des Holländers, dem all sein Reichtum, alles Raubgut aus den Kolonien, alle Früchte seines Handels und seiner Eroberungen kein »Glück« mehr bereiten, beweist es – längst hat der Eroberer aufgehört, die Folgen seiner Tat zu genießen. Doch kann er ihnen nicht durch einsame Willensentscheidung entkommen: das Werk der ersten Stunde ist seinem Urheber entglitten, es hat sich als soziales und ökonomisches Gesetz der geschichtlichen Realität eingeschrieben und entfaltet gleichsam autonom seine desolidarisierende, den Menschen vom Menschen trennende und die Liebe zerstörende Gewalt. *Wenn* es Erlösung gibt, dann ist sie nurmehr vom »Weibe« zu erhoffen; denn das Weib, so ist Wagners Gedanke, ist zwar das Opfer der Entstellung wahrer Liebe zu einem Besitzverhältnis, doch da es die Gewalt eher erleidet als ausübt, steht es nicht unter ihrem Bann.

Im Leiden der Frau bleibt das »Bedürfnis der Liebe« erhalten, und wer es fühlt, »erkennt [eben damit] auch dasselbe Bedürfnis in anderen«: im Herzen des Mannes z. B. (*GSD* IV, 264). Und nur durch die dem entrechteten Teil der Menschheit erhaltene Fähigkeit, die Schale der im »Formalismus« des Tauschs entfremdeten Liebe zu durchdringen, vermag er das in den erfrorenen Herzen des anderen Teils ihm entgegenschlagende Bedürfnis zu fühlen. Der Mann – Ahasver, der Fliegende Holländer – seinerseits begreift sein Schmachten nach dem Tode als Sehnsucht nach dem Untergang des Verblendungszusammenhanges, in den er seit Jahrhunderten verstrickt ist und der ihn um das einzige hienieden gewährte Glück, die volle Liebeserfüllung, bringt; und diese Einsicht, so fährt Wagner fort, erregt ihm die Phantasie »*eines Weibes*, das sich ihm aus Liebe opfert: die Sehnsucht nach dem Tode treibt ihn somit zum Aufsuchen dieses Weibes; dies Weib ist aber nicht mehr die heimatlich sorgende, vor Zeiten gefreite Penelope des Odysseus, sondern es ist das Weib überhaupt, aber das noch unvorhandene, ersehnte, geahnte, unendlich weibliche Weib, – sage ich es mit einem Worte heraus: *das Weib der Zukunft*« (*GSD* IV, 266).

Dies Opfer darf man sich freilich nicht einseitig vorstellen, wie die letztjährige Bayreuther Inszenierung es nahelegte. Sentas Opfertat (die übrigens nach den Konventionen bürgerlicher Moralität Treulosigkeit gegen Erik, ihren Verlobten, voraussetzt) vollstreckt die Einsicht, daß »der Prozeß der Emanzipation des Weibes« nicht vollendet sein wird, bevor Ahasver erlöst, d. h. bevor auch der Mann emanzipiert ist vom Fluch seiner Entfremdung. Das Ziel des Prozesses ist die Wiederherstellung einer von Herrschaft befreiten, einer wahrhaft wechselseitigen Liebesbindung; seine »Tragik« besteht darin, daß er »nur unter ekstatischen Zuckungen vor sich (geht)«, d. h. die liebesfeindliche Ermächtigung des einen Partners nur durch das freiwillige Opfer des anderen sühnen kann (*GSD* XII, 345. Diese Notiz ist übrigens Wagners letzte schriftliche Aufzeichnung vor seinem Tode).

Es ist – in der durchgängig symbolischen Handlung des Dramas – tatsächlich *die* Liebe, um deretwillen Senta sich opfert, nicht das persönliche Erbarmen mit diesem oder jenem leidenden Mann. Nur das legitimiert ihren Treubruch gegen Erik und befreit ihre Berufung aufs Gebot einer »hohen Pflicht« (*GSD* I, 288) vom Schein der Ausflucht. Die Ballade, aus der thematisch und motivisch die ganze musikalische Handlung entwickelt ist, enthüllt den »Fliegenden Holländer« gerade nicht als eine individuelle, sondern als eine kollektive Phantasie (»Frau Mary« ist's, die den am Spinnrad arbeitenden Mädchen Text und Melodie beigebracht hat [*GSD* I, 270]). Diese Phantasie erweckt nun freilich nur im Herzen des »Weibes der Zukunft« den Willen zur entscheidenden Tat: Wenn Daland mit dem Holländer zur Tür hereintritt, ist Senta nicht eigentlich überrascht (ihr Schrei bedeutet anderes). Sie begreift im Nu, daß sie der Wahrheit eines alten Traums ins Gesicht schaut. Ebenso ergeht es dem Holländer: Auch er erkennt sich als den exemplarisch Leidenden und Senta als das »Bild« eines Traums, der ebenso exemplarisch den Sinn dieses Leidens enthüllt:

> Wie aus der Ferne längst vergang'ner Zeiten
> spricht dieses Mädchens Bild zu mir:
> wie ich's geträumt seit bangen Ewigkeiten,
> vor meinen Augen seh' ich's hier. –
> Wohl hub auch ich voll Sehnsucht meine Blicke
> aus tiefer Nacht empor zu einem Weib:
> ein schlagend Herz ließ, ach! mir Satans Tücke,
> daß eingedenk ich meiner Qualen bleib'.
> Die düst're Glut, die hier ich fühle brennen,
> sollt' ich Unseliger sie Liebe nennen?
> Ach nein! Die Sehnsucht ist es nach dem Heil:
> würd' es durch solchen Engel mir zuteil!
>
> (*GSD* I, 279)

Nicht persönliche Zuneigung, sondern Sehnsucht nach dem Heil – d. h. nach der Erlösung von dem jahrhundertelangen Fluch der Liebelosigkeit – ist das Gefühl, das nicht Senta, sondern ihr »Bild«, d. h. die poetische, die universelle, die mythische Existenz der erlösenden Frau, der Frau der Zukunft, ihm erregt. So wie nur ein Tabubruch das Elend des Holländers begründen konnte, so wird ihn nur eine gesetzesaufhebende und -überschreitende Macht davon befreien: Die zwischenmenschlichen und zumal die erotischen Beziehungen, die das Gesetz gestiftet hat, sind Äußerlichkeitsbeziehungen, d. h. Beziehungen, die nicht durch Wahl und echte Wechselseitigkeit – durch volle Liebe –, sondern auf dem Umweg über institutionelle und nichtauthentische Maßgaben zustande gekommen sind. Senta setzt sich über das früher gegebene Einverständnis des Vaters und das Verlöbnis mit Erik hinweg (*GSD* I, 288 f.), einer »hohen Pflicht« gehorsam, die erst in Zukunft Verbindlichkeit erwerben kann (l. c.). Ihre Tat steht außerhalb des Gesetzes der bürgerlichen Moralität; nur so begegnet sie dem Holländer, der – als exemplarischer Stifter und Büßer zumal – den Fluch dieses Gesetzes erleidet.

Daß die Liebe kein Glück bringt, die nicht die Liebe des Anderen ist; und daß »kein einzelner frei sein kann, ehe nicht alle frei sind« (*GSD* XI, 275): diese Dialektik steht im Mittelpunkt des *Fliegenden Holländer*. So wie das Holländer-Motiv, mit dem die Ouvertüre einsetzt, in der Senta Ballade wiederkehrt, ja dort seinen eigentlichen Ort hat, so kommt umgekehrt das Erlösungsmotiv in der Ouvertüre vor: es folgt dem Holländer-Thema Schlag auf Schlag. Die Männerphantasie (wenn man von einer solchen sprechen will) verschränkt sich organisch mit der Frauenphantasie und erzeugt die Vision einer integralen und unentfremdeten Liebes-Wechselseitigkeit. Auch wird die Melodie des Mädchenliedes in der Spinnstube – zu Beginn des II. Aufzuges – ganz organisch aus dem Matrosenchor und dem Holländer-Motiv entwickelt, so wie die Zwischenaktmusik zwischen dem II. und dem III. Aufzug Sentas Liebesgesang in das Festlied der Matrosen hinübervariiert: Diese beiden Motiv-Bereiche appellieren ständig aneinander, ihre Gegensätzlichkeit verhindert nicht ihre dialektische Einheit, ihr Zusammenklingen enthüllt die Reziprozität der Sehnsüchte der Liebespartner. Darum ist nicht nur der Holländer auf Sentas Treue angewiesen; auch Sentas Los wäre »*ew'ge Verdammnis*«, wenn sie an dieser Treue schuldig würde (*GSD* I, 290): »Zahlreiche Opfer fielen diesem Spruch / durch mich!« (l. c.), ruft der (abermals sich betrogen glaubende) Holländer in der Schlußszene aus. Doch treffe das Verhängnis Senta nicht, da sie nur vor dem bürgerlichen Gesetz, noch nicht »vor dem Ewigen«, geschworen habe (l. c.). Das Ewige ist die Chiffre jener äußersten Verbindlichkeit, die es nur geben kann, wo der Einzelne dem Egoismus seiner Privatinteressen entsagt und das eigene »Heil« als an die Bedingung des Heils des Anderen gekettet begreift. Diese Verkettung bewährt sich dann freilich auch im Unheil: die Aufkündigung des Bandes durch einen liefert auch den anderen der »Verdammnis« aus. Auf diese Weise hört die ›ziellose Fahrt ohne Rast, ohne Ruh‹ (*GSD* I, 271) auf, das Geschick eines verfemten Einzelnen zu sein: sie enthüllt ihre soziale, ihre gesellschaftliche Dimension. Sie wird zur Chiffre eines heil-losen Fortschritts, der den Körper der Gesellschaft zersetzt.

Das Scheitern am ›Heil‹:
die Reise ins ewige Eis

Wagners poetischer und musikalischer Protest fällt in die
Zeit der revolutionären Bewegungen des deutschen Vor-
märz. Die Position des ›Künstlers der Zukunft‹ unterscheidet sich freilich nicht unerheblich von den politischen Hoffnungen der bürgerlich Liberalen, die den ›Fortschritt‹ auf
ihre Fahnen schreiben und darunter die ökonomische und
politische Emanzipation der Bourgeoisie verstehen. Wagners
kunsttheoretische und revolutionäre Schriften dagegen zie-
len auf einen (stark Feuerbachisch eingefärbten) »Kommu-
nismus«, d. h. auf die Überwindung der Atomisierung der
bürgerlichen Monaden im Vorblick auf eine menschliche
»Allgemeinsamkeit« ohne Privilegierung des *»Einzelnen«*
und ohne Klassenunterschiede – kurz auf die universelle
Menschheitsklasse, die ihre gesellschaftliche Vereinigung in
dem *»großen, allgemeinsamen Kunstwerk der Zukunft«*
ideell sich vergegenwärtigt (*GSD* III, 63, passim). Diese Vision ist freilich unverträglich mit dem »absoluten Egoismus«
des freien Marktes (l. c. 134, passim), der über dem mythischen Ereignis einer kollektiven *Liebesverfluchung* errichtet
ist, indem er die Masse der Menschen zugunsten der Macht-
entfaltung weniger ›entrechtet‹ (l. c. 127 ff., 167/8, 172 ff.,
passim). Diese »Herzlosigkeit« ist für Wagner ein unmittel-
bares Implikat der kapitalistisch-liberalistischen »Kriminal-
kultur« (die auch die »Erlösung des Weibes in die Mitbeteili-
gung an der männlichen Natur« verhindert [l. c. 135]). Der
Künstler der Zukunft, der sich für die Wiederherstellung
einer Gesellschaft engagiert, in der ›Liebe‹ möglich ist, kann
sich nicht vor den Karren eines politischen ›Progressismus‹
spannen lassen, der die Beziehungen der Subjekte auf die
autonomen Mechanismen des Warentauschs reduziert und
so zum gemeinschaftlich geübten »Frevel an der menschlichen Natur« verkommt (l. c. 174).
Im ökonomisch und politisch rückständigen Deutschland
muß man die Mitte des 19. Jahrhunderts abwarten, bis solche Zweifel am Humanismus der entfesselten Privatwirt-

schaft und ihres politischen Dieners, des Liberalismus, in weiten Bereichen der Dichtung und allgemein: der Kunst durchschlagen. Die englische Gesellschaft erlebt diesen künstlerischen Reflex bereits im ausgehenden 18. Jahrhundert. Kein Wunder: in Europa war England der *forerunner* der industriellen und kapitalistischen Revolution. Die Auseinandersetzung mit den politischen und sozialen Erschütterungen in ihrem Gefolge war à l'ordre du jour, die Ökonomie des freien Marktes hatte in Adam Smith schon 1776 ihren bedeutendsten Philosophen gefunden, Zuspruch und Einspruch erfüllten die intellektuellen Debatten der Zeit. Die Romantiker gehörten auch in England (wie, mit gehöriger Verspätung, in Deutschland) zu den Widersachern der Smithschen Vision. Sie machte die Ideologie des ökonomischen Liberalismus für den Verlust zwischenmenschlicher Verbindlichkeiten, für die Vereinsamung des Individuums und für die Entfremdung des Menschen vom Menschen verantwortlich (*alienation*: das große Thema Byrons und Coleridges). Die aufkommende Erlebnislyrik – selbst ein Symptom der Vereinsamung, des Verlustes einer funktionierenden Öffentlichkeit, erster mächtiger Ausdruck eines allgemeinen Leidens – hat einen sentimentalischen Tenor. Sie wird elegisch – aber sie entdeckt zugleich – und diese Entdeckung trägt einen Index des Protestes – die Sprache des Volkes, d. h. die Sprache der ›elendesten und zahlreichsten Klasse‹. Ein Gedicht wie das von Mitleid über das Geschick der arbeitenden und mißhandelten Kinder bewegte von Blake, *The Chimney Sweeper*,[69] wäre in Deutschland aus verschiedenen Gründen, und nicht nur wegen des Entstehungsdatums 1789, undenkbar gewesen. Alle Bereiche des geistigen Lebens werden von der sozio-ökonomischen Gärung erfaßt. Sie ruft in England Reaktionen zweierlei Typs hervor: einerseits leidenschaftliches Aufbegehren, das seinen wildesten Ausdruck im Werk Percy B. Shelleys fand und hier in eine großartige Utopie einmündete; andererseits – bei

69 »When my mother died I was very young, / And my father sold me while yet my tongue / Could scarcely cry »'weep! 'weep! 'weep! 'weep!« / So your chimneys I sweep, and in soot I sleep« (usw.). *Complete Writings*, ed. by Geoffrey Keynes, Oxford University Press 1969 (1976), 117.

genauem Hinsehen keineswegs widersprüchlich – die Flucht in eine idealisierte und vorkapitalistische Vergangenheit, ins Traumland, in den Rausch (de Quincey, Coleridge), in den Exotismus und in die Naturmystik.

Beide Tendenzen wurzeln in dem Grunderlebnis dieser Zeit, das die untereinander so verschiedenartigen Dichtungen Wordsworths, Coleridges, Keats', Shelleys und Byrons zu einer Einheit verbindet: dem Zerwürfnis zwischen dem Kollektiv (dem Staat, der Gesellschaft) und dem Individuum. Gemeint ist (um es ganz einfach zu sagen), daß die in einem Staatsverband lebenden Gesellschaftsmitglieder ihre Sinngebungen und ihre Sinnforderungen in den Handlungen, Gesetzen und Mechanismen des staatlichen Apparats nicht angemessen ausgedrückt, d. h. sich selbst in diesem Kollektiv nicht wiederfinden. Ein Krisensymptom mit revolutionärem Potential, ohne Zweifel. Für den Zeitgenossen aber in erster Linie ein Motiv für Gefühle der Isolierung, der Entfremdung, der Einsamkeit, der Niedergeschlagenheit. Sie finden sich eindrucksvoll versammelt in einem Gedicht Coleridges, *Dejection* (Niedergeschlagenheit), dessen lebensgeschichtliche Interpretation sich der exemplarischen Bedeutung dieses Lebens bewußt sein sollte. In der gesamten englischen Romantik, auch bei Coleridge, geht die Gestalt des ruhelosen Wanderers um: als der Ewige Jude, Kain, der *outcast (Manfred)*, der Eremit, der ›Alte Seefahrer‹.

Der ›Alte Seefahrer‹ – in der ersten Niederschrift, 1798, bewußt altertümelnd benannt *The Rime of the Ancyent Marinere*[70] – ist nicht nur einer der berühmtesten Texte der englischen Romantik; er erlaubt mir auch, den unterbrochenen Faden der Geschichte des Motivs der unendlichen Fahrt wiederaufzunehmen. Ein paar Worte will ich zuvor dem halb biographischen, halb motivgeschichtlichen Ursprung dieses Gedichts widmen. Coleridges ganze Phantasie scheint auf das Reisen gerichtet: auf das Reisen zu Land und zur See, letzteres oft mit grauenvollem Ausgang, mit Schiffbruch, mit

---

70 Ich zitiere im folgenden die zweisprachige (von Heinz Politzer ins Deutsche übertragene) Ausgabe der Inselbücherei (Leipzig 1968). Eingeklammerte Seitenzahlen im Text beziehen sich, sofern nichts anderes vermerkt ist, auf diese Edition.

Flauten und Durststrecken – wie z. B. in *Dura Navis*, einer Schulaufgabe des Fünfzehnjährigen. Sich selbst schildert er in später verworfenen Zeilen gegenüber dem Freunde Wordsworth als einen »cast forth, whose hope had seemed to die, / A wanderer with a worn-out heart« (1807).[71] In einem verzweifelten Brief an Thomas Pool vom 13. Dezember 1796 gesteht er, »vom schrecklichen Gespenst der entschwundenen Hoffnung« heimgesucht zu werden; er sieht sich »afloat on the wide sea unpiloted and unprovisioned«. Wenig später tritt das Motiv der Mordschuld hinzu, z. B. in dem Prosa-Fragment zum Epos *The Wanderings of Cain* (1798). Es ist im *Ancient Mariner* aufgegangen.

Eine wichtige Vorstufe sollte ich noch erwähnen, das Blankvers-Gedicht *The Destiny of Nations* (von 1796). Darin ist bereits die Rede von »the physical torments of *cold* and starvation«, evoziert durch »obscure fear of Beings invisible«: dem Polargreis *(the polar ancient)* z. B., jener Variante des warnenden Geistes vom Kap und jenes hinter der Nebelwand aufragenden Satans bei Dante. Oder dem Freveltat rächenden mörderischen »Giant Bird Vuokho«, der von Stund an in der angelsächsischen Literatur seine geisterhaften Flüge beginnt und dem wir noch begegnen werden. Endlich taucht die Vision eines Mahlstroms in arktischer Lage auf, den der »Greenland Wizzard in strange trance« aufwühlt – auch dies ein bleibendes Motiv der angelsächsischen Dichtung bis hin zu T. S. Eliot.

Natürlich hat Coleridge Züge des ›gothischen Romans‹ mit seiner sensationell übersteigerten Spukwelt und seinem Grauen vor der Ausgeliefertheit des Menschen an übersinnliche Gewalten verarbeitet; doch sieht man überall, wie seiner Ballade die Intarsien einer ganz realen Welt- und Gesellschaftserfahrung eingelegt werden, in deren Symbolik sich wiederfinden läßt, was ich oben – in sehr vereinfachender Übersicht – angedeutet habe.

Die Idee, daß des alten Seefahrers Schuld in der böswilligen Tötung des »harmless albatross« bestehen solle, hat Wordsworth beigesteuert. Zwar handelt sich's (wie man bei Stith

---

71 Zit. nach Bernard Blackstone, *The Lost Travellers. A Romantic Theme with Variations*, London 1962, 144.

Thompson nachlesen kann) um ein geläufiges Motiv der Tabuverletzung in vielen Volksmärchen. Doch nimmt die Tat bei Coleridge eine besondere Dimension an. Er und Wordsworth kannten des Kapitäns George Shelvockes Buch *A Voyage round the World*; dort wird vor der Tötung der Albatrosse – jener Sturmvögel mit schmalen Flügeln von ungeheurer Spannweite, die noch bei stärkstem Sturm ein Fortkommen ermöglichen – mit dem unsentimentalen Argument gewarnt, die Ausrottung des auf seinen Brutplätzen völlig wehrlosen Vogels sei in einem Maße fortgeschritten, daß künftige Seefahrten mit einer Verknappung der Fleisch- und Eireserven zu rechnen hätten, die die Brutkolonien der Albatrosse traditionell boten. Schon gegen Ende des 18. Jahrhunderts wurden erste Tabus gegen das Massenschlachten der Albatrosse errichtet, von denen der Naturfreund Wordsworth beeindruckt war und die seinem Gefühl der »natural piety« nahelegten, den Stoff in einer Ballade zu bearbeiten.[72]

72 Übrigens war der naturfromme Wordsworth nicht besonders glücklich über die christlich-spiritualistische Überhöhung, die das Motiv unter Coleridges Feder erhalten hatte: sein *Peter Bell* ist gleichsam die Richtigstellung von Coleridges Abweichung ins Übersinnliche. Die große Verserzählung stammt aus dem gleichen Jahr wie der *Ancient Mariner*, nämlich 1798, wurde aber erst 1819 in den *Poems of the Imagination* gedruckt. Obwohl dies Gedicht oft herb verspottet worden ist – am ärgsten von Byron –, versteht es sich selbst zum Teil als Parodie auf Coleridges Flucht ins Religiös-Übersinnliche. Im Prolog gibt es ein mondsichelförmiges Boot, das den Dichter verlockt, aus der Zwietracht und Unrast des irdischen Daseins in ein transzendentes Reich ewiger Schönheit und erhabener Einsicht zu fliehen. Die erste utopische Station ist ein *Never-never land*, die zweite *a land of dream*, die dritte *the realm of magic*. Schließlich siegt die Einsicht, daß die wahren Probleme diejenigen der irdischen Beziehung der Menschen untereinander und der Menschen zur Natur sind, so daß das Boot kehrt macht »zur geliebten grünen Erde«. Die Zeiten sind für Wordsworth vorbei, da man die Daseinsprobleme religiös angeht. – Die Ballade selbst handelt vom »ice-bound heart« des Peter Bell, der einen alten Esel grausam mißhandelt. Das ist eine Verfehlung, die Wordsworth der des *Alten Seefahrers* ironisch gegenüberstellt. Nicht Gott gegenüber wird der Mensch schuldig, sondern gegenüber der lebendigen Kreatur, den Geschwistern des Menschen. Dieser Empfindungslosigkeit gegenüber der Schöpfung – d. h. der wirklichen Natur – entspricht sein moralisches Versagen gegenüber seinen Mitmenschen: Peter Bell ist gleichzeitig mit 12 Frauen verheiratet

Der prospektive Realismus dieses poetischen Einspruchs gegen die rücksichtslose Zerstörung des natürlichen Haushaltes hat sich in unserem Jahrhundert grausam bewährt: Die größte Albatros-Kolonie auf der Pazifik-Insel Laysan wurde nahezu ausgerottet (durch den Handel mit Federn für Damenhüte und Bettzeug); und die für Militärflugzeuge auf der Insel Midway 1935 eingerichtete Rollbahn durchquerte die Brutplätze der Vögel. Heute sind die Inseln unter Betondekken begraben, und die Verfolgung des Tiers hat die Wirksamkeit einer weltweiten Kooperation angenommen. – Auch diese Dimension der ›Fortschritts‹-Kritik will in Coleridges Gedicht mitvernommen werden; es fällt uns heute schwer, sie als sentimentalen Einschlag zu verniedlichen.

Worauf ich zuletzt einführend hinweisen will – denn die Assoziation des Ewigen Juden, des Gespensterschiffs, der verbotenen Jagd vollziehen *Sie* mittlerweile von selbst –, das ist das Motiv der Polarreise. Ich habe sie bisher nur im Zusammenhang des Ulysses-Kapitels bei Dante und des *Don Juan* von Byron erwähnt. Dante verknüpft das Tabu der Polreise nicht ausdrücklich mit dem Symbol des kalten Herzens (die Eishölle und jene »Gletscher der Seele« lassen freilich keinen Zweifel, wie geläufig ihm diese symbolische Tradition ist). Byron vollzieht diesen Schritt: der Pol ist ihm ein Symbol der Herzenserkaltung unter Bedingungen – ich sage es salopp – des allgemein gewordenen Tauschs, dem

und hat sie alle unglücklich gemacht (auch dies eine Variante des Don-Juanismus). Seine *Regeneration through pity and fear* geschieht ohne christliche Buße und ohne frommen Eremiten – vielmehr ganz immanent durch die Einsicht in den ökologischen Zusammenhalt alles Belebten und in die verheerenden Folgen eines zerstörerischen Eingriffs in den Haushalt der Natur. *Sie* sehen, dies ist engagierte grüne Poesie – avant la lettre. Und das Politische fehlt auch nicht: die Beziehungslosigkeit zwischen Mensch und Mensch in der liberal-frühkapitalistischen Gesellschaft, die Herzensverhärtung, ist Wordsworths Thema so gut wie das von Byron und Coleridge. Nur begründet er es eben in Termen der Naturökonomie: die Ausbeutung der Natur durch den Menschen wird sich eines Tages als »Naturbeherrschung *am* Menschen« selbst realisieren, wie es im Titel des Buches von Rudolf zur Lippe heißt.

Zur Genese des *Ancient Mariner* vgl. vor allem Livingston Lowes große Studie *The Road to Xanadu*, 1927.

auch die Liebe zur ersetzbaren und beliebig oft wiederholbaren, ja zur ökonomisch kalkulierbaren Angelegenheit wird. Die »Eisberge im menschlichen Herzen« symbolisieren den Tiefstand der Entfremdung des Menschen vom Menschen im liberalen Zeitalter (das bei Byron, wohlbemerkt, *als* solches verhöhnt wird; man kann das Gedicht *Darkness* als eine apokalyptische Vision der spätbürgerlichen Gesellschaften lesen). – Den »Winter im Herzen« trägt der Held in Mussets *Fantasio* (und Büchner zitiert dies nur in *Leonce und Lena*). Ich werde später zu diesem Motiv zurückkehren; hier will ich nur anmerken, daß der Motivkomplex der ziellosen Fahrt sich bei Coleridge zum ersten Male mit dem der scheiternden Polreise und der Herzenserkaltung verbindet, die ebenfalls den Weg der Neuzeit poetisch chiffrieren. Schließlich hat auch der Alte Seefahrer, der den »harmless albatross« mordet, ein bitter-kaltes Herz: »I looked to heaven, and tried to pray; / But or ever a prayer had gusht, / A wicked whisper came and made / My heart as dry as dust« (26). Mit dem Albatros verhält sich's nämlich so, daß bei seiner Aufnahme aufs Schiff die Eisschollen sich lösen, in denen es erstarrt lag. Man sieht im Nu, mit welcher Symbolik man zu tun hat. Das Schiff ist ein Sinnbild der Lebensreise. Aber neuerdings gerät diese Reise ins Eis der antarktischen Region, es erreicht den Zustand äußerster Sündhaftigkeit, der wiederum in der Herzenserkaltung metaphorisiert wird. Der Albatros ist insofern ein Heilskünder; seine Aufnahme läßt das Eis auf den Herzen der sündigen Seeleute schmelzen. Und als das Tier ermordet wird, als mithin der Seefahrer die Tat des Ahasverus im übertragenen Sinne wiederholt (und dabei zunächst den Zuspruch der Mannschaft erfährt), da stellt sich der Zustand der Herzensvereisung und der stagnierenden Lebensreise wieder her. Fortan treibt das Schiff unaufhaltsam dem Pol entgegen, nach dem das Herz verlangt wie der Magnet nach seinem Norden.

Das Gedicht beginnt mit einem Hochzeitsritual und seiner Störung durch den alten Seefahrer. Hochzeiten – kultisch begangen – setzen intakte religiöse Institutionen voraus. Das ist der Hintergrund oder der Einsatz der Ballade. Freilich trägt er einen auffälligen Index der Vergangenheit, ja der

Überholtheit. Nicht nur durch die altertümelnde Diktion und Lautung im allgemeinen; sondern zumal durch das Wort für Kirche, das Coleridge dem Erzähler in den Mund legt. Der berichtet, wie sein Schiff die Orte der geistlichen und der physisch-topologischen Orientierung, die Kirche und den Leuchtturm, hinter sich läßt. Aber er sagt nicht *church*, sondern greift zu dem völlig antiquierten Wort *kirk* (68), gleichsam als wolle er zu verstehen geben, daß zu der Zeit, da dieses Wort verwandt wurde, eine Kirche tatsächlich noch ein Ort des Heiligen war. Die Abkehr von diesem Ort erscheint dann als Bruch mit einer Vergangenheit, in der es die Möglichkeit des ›Heils‹ gab, und als Aufbruch ins offene Meer des Heillosen, der menschlichen Autonomie.

Die Hochzeitsgäste, die der Erzähler anhält (und von der Teilnahme am Hochzeitsfest abbringt), beobachten ein Flakkern im Auge dieses Mannes, das ihnen Furcht bereitet. In ihm wird die Unstetheit und Flüchtigkeit dieses Menschen, von dem Gott sein Angesicht abgewendet hat, sichtbar; gerade die Gefahr also, die der religiöse Kult bannen soll. Der Hochzeitsgast ergriffe gerne die Gelegenheit, sich aus dem Staube zu machen; doch »er lauscht, er hat keine Wahl« (9, vgl. 26/7). Die Erzählung konfrontiert den Teilhaber am kirchlichen Kult mit der Erfahrung eines Geschicks, dessen auratische Macht die der geistlichen Mächte noch übertrifft. Der Seefahrer berichtet also, daß der eigenmächtige Aufbruch seines Schiffs, kaum daß er begonnen hat, bereits der Kontrolle des Schiffsmeisters und der Besatzung entgleitet. Der große Sturm kommt daher, ein Tyrann in gewaltigem Flug. Er läßt die Masten krachen; und

> Wie einer, verfolgt über Stock und Stein,
> Den Schatten des Feindes noch spürt im Gebein
> Und sein Haupt vornüber senkt –
> So flog unser Boot, vom Sturme umloht,
> Nach Süden abgeschwenkt. (11)

Es geht also, übergangslos und mit dramatischer Vehemenz, von Kirche, Leuchtturm und fröhlicher Hochzeit – phantastischen Möglichkeiten unbeschädigten Lebens und Miteinanderseins – jäh in die Polarregion.

> And now there came both mist and snow,
> And it grew wondrous cold:
> And ice, mast-high, came floating by,
> As green as emerald.
>
> (. . .)
>
> The ice was here, the ice was there,
> The ice was all around:
> It cracked and growled, and roared and howled,
> Like noises in a swound! (12)

Das ist eine auffällige Wendung, wie Sie zugeben werden –
und sie läßt von ferne bereits die totale, die frostklirrende
Isolation erahnen, von der im IV. Teil der Ballade die Rede
sein wird:

> Alone, alone, all, all alone,
> Alone on a wide wide sea!
> And never a saint took pity on
> My soul in agony. (26)

Der Seefahrer spricht sein Gefühl nun ohne weiteres aus: der
vom Heiligen verlassene Bürger ist völlig isoliert. Das ist
nicht sofort einleuchtend, wenn man die Symbolik des Heiligen für ablösbar hält von der Sphäre der zwischenmenschlichen Interaktion. Die Romantik freilich – ich belegte es
vorhin durch ein Zitat – verknüpft beide Momente: jede
Vergesellschaftung von Individuen, die den Grad einer bloß
mechanischen und atomistischen Verknüpfung überschreitet, setzt einen Minimalkonsensus über die letzten Zwecke
des Gemeinwesens voraus, und dieser Konsensus bewährt
sich in einer gemeinschaftlichen axiologischen Option. Sie
erzeugt jene ›guten Geister‹, von denen nur der sozial Iso-
lierte verlassen sein könnte. Eine Gesellschaft, die ihre Moral
dem freien Markt überläßt, produziert jenen Bruch zwischen Individuum und Gesellschaft, von dem die Rede war.
Denn sie muß notwendig auch den obersten Wert, auf den
sich die Verbindlichkeiten zwischen den Bürgern gründen,
auf einen Tausch-Wert reduzieren, d. h. dem Spiel von An-
gebot und Nachfrage ausliefern. Das heißt ihn entmachten,
denn seine Kraft gründet sich auf eine Überzeugung, die
nicht dem Vergleich und dem Gesetz der Äquivalenz ausge-

setzt werden kann, sondern über jeder Relation steht (nichts anderes meint die Rede vom ›Absoluten‹). Die Säkularisierung jener gesellschaftsstiftenden und kommunikationstragenden Wertüberzeugungen (die, insofern sie für den Wert von Sozialität als solchen optieren, nicht einfach für vor modern oder mittelalterlich gelten dürfen) entzieht dem politisch-ökonomischen Rationalismus der modernen Staaten die Möglichkeit transzendenter Legitimation. Es ist kein Wunder, daß Jürgen Habermas im Schlußwort zu seinen *Legitimationsproblemen im Spätkapitalismus* den »Preis einer sei's drum: alteuropäischen Menschenwürde« zu entrichten bereit ist:[73] Die modische *De-konstruktion des Abendlandes* macht es geraten, den Wert dieses Preises recht gründlich zu überdenken.

Ich glaube, diese soziologische Abschweifung geschieht aus dem Geiste Coleridges. Wenn durch den Nebel der Albatros herniederschießt, ist's der Besatzung, »as if hc had been a Cristian soul, / We hailed it in God's name« (12). Und wenn ihm – durch Tötung – das kreatürliche Gastrecht verweigert wird: die universelle Brüderlichkeit unter den Lebewesen, verwandelt er sich in einen rächenden Vogel: er vernichtet die menschliche Gemeinschaft buchstäblich (durch die Pest, der die gesamte *crew* zum Opfer fällt) und durch die Beraubung des Ziels (ein Sturm entführt das ungesteuerte Staats-Schiff der vereinsamten Individuen weiter polwärts). Nur lange Trauerarbeit vermag die Resozialisierung des Mörders zu leisten. Die Mannschaft hängt dem Seefahrer – in merkwürdiger symbolischer Verschiebung der eigenen Mitschuld – das tote Tier um den Hals. Wenig später begegnet sie einem Schiff, das freilich nichts Gutes bedeutet, sondern in umständlicher Allegorie jene Verwünschung verhängt, von der auch der Fliegende Holländer weiß: »The Night-mare *Life-in-Death*« (22).[74] In Coleridges religiöser Phantasie führt die Ablehnung des in Christus verheißenen Lebens (»Ich bin das Leben«) unmittelbar zum Tod, aber nicht zu dem Tod, auf den zunächst der Jäger Gracchus sich freut: dem Tod als

73 Ffm. 1973, 196.
74 Eine Allegorie in Frauengestalt übrigens, ähnlich wie in Georg Heyms Novelle *Das Schiff* (von 1911).

Hinübergehen, sondern zum Tod-bei-Lebzeiten. Diese Allegorie (die in Hawthornes puritanischer Phantasie besonders wild arbeitet: *The Christmas Banquet*) scheint mir das unmittelbare Vorbild für jene dichterischen Visionen gewesen zu sein, die das Zwischenreich zwischen dem Ewigen und dem Irdischen als die *conditio* des Menschen gewahren und von denen Kafka nur eine besonders späte Version liefert. Die Pointe ist immer – ich wies einigemale darauf hin –, daß die Ablösung aus einem Weltbild, in welchem das Heilige eine Rolle spielt, im kollektiven Bewußtsein der Europäer meines Wissens nie dazu geführt hat, daß das Diesseitige als ein Ziel aller Sehnsüchte anerkannt worden wäre. Ohne daß es das Jenseitige gäbe, geht die Fahrt auf den irdischen Gewässern dennoch nicht auf: sie transzendiert beständig, ohne freilich ihr Ziel zu erreichen.

Bald nach der Begegnung mit dem Gespensterschiff stirbt die ganze Mannschaft. Der Tod bringt sie, wie es am Schluß des III. Teils heißt, entweder in den Himmel oder in die Hölle (»The souls did from their bodies fly, – / They fled to bliss or woe!« [24]). Ein letztes Mal scheint das alteuropäische Wertsystem zu funktionieren, aber – wie in der Holländersage – nur bei der Besatzung (den »Seeleuten niederer Klasse«), nicht bei ihrem (modernen, rationalistischen) Kapitän bzw. symbolischen Führer. Er erduldet zuerst – in exemplarischer Schuldverbüßung – das Schicksal des Lebendig-Totseins. Von allen guten Geistern verlassen, hat er in Ewigkeit Zeit, das Wünschbare seines Auf- und Ausbruchs aus der Gemeinschaft zu bedenken. Er beneidet die Mannschaft um ihren Tod, an dem er keinen Teil hat; zu ständiger Qual liegt unverweslich – ein Mausoleum seines Gewissens – der Haufen der Leichname vor seinen Augen. Der Anblick macht ihm die Alternativelosigkeit seines Geschicks bewußt. Sie besteht darin, daß er sich nicht nur vorübergehend, wie andere Seefahrer, von Haus, Hof, Herd und Weib – den Symbolen des eigentlichen, des heimatlichen Ortes (vgl. *GSD* IV, 265) – entfernt, sondern daß er diesen Ort verloren hat. Ich zitiere Coleridges »argument« am Rande des Gedichts:

In seiner Einsamkeit und Starrheit verlangt es ihn nach dem wandernden Mond und den Sternen, die bleiben und doch sich weiterbewegen[75], und der blaue Himmel überall gehört ihnen und ist der ihnen bestimmte Aufenthalt, *ihre Heimat und ihr natürliches Haus*, in das sie unangemeldet eintreten wie große Herren, die mit Zuversicht erwartet werden, und doch herrscht schweigende Freude bei ihrer Ankunft. (29; von mir hervorgehoben [M. F.])

Nun, die Dichtung wäre kein Stück englischer Romantik, wenn die Unerlöstheit und die Gottesnacht das letzte Wort behielten. Der erste Schimmer eines Hoffnungsstrahls fällt auf den Alten Seefahrer, als er die Schönheit der natürlichen Ökonomie nicht nur erkennt, sondern mit Liebe begrüßt (31). Sein Herz beginnt zu tauen, eine Serie von Reuetaten und Gnadenakten – der fromme Eremit darf nicht fehlen – macht ihn der Zuwendung der Überirdischen würdig. Der Polargreis[76] erweist sich diesmal sogar als hilfreich (wie er's vermutlich auch dem Vasco gegenüber gewesen wäre, sobald der Reue gezeigt hätte). Der Fluch, heißt es zum Schluß, ist gebüßt, und der Seefahrer sieht wieder sein Heimatland, ohne es allerdings auf Dauer betreten zu dürfen. Eines ist nämlich nicht wiedergutzumachen – der Hochzeitsgast hat es an dem flackernden Blick des Alten gleich erkannt –: Als das unheilvolle Schiff endlich versinkt und Lotsen den Seefahrer an Land retten (die Gesellschaft ihn wieder aufnimmt), da wird ihm, wie es dunkel heißt, »die Buße des Lebens auferlegt« (55). Sie besteht im Stachel der Sehnsucht, im Unstet- und Flüchtigseinmüssen. Das Heimatland ist zwar sichtbar geworden, aber der moderne Erdenbürger kann es nicht mehr wie seine Heimat bewohnen: er wird zum flüchtigen Gast auf der dunklen Erde.

> Forthwith this frame of mine was wrenched
> With a woful agony,
> Which forced me to begin my tale;
> And then it left me free.

75 Ideale Symbole einer Lebensreise, die Veränderung und Einheit verbindet und miteinander aussöhnt.

76 Der, wie es heißt, den Albatros »geliebt« hat (40/1): eine Konstellation, der wir bei Poe wiederbegegnen.

> Since then, at an uncertain hour,
> That agony returns:
> And till my ghastly tale is told,
> This heart within me burns.
>
> I pass like night, from land to land;
> I have strange power of speech;
> That moment that his face I see,
> I know the man that must hear me:
> To him my tale I teach.

Dieser Zug der Ballade gibt der (vor allem von Warren ver-
fochtenen) These recht, es handle sich beim *Ancient Mariner*
um eine Verschlüsselung des Dichterschicksals. Ein rätsel-
hafter Redezwang ist es ja, der dem Erzähler verwehrt, an
einem Ort beständig zu verweilen und der ihm zugleich jedes Ohr öffnet: »The Wedding-Guest sat as a stone: / He
cannot choose but hear« (8). So ergeht es ihm auch im Vier-
ten Teil, als er vor Schrecken sich aus dem Staube machen
will. Zum Schluß ist seine Phantasie so völlig versetzt in die
des Seefahrers, daß er die Kirche meidet und, betäubt oder
überwältigt, davongeht wie einer, der sein Ziel verloren hat
(»He went like one that hath been stunned, / And is of sense
forlorn« [56]).

Es ist die überwältigende Erfahrung der Abwendung von
der gemeinschaftsstiftenden Kraft des Heiligen: des Todes
Gottes (»So lonely 'twas, that God himself / Scarce seemed
there to be« [54]), welche am Ursprung der modernen, der
romantischen und der nachromantischen Dichtung steht.
Der Erzähler übernimmt die vakant gewordene Funktion
des Priesters, der seine Gemeinde nicht mehr erreicht; und
seine Rede hat den alleinigen Zweck, die Erinnerung an einen Verlust festzuhalten, für den es (noch immer) keinen
Ersatz gibt.

Will der Jäger Gracchus denn etwas anderes? Er phantasiert
ja – wie der Seefahrer – davon, daß alle Welt nur von einer
einzigen Sache spricht, nämlich von dem katastrophalen
Schicksal jenes *Life-in-Death*, das der Gemsenjäger –
schuldlos – erlitten hat (*B* 337 f.). Dieser Mitteilungsdrang
(der in der *talking cure* der Psychoanalyse ›geheilt‹ wird)
erscheint als die genaue Revokation des Mitteilungsdrangs

der *scientific discovery*, wie sie etwa Brechts Galilei artikuliert:

Ich denke manchmal: ich ließe mich zehn Klafter unter der Erde in einen Kerker einsperren, zu dem kein Licht mehr dringt, wenn ich dafür erführe, was das ist: Licht. Und das Schlimmste: was ich weiß, muß ich weitersagen. Wie ein Liebender, wie ein Betrunkener, wie ein Verräter. Es ist ganz und gar ein Laster und führt ins Unglück.[77]

Wahrscheinlich geht man zu weit, wenn man den *Rhyme of the Ancient Mariner* oder den *Jäger Gracchus* für narrative Rekonstruktionen dieses »Unglücks« der modernen Rationalität erklären wollte. Und doch ist etwas dergleichen im Spiel. Der Hochzeitsgast muß erst von der bannenden Macht des dichterischen Wortes getroffen werden (das ihn mehr berührt als die Rede des Pfarrers am Traualtar), bevor er seinen Widerstand gegen die poetische Rede aufgibt und »trauriger und weiser am nächsten Morgen sich erhebt« (56/7). Und der Fremde, der den Landungssteg zur Barke des Jägers Gracchus (im Erzähl-Fragment) überquert, muß dem Jäger erst klarmachen, daß die moderne Gesellschaft im Gegenteil über nichts weniger redet und nachdenkt als über jenes »Unglück«, dessen Kunde in die Texte der Dichter ausgebürgert wurde. Der Jäger Gracchus ist nämlich ein Dichter. »Niemand wird lesen, was ich hier schreibe«, sagt er unvermittelt im Gespräch mit dem Bürgermeister von Riva; »niemand wird kommen, mir zu helfen« (*E* 288).[77a] Schließlich wäre der Gedanke, dem Jäger helfen zu wollen, selbst die Krankheit, von der sie ihn heilen zu wollen glaubt. Aber diese Krankheit ist die poetische Metapher für die Heil-losigkeit einer Gesellschaft, die ihr eigenes Un-heil verdrängt: buchstäblich abdrängt in die Texte der Neurotiker und der Dichter, in denen es – ungelesen, unvernommen, und doch allen bekannt – hervorbricht. Wer diese vom offiziellen Strom der bürgerlichen und wissenschaftlichen Kom-

77 Brecht, *Ges. Werke*, Bd. 3, 1298.
77a Im übrigen teilt der Dichter mit dem Jäger das Geschick des Totseins zu Lebzeiten: Der Dichter, notiert Kafka in den *Tagebüchern* (Ffm. 1976, 340), »sieht anderes und mehr als die anderen, er ist doch tot zu Lebzeiten und der eigentlich Überlebende.«

munikation abgespaltenen Texte entdeckt – oder sich ihrer Darbietung nur nicht entziehen kann –, dem ergeht es vielleicht wie jenem Hochzeitsgast, der »ging, als wäre er betäubt / Und wüßte Wege nicht« (57). Er »is of sense forlorn« (56); das meint: die Wege, die ihm bisher offenstanden, die sind ihm verloren. Aber solcher Verlust an Wirklichkeitsverfallenheit hat sich gelohnt, denn »trauriger und weiser« – die beiden Eigenschaften haben offensichtlich etwas miteinander zu tun – »stand er auf im nächsten Licht« (57).

Ich glaube, dies Wachhaltenwollen einer im bürgerlichen Zeitalter vergessenen, oder richtiger: übertäubten Gedächtniswunde ist der eigentliche Impuls romantischer Dichtung. Die Kunst der Neuzeit lebt davon, eine Erinnerung einzuklagen, deren Abdrängung ins seelische und geschichtliche Niemandsland noch schrecklicher wäre als die Qual, die sie selbst schon bereitet. Denken Sie an C. D. Friedrichs *Abtei im Eichwald*: Noch sieht man der Ruine, die in Frosteinsamkeit und Dämmerung gehüllt ist, eben an, daß sie einmal ein Kultraum gewesen ist. Noch erinnern die übereisten Gräber daran, daß sie die Gebeine ehedem lebender Mönche bergen. Und noch erinnert die erlöschende Glut des Himmels daran, daß es einmal eine Menschheit gab, die ihre Hoffnung auf ihn gesetzt hatte und nun – unter Bedingungen des allgemeinen Tauschs – keinen Ersatz dafür weiß. Darum erleidet sie das Geschick des Totseins bei Lebzeiten (Life-in-Death). Es ist gut, dies noch zu wissen. Zu mehr Hoffnung besteht freilich kein Anlaß – wenigstens nicht unter den bestehenden gesellschaftlichen Verhältnissen.

Fortschritt und Zerstörung

Ich habe früher die Vermutung geäußert, daß die Neuzeit mit gespaltener Stimme spricht: Je weiter sie voranschreitet und je unübersehbarer ihre Leistungen werden, desto heftiger werden die Zweifel am Sinn des Prozesses. Nicht als stünden beide Reden auf einer Ebene: die vormals religiöse und konservative Kritik an der Legitimität der Weltneugierde ist im Verlauf der Bewegung in die Poesie abgedrängt worden: ins Unsagbare. Das Unsagbare findet – wie die Beispiele, die man kaum unrepräsentativ nennen wird, lehren – gleichwohl ein Ohr, ja es entfaltet, als der vom offiziellen Text verdrängte Text der Poesie, eine unterschwellige Dynamik, deren Kräfte immer wieder – störend, hindernd, zweifelsüchtig – in den Bereich des Sagbaren, der öffentlichen Rede, durchschlagen.

Ich bin mir der Idealisierung des Geschehens – manche werden sagen: seiner Verzeichnung – bewußt. Die Idealisierung ist die Bedingung, unter der die Geschichte als eine strukturierte Bewegung überhaupt erst sich sehen läßt. Daß es Ausnahmen und Gegenbeispiele gibt, ist kein Einwand gegen die Hypothese, sondern hilft, sie als solche zu profilieren.

Ich will selbst einen Text nennen, der nicht ohne weiteres unter meine Hypothese aufnehmbar ist und doch dem Motiv der unendlichen Fahrt zugehört. Ich meine *Pleine mer* und *Plein ciel* (1859) aus Victor Hugos monumentalem Zyklus *La Légende des Siècles* (dt. *Die Weltlegende*).[78] Dies Werk – eine Allegorie der Befreiung der Menschengattung aus der Vormundschaft von Natur und Aberglauben – ist trunken vom Geist der Aufklärung und des politischen Liberalismus. Im Gang der Neuzeit sieht es eine »einzige und allumfassende Emporbewegung zum Lichte hin, ein Trachten nach dem Ideal«, sich manifestieren. Was diesem Prozeß wider-

---

[78] Eingeklammerte Zahlen beziehen sich – in dieser Reihenfolge – auf die Pléiade-Ausgabe (Paris 1950) und auf die deutsche Übersetzung von Ludwig Seegers: Victor Hugo's *sämtliche poetischen Schriften*, Stuttgart 1860, Erster Band.

strebt, ist das »schlechthin Böse«; in der Ökonomie der »progressivité« hat freilich auch das Böse seine Funktion: es wird – wie die Hegelsche Negation – zum Ferment des Fortschritts und verhilft dem Stufengang der Epochen zu ihrer Steigerung und Potenzierung ins »ungetrübt Positive«.

Die beiden Mächte des Ins-Vergangene-Zurückstrebens und der siegreichen Bewegung ins Element des Fortschritts, der neuen Zeit, hat Hugo in der Allegorie des »zwanzigsten Jahrhunderts« antithetisch einander gegenübergestellt: in *Offne See* und *Offner Himmel*. Die alte Zeit wird beschworen in Bildern aus der Sphäre der biblischen Genesis:

> Vom Abgrund steigt herauf ein dumpfes Grollen;
> Rundum Gewässer, eine dunkle Wüste,
> Groß wie die Welt. Es saust der Wind. So weit
> Das Auge schaut, nur Wellen, die sich schaukeln,
> Gehn, kommen und vergehn. Ein Leichentuch
> Das Meer. Der Himmel eines Grabes Öffnung.
> Und keine Arche, keine Taube. Schwarz,
> Gleich einem finstern Walde, sind die Wolken.
> Ein Geist, der auf den Wassern schwebte, wüßte
> Vom schrankenlosen Raum das öde Meer,
> Das bodenlose, nicht zu unterscheiden. (713; dt. 377)

Eine gleichsam schon von den moralischen Prämissen her verworfene Welt: die Schöpfung hat noch nicht begonnen, da steht sie bereits unter den Vorzeichen des Bösen (»keine Arche, keine Taube«).

In diesem abgründig brodelnden Ozean schwimmt ein Schiff, einem erzgepanzerten Walfisch gleich, ein verrottetes und zerborstenes, nun herrenlos treibendes Wrack (717; dt. 383) mit dem Namen Leviathan (dem Namen jenes Vorweltungeheuers, von dem der Herr Hiob erzählt [*Hiob* 40, 10 ff. und 41; vgl. *Psalm* 104, 25/6 und *Jes.* 27, 1]). Hugo beeilt sich, das Gleichnis zu übersetzen:

> (. . .) Leviathan (. . .) ist
> Die alte Welt, in ihrer Häßlichkeit
> Barbarisch, maßlos. Leviathan (. . .) das
> Ist die Vergangenheit, es ist die Größe,
> Der Schrecken. (714; dt. 379)

Dies Schiff hat übrigens existiert – wenn auch nicht in den phantastischen Dimensionen des Gedichtes. Hugo spielt darauf an, daß es 1853 in London konstruiert wurde, 1000 Personen Platz bot, sich indessen nicht bewährte und wieder eingezogen wurde. Bei Hugo ist bemerkenswerterweise »das letzte Jahrhundert« seine Geburtsstunde (l. c.). Diese Anfänge der technisch-industriellen Revolution befriedigten die menschliche Vernunft noch nicht: Hugo vergleicht das Monstrum nicht von ungefähr dem babylonischen Turm (715; dt. 380). Der Index der Verworfenheit gerät diesmal – und das ist das Ungewöhnliche an Hugos Gedicht – auf die Stirn der alten, nicht der neuen Zeit. Des großen Leviathans Ausfahrt auf die irdischen Gewässer (zumal die der Neuen Welt) ist verwerflich nicht, weil sie dem Geist der Rationalität huldigte, sondern weil sie es zu wenig tat. Gewiß sind alle vertrauten Requisiten auch in Hugos lyrischer Rhetorik versammelt: die Ausfahrt ins Freie, die Unmöglichkeit, an einem bestimmten Ort zu ankern oder vor Hafen zu gehen, der Nordlichtschein der Polarregion, die fürchterlichen Seeungeheuer und der Mahlstrom (715/6; dt. 381–383) – sogar die Irrfahrt kommt vor, wenn das Schiff einem Berg verglichen wird, der ziellos durchs Meer treibt (716; dt. 383). Auch die Gefahr des Scheiterns an den tückischen Riffen und Klippen der Zeit, des Ozeans und der Einsamkeit (!) fehlt nicht.

> In der Öde
> Des Unermeßlichen, im schwarzen Mantel
> Der Nacht, die keinen Schlaf den Winden bringt,
> Die es umweh'n, inmitten schwarzer Wogen
> Treibt herrenlos das ungeheure Wrack. (717; dt. 383)

All das gemahnt an die Bestrafung des Fliegenden Holländers. Aber bei Victor Hugo ist das »oubli de l'infini« die Strafe nicht für die Tabuverletzung, sondern für die Unzulänglichkeit der Vernunft: nicht ihre Überspannung, sondern ihre mangelhafte Ausstattung, ihre Vorsintflutlichkeit werden verhöhnt. Die Irre ist ein Charakter nur der alten Welt. Und Leviathan ist eben eine Allegorie der vor-liberalistischen Gesellschaften (717; dt. 384). Es war die Zeit nicht etwa der großen weltanschaulichen Einheit (wie in der Uto-

pie des Novalis), sondern der babylonischen Sprachverwirrung, der Entfremdung des Menschen von der Vernunft, der
Unselbständigkeit, des Vorurteils, des Aberglaubens und –
der Kriege, der großen gewalttätigen (d. h. prärationalen)
Auseinandersetzungen zwischen den Menschen, die noch
nicht auf der Höhe vernünftiger (gewaltloser), d. h. wissenschaftlicher Konkurrenz stehen. Der Optimismus der liberalen Ära schlägt hier durch (ein wenig spät, wenn man mit
Blick auf das Entstehungsdatum urteilt. Hugo leugnet nicht,
daß sich selbst damals der Fortschritt (le progrès solitaire)
»wie ein zerhackter Schlangenleib« über die Erde gewunden
habe – aber doch eben nur in Gestalt des unerfreulichen
Lindwurms: als ein unmächtiger, ein zerspellter, ein noch
vorweltlicher und vorrationaler Fortschritt (717; dt. 384).
Auch die Religion wird kritisiert: die große Widersacherin
der menschlichen Autonomie, der Vormund der unmündigen Seelen. Nicht indessen der Mensch: er – und mit ihm der
Gedanke der Humanität – überlebt den Tod Gottes: »Verschwunden ist [nur] des Menschen erste / Gestalt und
Form« (718; dt. 386). Ihr soll man nicht nachtrauern, sondern die Blicke aufheben: »Regardez là-haut« sind des Gedichtes letzte Worte.
In den Lüften, im *Offnen Himmel*, ist nämlich – dem Gefährt des Luftschiffers Gianozzo ähnlich – bereits das
»aéroscaphe« zu gewahren, das den neuen Menschen trägt.[79]
Plein ciel dampft vom Pathos der Verherrlichung der Menschenkühnheit (720; dt. 389); der Befreiung (720; dt. 390);
der Naturbeherrschung, die in diesem Gedicht in besonders
drastischen Metaphern der Gewalt, des Kampfes, der Bezwingung, Knechtung und Ausbeutung gefeiert wird. Der
»kühne Forschergeist« des Menschen ist der technokratische
Messias der Natur, ihr Erlöser; er löst ihr die Zunge und

---

79 Gewiß ist dies Fahrzeug vorderhand – in Hugos Phantasie – eine dichterische Vision, war aber doch als reale Antizipation technischer Möglichkeiten gemeint. Wieder hat Hugos poetisches Sujet ein reales Vorbild, sofern
man jedenfalls die chimärische Erfindung eines gewissen M. Pétin (die nie in
die Wirklichkeit umgesetzt wurde, aber auch von anderen Dichtern, z. B.
von Théophile Gautier, stark beachtet wurde) für ein Stück Realität anerkennt.

veröffentlicht ihre Geheimnisse. Es fehlt auch nicht jene Umdeutung der Rebellion gegen das göttliche Weltbild, dem man in des Columbus Verteidigungsrede und in Camões' *Lusiaden* begegnet.

> Was ist
> Dies Wunder aller Wunder denn? –
> Der Mensch –
> Es ist der große, gottgefällige Aufruhr,
> Der heil'ge falsche Schlüssel zu dem blauen,
> Verhängnißvollen Reich. (720; dt. 388)

Was die kritische Funktion der Poesie betrifft: Hugo will sie nicht opfern. Aber die Poesie wird sich mit der Wissenschaft und mit dem technischen Herrschaftswissen arrangieren:

> O könnte Shakespeare
> Und Euler hoch entzückt, geblendet schau'n
> Das Schiff, das Phantasie und Zahlenkunst
> Gebaut! (723; dt. 395)

Mit einem Wort: das Dichterwort war stets legitimiert als Antizipation eines dermaleinstigen Wissens, welches bekanntlich Macht ist *(science is power)*. Der Alptraum des Novalis, eine ›Welt aus Zahlen und Figuren‹, wird bei Hugo zur herrlichsten Divination: »Zahl und Ziffer war / Die Macht zuletzt, die uns das Feld geöffnet« (725; dt. 399). Seitdem die Welt und – wohlbemerkt – die Himmel dem Menschen offenstehen (er durchschifft das gesamte Weltall und stößt vor bis ans Firmament), gibt es kein Eschaton mehr von der Art der herkuleischen Säulen. Vasco da Gama ist ebenso voll rehabilitiert wie Columbus – ja, beide werden zu Protagonisten der ungleich verwegeneren Schiffahrt ins Reich der Lüfte (726; dt. 400). Sie entriegeln »das Thor der Finsterniß« und betreten die *terra incognita* (725/6; dt. 399).

Mit der mythischen Bedrohung des Sündenfalls (die nur »der *alte* Adam«, nicht der neue Mensch zu fürchten hat) sinken auch alle anderen mythengespeisten Entmutigungen dahin: die Vision der Götterdämmerung und des Weltenbrandes (728; dt. 402). Es gibt nichts zu fürchten: der geglaubte Ziel-Verlust enthüllt sich als die Gewinnung des wahren Ziels der Menschheit.

Wo segelt hin das Schiff? Was ist der Schiffer Ziel? –
Der Zukunft Segensau'n, der Tugend heit'res Spiel,
   Die Wissenschaft, die lichte Blüthe,
Der Knechtschaft Untergang, großherziges Verzeihn,
Glück, Reichthum, Friede, Lust und Scherz, im Sonnenschein,
   Vernunft und brüderliche Güte. (728; dt. 404)

Ein Schiff mit dieser Zukunftsperspektive ist nicht länger ziellos. Frei vom Pfaffentrug der Vorweltreligionen (729; dt. 404) betet es zur Göttin der Vernunft: zur *Wahrheit*, dem zur unproblematischen Zuversicht gewordenen *telos* der Menschheitsreise: »C'est le destin de l'homme à la fin évadé, / Qui lève l'ancre et sort de l'ombre!« (731; dt. 408). Dies endlich erreichte Ziel, um das die Menschheit lange rang, ist kein anderes als »das alte Reiche der Ideale«, bislang von Dichtern und Philosophen nur antizipiert, nun wissenschaftlicher Besitz. Sobald die Menschheit in diesen Hafen einläuft, hat sie sich völlig entnabelt von ihrer Geburt als Naturwesen und den mythischen Weltansichten, die bisher ihre Geschichte erhellten und beglaubigten: sie sind der dunkle Fleck, dessen Angedenken die Vernunft zu tilgen hat: »Und immer weiter weicht der dunkle Punkt zurück, / Wo einst der Mensch den Lauf begonnen« (731; dt. 409). Man muß sich hüten, Hugos liberalistisches Pathos etwa verächtlich zu machen: unter den Gestalten der (französischen und deutschen) Romantik haben sich nur wenige zum Fortschritt in seinem, und d. h. in bürgerlich-demokratischem, Sinne bekannt. Und auch der Liberalismus des 19. Jahrhunderts hat seine Utopie: er hat der Menschheit mehr versprochen, als sie jemals erreichen sollte. Indessen läßt sich nicht leugnen, daß Hugos Gedicht recht spät, ja in fast anachronistischer Verzögerung, die Posaune des humanitärszientistischen Fortschritts bläst. Es war ja kein Anti-Humanismus, der die frühsozialistischen Zweifel an der Humanität des »bürgerlichen Fortschritts« eingegeben hat: Die Analysen dieser Zeitgenossen hätten Hugo davon überzeugen mögen, daß der ökonomische und politische Liberalismus die manifeste Gewalt der Herrschaft des Menschen über den Menschen nicht wirklich beseitigt, sondern nur unsichtbar gemacht hat: die Gewalt, deren Entschwinden Hugo feiert, wird anonym unter dem Schein der Chancengleichheit und im allgemeinen Spiel der Tauschprodukte, deren Fetische die sprachlosen Leiden der Produzenten verschleiern.

Immerhin: Victor Hugo träumt davon, daß die Evolution der Menschheit (die er mit der der Wissenschaft identifiziert) vernunftgesteuert bleiben wird. Die »alten Ideen« der abendländischen Tradition werden nicht geopfert – so wenig wie »*der* Mensch« –. Indessen wird man fragen, ob der Fortgang die Gefahr nicht in sich birgt, daß diese letzten Verbindlichkeiten aufgrund der Logik des in Gang gebrachten Prozesses preisgegeben werden und daß sich die menschliche Naturbeherrschung im autonomen Rationalismus der Gesellschaftssysteme fortsetzen und schließlich zur ›Naturbeherrschung am Menschen‹ verkommen wird.

Die rhetorischen Fragen sind nicht an Victor Hugo gestellt. Sie artikulieren Zweifel, die die Poesie, wie ich glaube, in ihrem Wesen konstituieren und von denen sie ständig Zeugnis ablegt. Ihr Wesen ist kritisch gegen die Ansprüche der Rationalität: nicht im Sinne einer irrationalen Option,[80] son-

80 Die findet sich auch, zumal in der Lyrik des späten 19. Jahrhunderts: als die Utopie eines ozeanischen Verströmens, das sich durch die Zielvorgaben der Vernunft eher behindert als geborgen fühlt. Natürlich in Nietzsches Allegorien der Überwindung des Nihilismus, der Wahrheit, des Sinns, z. B. in *Nach neuen Meeren* (»Dorthin – *will* ich; und ich traue / Mir fortan und meinem Griff. / Offen liegt das Meer, ins Blaue / Treibt mein Genueser Schiff.« usw. [*Werke*, hg. Karl Schlechta, München ²1960, II, 271]). Genua, die »Stadt des Columbus«, wird nicht zufällig beschworen (vgl. l. c. III, 1215): aber sie spielt im Gedicht die Rolle des Ausgangsortes für die entgrenzte Fahrt ins Blaue: ins »Unendliche«, die nicht auf die instrumentelle Beherrschung eines Amerika aus ist, sondern ein neues Lebensvertrauen artikuliert (Vertrauen ins Leben als solches, statt aufs Ziel der Lebensreise). – Ähnliches gibt es oft in der Lyrik Walt Whitmans, z. B. in der letzten Strophe des *Song of Joys:* »O to sail to sea in a ship! / To leave this steady unendurable land, / To leave the tiresome sameness of the streets, the sidewalks, and the houses, / To leave you o you solid motionless land, and entering a ship, / To sail and sail and sail!« usw. Daneben der Wunsch »nach etwas Unerprobtem! Etwas in Verzückung! / Etwas vom Anker Losgerissenem und Freitreibendem« (*Grashalme*, 158) – ein Zitat, dem sich beliebig viele ähnliche anfügen ließen. Giuseppe Ungaretti wird 1913 die *Fröhlichkeit der Schiffbrüche* besingen: »ohne eine Spur von Haß aufs Dasein (. . .), aus reinem Willen zum Ausdruck, (. . .) aus Überschwang, jenem fast wil-

dern im Dienste einer von *Zwecken* kontrollierten Vernunft, deren Begriff durch die Gleichsetzung von Rationalität mit der Methode der exakten Naturwissenschaften ethisch und hermeneutisch halbiert wurde. Wenn es wahr ist, daß Poesie diese Kritik umfaßt, dann wird man einräumen, daß Hugos durchscheinende Rhetorik an der Grenze des Poetischen steht. Der große Strom der ›modernen‹ Dichtung ist über sie hinweggegangen.

*

Nicht, als sei die moderne Dichtung insgesamt verschlossen geblieben gegen die Faszination der kühnen Weltentdeckung und der technischen Mittel, die dies Ziel ermöglichen. Ich muß nur an das Werk des Amerikaners Edgar Allan Poe erinnern. Doch unterscheiden sich gerade die Schauer, die dieses Œuvre zu erregen weiß, merklich vom ungetrübten Optimismus der Dichtung Victor Hugos. Die *Tales of Mystery and Horror*, um nur sie zu nennen, geben ja (um im motivischen Rahmen unserer Untersuchung zu bleiben) mehrfach Ausdruck fürs Phantasma der katastrophal scheiternden Seefahrt. Ich erinnere nur an die bekanntesten Bei-

den Überschwang der Lebensgier, die sich vervielfacht durch die tägliche Begegnung mit dem Tod.«
Soviel ich sehe, handelt sich's um Versuche, das (strömende) Leben, die Erde, das Diesseits wieder in Besitz zu nehmen: sie zur Heimat der Körper zu machen, die ihre Grenzen in »kosmovitaler Einfühlung« (M. Scheler) ins All hinausschieben. Allerdings wird hier die positive Utopie einer nicht länger mehr vom Ziel gegängelten Fahrt geträumt; doch erscheint sie nach wie vor unter der Kategorie der ›Heimat‹, des »lieu propre«, der ›Treue zur Erde‹ usw. Der Fortgang der Literatur unterstreicht den kontrafaktischen Charakter dieser Phantasien, die nicht dem Schema der Ökonomie entkommen (es wohl auch nicht wollen) und die immer dort, wo sie die Wunschproduktion mit der Wirklichkeit identifizierten (wie in der faschistischen Nietzscherezeption oder im Werk von Deleuze/Guattari) ins frenetische Einverständnis mit der bestehenden Gewalt umschlugen. Der Versuch, den Aufschub oder die Abwesenheit des Sinns in einem happening des hysterischen Frohsinns zu feiern, ähnelt nicht übel der neurotischen Konversion der gescheiterten Revolutionäre von 1848 zum Optimismus (Sartre hat sie im III. Teil des *Flaubert* genau analysiert).

spiele: *MS. Found in a Bottle* (1831) und *A Descent into the Maelström* (1841).

Hinab in den Mahlstrom ist für unsere Vorlesung besonders aufschlußreich; denn der saugende Abgrund, der sich an irgendeiner Stelle des Ozeans – oft (wie in Mercators Seekarten) in nordpolarer Lage[81] – auftut, um Schiffe und Leute zu verschlingen, ist ja ein Motiv-Stück, das uns bei Poe nicht zum erstenmal begegnet. Dantes Ulysses wird in einem Wirbel verschlungen, der Kap-Geist bedroht Vasco mit einem Wirbel, und die Verse aus Coleridges *The Destiny of Nations* wissen von einem Grönland-Hexenmeister zu berichten, der »in strange trance / Pierces the untravelled realms of Ocean's bed / Over the abysm«. Natürlich begegnet uns der Mahlstrom wieder in Rimbauds *Bateau ivre* (und in anderen Gedichten Rimbauds) und – fast möchte ich sagen: natürlich – im deutschen Expressionismus. Noch Dürrenmatts *Tunnel* kann für eine Variante des Mahlstroms gelten. – All diese Orte haben die Funktion einer Entmutigung der entdeckerischen Neugierde: sie konstituieren den Ort, an welchem »discovery« und »destruction« zusammenfallen.

Poes Erzählung trägt ein Motto von Joseph Glanvill, das die ›Inkommensurabilität‹ der Wege Gottes mit den ›Modellen‹, die unsere Vernunft sich bildet, ehrfürchtig betont (108). Nun, die Spannung, die Poe erzeugt, besteht darin, daß sie dies Motto zwar auf die Stirn des Textes schreibt, doch aber demonstriert, wie menschliche Rationalität, indem sie die Schrecken des Abgrunds entschlossen ins Auge faßt, mit den mythischen Drohungen fertigwerden kann. Die Frage, ob hier *curiositas* rehabilitiert wird, müssen wir einen Augenblick lang verschieben.

Die Erzählung ist einem Seemann in den Mund gelegt – ähnlich wie in Coleridges Ballade. Er trägt die Züge Dantes

---

81 Vgl. Edgar Allan Poe, *Complete Stories and Poems*, Garden City, New York 1966, 155 (»Note«). (Eingeklammerte Seitenzahlen im laufenden Text beziehen sich auf diese Ausgabe.)
Mercators Seekarten malen den Danteschen Läuterungsberg als schwarzen Fels inmitten eines Strudels, der von vier reißenden Flüssen gebildet wird »und den Pol so andeutungsweise als Negativ des Paradiesgartens ausweist« (Joachim Metzner, l. c. 27).

und ist, dem Alten Seefahrer ähnlich, von den Spuren des Leidens so gezeichnet, daß er wie ein Greis aussieht und von den Seinen nicht wiedererkannt wird. Noch heute kann er den Anblick des Ortes, von welchem sein Bericht handelt, nicht ertragen, ohne daß sein Geist die Gewalt über seinen geschüttelten Körper verliert. Dieser norwegische Seemann erzählt, daß er mit seinen Brüdern und einer kleinen *crew* den Moskoe-Ström, der – wohlbemerkt – nur periodisch den fürchterlichen Wirbel aufweist und dessen tödliche Wirkungen sich »kalkulieren« lassen, zu durchschiffen pflegte; solcher Mut wurde nämlich durch ungleich bessere Fischausbeuten belohnt, als sie den üblichen, weniger riskanten Fischzügen beschert werden. Hier begegnen wir bereits dem Motiv der Jagd – des um jeden Preis (oder zumindest: um höherer Ausbeute willen) Jagens nach einem Gut, das die Natur dem Menschen verwehrt: »of treasures better hid«, wie Milton sagt. Es galt nur, eine viertelstündige slack-water-Periode zwischen den Gezeiten zu benutzen und sich vom Ort des möglichen Strudels küstenwärts fernzuhalten. Nun, eines Tages erscheint, auch von erfahrenen Seeleuten nicht erwartet, ein Hurricane von einzigartiger Wildheit – »this was very unusual – something that had never happened before« (114). Ein Riß durchquert das Kalkül, und ein zweiter folgt ihm: die Uhr ist stehengeblieben und hat die Seeleute in trügerischer Gewißheit gewiegt, was die Wiederkehr des Strudels betrifft. Das Schiff ist im Nu zum Wrack zersplittert und nähert sich, bei rabenschwarzer Nacht, dem Rand des Wirbels. Der Erzähler, inzwischen nurmehr mit seinem Bruder am Leben, wird hineingesogen und stellt fest, daß die Planken des Wracks nicht allsogleich in die Tiefe des Abgrunds hineingerissen werden, sondern in langsam gleitender Spiralbewegung auf den ebenholzschwarzen Wölbungen des Strudels hinunterkreisen. In diesem Augenblick beobachtet er eine sonderbare, er sagt: »unnatürliche Neugier« (118). Hören Sie ihn selbst:

It may look like boasting – but what I tell is truth – I began to reflect how magnificent a thing it was to die in such a manner, and how foolish it was in me to think of so paltry a consideration as my own individual life, in view of so wonderful a manifestation of God's power. I do believe that I blushed with shame when this idea crossed my mind. After a little while I became possessed with the keenest curiosity about the whirl itself. I positively felt a *wish* to explore its depths, even at the sacrifice I was going to make; and my principal grief was that I should never be able to tell my old companions on shore about the mysteries I should see. (116)

Scheinbar begegnen wir hier dem Geist des Mottos: im Augenblick der allerhöchsten Lebensgefahr verwandelt sich das Naturding Strudel in den Ort einer göttlichen Offenbarung. Aber das ist, so beschrieben, nicht ganz korrekt: die Ehrfurcht gilt weniger Gott, als seinen Wundern. Und denen trägt der moderne Mensch in der Weise Rechnung, daß er »curiosity« verspürt, sie zu erforschen, d. h. dem göttlichen Wissensprivileg zu entreißen. Das Außerordentliche ist, daß das Leben des Forschers vergleichsweise geringfügiges Gewicht hat: ein durchgängiger Zug in Poes Erzählungen. Indessen kann die Geistesgegenwart auch das Leben retten, wenn sie sich nicht von physischer Übermacht terrorisieren läßt, sondern »kalkuliert«, d. h. die distanzierte Einstellung der *theoria* bezieht, welche die chaotischen Erscheinungen des Physischen auf ihre Gesetze hin überschreitet. Der Erzähler macht gewisse Beobachtungen über den Zusammenhang der Fallgeschwindigkeit und der stereometrischen Beschaffenheit der fallenden Körper im Strudel. Indem er auf ein Faß umsteigt (welches langsamer sinkt als das Wrack, von welchem sein Bruder verängstigt nicht ablassen will), entgeht er mit einsetzender Gegenbewegung der Gezeiten dem Tod.

A Descent into the Maelström kann als Verherrlichung geistesgegenwärtiger Rationalität gelesen werden, die mit Naturmacht fertig wird, indem sie ihre Gesetze erforscht und gegen sie wendet. Die Opposition von Natur (das Leben des Erzählers fällt mit darunter) und Geist ist überdeutlich; und man übersieht nicht jenen Mitteilungsdrang, an welchem durch den Tod verhindert zu werden, dem Erzähler schmerzlicher ist als das Sterben selbst. Immerhin: Poe unterlegt dem Triumph des Wissens den Kontrapunkt der Horror-Geschichte. Kann man sagen, daß er zur Nachahmung Mut macht? Der diesen Triumph über das vor-wissenschaftliche Weltbild und über die Natur (die Mutter: *mater-mate-*

ria) errungen hat, behält ein nervöses Zucken, das ihn beim geringfügigsten Anlaß und vor allem bei der Erinnerung an das Ereignis wild ergreift und fast um den Verstand bringt (108/9). Durch ein Trauma im eigenen Fleisch bleibt die überwundene Natur schrecklich präsent: sie hat den Seemann um alle Lebensfreude gebracht. In gewisser Weise teilt er das Schicksal des *Life-in-Death*; und der wirkliche Tod im Schlund der mütterlichen, wenn auch nicht gerade liebevollen, da *curiosity* strafenden Natur wird zur abwägbaren Alternative zu dem trostlosen Schicksal, dessen Unbewältigtheit sich in dem Redezwang bemerkbar macht, den der Seefahrer wieder mit dem Jäger Gracchus und dem ›Ancient Mariner‹ teilt: einem Wiederholungszwang im Modus der »talking cure«.

Übrigens gewahrt der Erzähler neben vielen anderen Wrackstücken im Schlund auch das »Wrack eines Holländischen Handelsschiffes« (118). Man wird vielleicht sagen, die Indizien reichten nicht aus, um als eine Erinnerung an den Fluch interpretiert zu werden, der über dem neuerungssüchtigen Handelsgeist des Fliegenden Holländers schwebt. Eine solche Anspielung gibt es jedoch in eindeutiger Form in einer früheren Erzählung Poes: *MS. Found in a Bottle*. Auch hier geht es um das Erlebnis einer – zumindest vordergründig unbegreiflichen – Überwältigung durch das Naturelement der vereinigten Gewalten Sturm und Ozean, die den Erzähler (der freilich diesmal umkommt: er vertraut seinen Bericht unter manischem Mitteilungszwang einer Flaschenpost an) von einem selbstgewählten Ziel abbringen und in einem südpolaren Strudel von apokalyptischen Dimensionen verschlingen. Der Aufbau der Fabel erscheint – vor dem Hintergrund anderer Texte, die wir schon kennen – traditioneller als der der Mahlstrom-Geschichte. Zwar nennt der Erzähler nicht sofort die Neugier als das Motiv seiner Beteiligung an der Seereise; vielmehr gibt er an, daß er, durch unglückliche Umstände früh am Ziel seines Lebens irre geworden, ein skeptischer Rationalist geblieben sei (148). Von Java will er zum Sunda-Archipel reisen. Warum? »I went as passenger – having no other inducement than a kind of nervous restlessness which haunted me as a fiend« (148). Nun, die nervöse Unrast wird sich bald, und zwar drastisch, als wissenschaftliche Entdeckungssehnsucht enthüllen. Wichtig ist, daß sie aus dem Rückblick als eine Einflüsterung des bösen Geistes charakterisiert wird.

Die Fahrt geht, nach dem durchgängigen Muster der Poeschen Erzählungen, anfangs in den Bahnen des Geplanten und Üblichen, bis ein unerhörter *Simoon* einbricht und das Wrack in magischem Sog auf die Südpolregion zutreiben läßt. Die Temperatur sinkt beständig ab, das Sonnenlicht wird milchig blaß, Seeungeheuer recken ihre Arme nach dem Gescheiterten, selbst der Albatros fehlt nicht als negativer Heilskünder (151). Schließlich taucht eine Art Geisterschiff auf, unzweifelhaft ein Verwandter des Fliegenden Holländers, obwohl der Erzähler ihn in die spanische Kolonialzeit datiert. Das Wrack stößt mit dem riesenhaften Schiff »von vielleicht 4000 Tonnen Gewicht« in einem entsetzlichen Abgrund zusammen; der Erzähler wird aber wunderbarerweise vom Takelwerk des schräg liegenden Seglers aufgegabelt und überlebt den Aufprall (während sein letzter Gefährte umkommt). Wieder beobachtet er eine im schlimmsten Augenblick ihm beistehende Kraft der »self-possession« (151): er wird reines, uninteressiertes Weltauge, reiner Forscherblick. Auf dem Segler gewahrt er Seeleute in uralter Tracht, ihr Alter scheint nach Jahrhunderten gemessen werden zu müssen (wo nicht nach »Myriaden von Jahren« [154]); der Kapitän, dessen Haut schlaff und mürbe ist, strahlt dennoch eine gewisse Würde im Leiden aus. Und vor allem: keiner bemerkt den Erzähler, so als sei die Mannschaft tot und lebend zugleich. Das Geheimnis, das das Schicksal dieses Autors mit dem der Geistermannschaft verbindet, enthüllt sich in einem unbewachten Augenblick. »Während ich über die Einzigartigkeit meines Loses nachdachte, beschmierte ich unabsichtlich mit einem Teerbesen die Kanten eines säuberlich gefalteten Leesegels, welches in meiner Nachbarschaft auf einer Tonne lag. Das Leesegel ist nun auf dem Schiff aufgepflanzt, und die gedankenlos hingemalten Flecken des Besens falten sich aus in das Wort DISCOVERY« (153). – Dem Geist der *discovery* verbindet sich »a curiosity to penetrate the mysteries of these awful regions«, eine Neugier, die sogar über die aufkommende Verzweiflung am eigenen Überleben die Oberhand gewinnt und dem Schicksal der Zerstörung (»destruction«) fest ins Auge blickt (155).

Perhaps the current leads to the southern pole itself. It must be confessed that a supposition apparently so wild has every probability in its favor. (l. c.)

Die Mannschaft läuft derweil mit unruhigem und vibrierendem Schritt an Deck herum. Aber in ihren Zügen zeichnet sich ein Ausdruck eher von hoffendem Eifer als von apathischer Verzweiflung ab. Den vollen Wind im Segel, treibt das unselige Schiff, das sich übrigens körperlich in die Luft aufschwingt (ein *fliegender* Holländer), durch eine Kluft im ewigen Eis in einen grausigen Schlund, dem Mahlstrom sehr ähnlich beschrieben, und wird dort verschlungen. Erlösung also durch Tod für die Ursünde der *discovering eagerness*, deren sich der verfluchte Kapitän des spanischen Schiffes schuldig gemacht hatte – Bestrafung mit dem Tod und das Schicksal der seelischen Vereisung für den kalten wissenschaftlichen Blick des Erzählers. Von ihm muß man sagen, daß er physisch zugrundegeht und das Geheimnis des Südpols auf diese Weise zwar nicht lüften kann, daß sein Bericht aber in der Flasche überlebt und auf uns kommt. Die Demütigung des Wissenwollens ist deutlicher gezeichnet als in der Mahlstrom-*story*; doch ob man sie begrüßen oder als das Abenteuer eines heroischen Märtyrers der wissenschaftlichen Weltansicht beklagen soll – das bleibt abermals im dunkeln.

Auch *The Narrative of Arthur Gordon Pym of Nantucket* (von 1838) wird dies Geheimnis nicht vollständig lüften. In der Erzählfiktion scheint zwar Pym, der sein Manuskript Poe überläßt, den Südpol erreicht zu haben; aber er stirbt, bevor er seinen Bericht vollenden kann: Das Tabu über dem Eschaton wirkt fort in dem Redeverbot, mit dem der geschwätzige Weltneugierige im entscheidenden Augenblick belegt wird. Die letzten Worte der Erzählung berichten von einem Sog, der das Kanu Pyms und des Halbbluts Peters unaufhaltsam auf einen Katarakt zutreibt, hinter dem sich aus einer Nebelwand eine weiße Gestalt gigantisch aufreckt (734/5), über deren symbolische Qualität wir inzwischen nicht mehr im ungewissen sind.

Ich sammle, um meine Übersicht nicht aufzublähen, ein paar Züge des Romans, die aus der Kenntnis der vollen Struktur unseres Motivs sogleich zugeordnet werden können. Da ist die Vision des trunkenen Aufbruchs und der verwehrten Heimkehr gleich im ersten Kapitel: Arthur stiehlt sich mit seinem Freunde Augustus in einer durchzechten Nacht davon, um mit einer kleinen Schaluppe einen Ausflug aufs Meer zu wagen. Wie gewohnt, geraten die beiden in eine Strömung, starker Wind kommt auf; Arthur bemerkt endlich, daß der Freund, der zugleich das Steuer fahren läßt, nicht mehr Herr seiner Sinne, nämlich völlig betrunken ist (erstes Aufleuchten des Motivs des *trunkenen* Schiffs). Auf die Frage, wohin er fahre, antwortet er lallend: »Wir fahren heim . . . wie du siehst« (614). Auf der symbolischen Ebene enthüllt das Wort des Betrunkenen seinen Sinn: das losgelassene, das aufgegebene Steuer und eine Art (Entdeckungs-)-Rausch konstituieren Leitmotive des ganzen Romans; und sie deuten auf die Unmöglichkeit einer Rückkehr zum Ausgangspunkt, zur Heimat, es sei denn der imaginären des Rauschs und der Halluzinationen.

Leitmotivisch verwendet wird auch die Opposition der Farbwerte Weiß und Schwarz. Weiß: die Farbe der Rationalität, der Europiden, der Kälte, des Südpols; Schwarz: die Farbe des Vorweltlichen, der Eingeborenen (die Poe kurzerhand Barbaren oder Wilde nennt), des Lebens, des Heilen (dies charakterisiert freilich nicht die Perspektive der Entdecker und Eroberer: ihnen ist das Schwarze ein Greuel). Nun, die Symbolik des Weißen ist lebens- und naturfeindlich in zweierlei Sinn: Pym – das Ideal des weißrassigen Entdeckers und Forschers – stellt die »Wissenschaft« (die Polentdeckung) über das Wohlergehen, ja über das Leben der Mannschaft (702): das Sterben der Menschen, die am Wagnis der Polentdeckung beteiligt sind, wiegt den Wert des wissenschaftlichen Gewinns nicht auf: die *theoria* ist absolut legitim, und sie ist rechtmäßigerweise lebens- und glücksfeindlich – in Pyms Selbstverständnis, versteht sich.

Aber sie ist auch mörderisch. Die Wilden der schwarzen Insel Tsalal, deren gewaltsame und listige Gegenwehr gegen die weißen Okkupatoren sehr gut motiviert ist, werden in einer Kategorie mit dem widerspenstigen Element der Natur, das sich gegen die Erforschung sperrt, abgehandelt und – wo es gelingt – blutig ausgerottet.[82] In ihrer Religion ist Weiß eine Farbe des Tabus, ja des Entsetzens. Schon vor dem Erreichen von Tsalal fischen die Seeleute den Körper eines Landtiers von sonderbarem Aussehen auf: »Es war drei Fuß lang und nur sechs Zoll hoch, hatte vier sehr kurze Beine, die Pfoten waren mit langen Klauen von scharlachroter Farbe, die an Korallen erinnerten, bewehrt. Den Leib bedeckte ein straffer, seidenartiger Haarpelz von völlig weißer Färbung. (. . .) Die Zähne leuchteten in dem gleichen Scharlach wie die Klauen des Tieres« (703). Vor diesem (in nahezu parodistischer Manier) zoologisch klassifizierten Objekt äußern die pechkohlrabenschwarzen »Barbaren« wildeste Furcht. »Tekeli-li! Tekeli-li!« ist ihr Ruf bei solchen Gelegenheiten: eine offenkundige Verballhornung des *Menetekel* aus der apokalyptischen Prophezeiung, die im Buch Daniel (5, 25–28) dem Belsazar zuteil wird. Der mitgeschleppte Geisel auf dem Kanu, auf dem Peters und Pym der polaren Strömung sich ausliefern (unbesorgt um das eigene Leben), kreischt die Silben aufs neue, als er das weiße Segel sieht und gar zu berühren gezwungen wird (732). Er wiederholt den Ruf, als Pym ein weißes Tuch aus der Rocktasche zieht (733) – und bekundet äußerstes Entsetzen vor dem seelenlosen Weiß der Polarregion. (Die ist übrigens nicht als kalt, sondern als warm beschrieben: einer etwas heruntergekommenen Überlieferung zufolge, derzufolge der Pol ein Refugium der Präadamiten sei, des besseren und schuldlos gebliebenen – natürlich weißrassigen – Teils der Menschheit, die hier in der Wärme einer höheren Unschuld und idealen Gemeinschaft überlebt haben.)

Das »Tekeli-li!« hört Pym schließlich in dem schrillen Schrei jener »ungeheuren und gespenstisch bleichen Vögel«, die scharenweise das Kanu überfliegen: bei diesem Laut gleitet der Eingeborene entseelt zu Boden (735).

Natürlich ähneln diese Sturmvögel nicht nur dem Albatros bei Coleridge (so wie die Riesengestalt hinter der Nebelwand Satan, dem Herrn der Eiswelt, und jenem »polar an-

82 Dies gelingt zur Gänze erst in Jules Vernes Fortsetzung des Romans.

cient« gleicht). Sie scheinen auch geheimnisvolle Beziehungen zur Polregion zu unterhalten. Poe kannte Joh. Gottfried Schnabels Roman *Insel Felsenburg* (1731–43), wenn auch wohl nicht in Tiecks, sondern in Öhlenschlägers und Coopers Bearbeitung. Über den Einwohnern dieser utopischen Insel schwebt ein vom »Altvater« erlassenes Verbot, das Geheimnis der Insel durch eine Südpolexpedition zu ergründen und so die Aura des Heiligen ergründend zu zerstören. Zwischen dem Pol und der Insel fliegen heilige Vögel; als einer der Inselbewohner einen von ihnen in böser Anwandlung erschießt (Bd. IV, 243/4), wird die Insel fast vollständig verheert.

Übrigens kann Poe – obwohl er Pyms Bericht im entscheidenden Augenblick abbrechen läßt – sich nicht enthalten, diese Verbindung in einem Nachwort ausdrücklicher zu machen. Peters und Pym hatten auf Tsalal merkwürdige schriftähnliche Inskriptionen im Gestein gefunden, für deren Entzifferung Poe ein paar phantastische Konjekturen vorschlägt. Eines der Wörter heiße »Schattig sein, dunkel sein«, ein anderes »weiß sein, hell und glänzend sein«; endlich gibt es eine Hieroglyphe mit der Bedeutung »Region des Südens«, auf welche eine zusätzlich eingravierte stehende Gestalt deutet (736).

Nun, trotz ihres (fiktiven) Appells an die Philologie und den kombinatorischen Kalkül bleibt *The Narrative of Arthur Gordon Pym* eine Dichtung, d. h. ein von seiner Natur her vieldeutiges Gebilde. Es genügt nicht zu sagen, Poe demonstriere die Macht der ›weißen Rationalität‹ über die ›dunkle Natur‹. Wenn er dies zeigen wollte, muß man sich fragen, warum er aus »horror und mystery« jene Effekte zieht, ohne welche sein schriftstellerisches Werk gar nicht zu jenem Text geworden wäre, der es ist – und als der es allseits geschätzt wird. Die mutige und lebensverachtende Enthüllung des Unbekannten steht auf einer Höhe mit dem Fluch des Scheiterns am irdischen und geistlichen Heil, mit der Entwurzelung aus Heimat und Gesellschaft, mit der Irre und Ziellosigkeit.

Man kann sich denken, daß diese Ungewißheiten andere Schriftsteller zu Präzisierungen angeregt haben. C. A. Drake erklärte 1897 in *A Strange Discovery* die weiße Riesengestalt als eine Statue auf einer Vulkaninsel am Südpol – eine sehr unbefriedigende und vordergründige Lösung. Näher kommt dem Geist des Romans Jules Vernes *Le sphinx des glaces* (von 1895). Pyms Freund, Dirk Peters, ist darin noch am Leben und schließt sich einer Expedition an, die Überlebende auf Tsalal und am Pol suchen will. Wie sich zeigt, hat Poe das Manuskript entstellt: In Wahrheit ist Pym aus Neugier am Pol geblieben, der natürlich kalt und nicht vulkanisch heiß ist. Der treue Suchende findet ihn, in aufrechter Stellung, erfroren an jener Eissphinx, die sich als ein Magnetberg enthüllt (das eiserne Gewehr über der Brust wurde Pym zum Verhängnis). Natürlich handelt sich's um den legendären Polfelsen Dantes, den Magnetberg der alten Sagen. Der Körper hat seinen Geist an diesen Magnetfelsen verloren; aber er steht aufrecht und strahlt das metallische Fluidum des Magnetismus aus, ist gleichsam zum Golem des Pols geworden. Der Roman schließt mit den Worten:

So endete diese abenteuerliche und außergewöhnliche Fahrt, die leider zu viele Menschenleben gefordert hatte. Waren wir auch über den Südpol hinausgekommen, bleiben dennoch viele Fragen offen, die erst spätere mutige Reisende beantworten werden. Arthur Pym, der von Edgar Poe so schwungvoll gefeierte Held, hat den Weg nach Süden gezeigt. Andere werden die Geheimnisse der Eissphinx enträtseln.[83]

Ein *happy ending* also mit voller Ermutigung der *curiositas* (bei gleichzeitigem Bedauern, wieviele Menschenleben sie fordert) und dem vollmundigen Appell an die Fraternität der *community of investigators*, deren jeder, auf die Schultern der Leistungen des Vorgängers steigend, der Natur ein Stück mehr ihres Geheimnisses entreißen wird.

Übrigens ist, woran Joachim Metzner erinnert, die Idee, den Südpol zu erreichen, auch sonst gegenwärtig in Vernes Œuvre. Man muß sich nur des Verlangens von Kapitän Nemo (aus *Vingt mille lieues sous les mers* von 1869/70) entsinnen, das Geheimnis der Arktis zu ergründen: ein Buch, das stark auf die Phantasie Rimbauds gewirkt hat. Auf

---

83 Jules Verne, *Die Eissphinx*, Ffm. ⁴1974 (Fischer Taschenbuch JV 20), 143.

den Südpol gerichtet ist auch das wahnsinnige Verlangen der Hauptperson in den *Aventures du Capitaine Hatteras* (1866). Und gerade diese letzte Erzählung zeigt eine erstaunliche Übereinstimmung mit einer Erzählung des deutschen expressionistischen Dichters Georg Heym, *Shakletons Tagebuch* überschrieben. Hatteras (bei Verne) verliert im Südpolkrater seinen Geist, nur sein entseelter Körper (sein Golem) überlebt ihn. Zerstörung des kognitiven und seelischen Zentrums – dessen, wofür in der Tradition das Symbol des warmen Herzens einsteht – ist der Preis, den der Forscher für seine Weltneugierde zu zahlen hat. Ein Anflug von Zweifel überwintert mithin auch in Vernes Werk. Zwar erreicht der Kapitän Nemo lebend den Südpol: aber der sprechende Name – er heißt, wie Odysseus/Outis = Nemo/Niemand – zeigt die Irrealität oder das Außergewöhnliche und Unwiederholbare des Siegs: Niemand hat Kunde von ihm – es sei denn (wie bei Poe) der Dichter.

Der Traum von der Erreichbarkeit der Eschata, der gegen Ende des 19. Jahrhunderts in den helleren Farben einer positivistischen *Science-fiction* zu leuchten begann und auf eine euphorische Gemütslage des wissenschaftlichen Selbstverständnisses verweist, wird in der Dichtung des Expressionismus wieder zum Alptraum: z. B. im Werk Georg Heyms. Posthum erschien seine Novellensammlung *Der Dieb* (1913). Sie enthält unter anderem *Shakletons Tagebuch* (1911) – das es übrigens wirklich gegeben hat. Sir Ernest Shakletons Bericht war 1909/10 unter dem Titel *21 Meilen vom Südpol. Die Geschichte der historischen Südpolexpedition 1907/9* auf deutsch in drei Bänden erschienen. Daß der historische Shakleton den Südpol nicht erreicht hat, gibt Heym Gelegenheit, den wissenschaftlichen Expeditionsbericht mit Poes *Arthur Gordon Pym* und Vernes *Capitaine Hatteras* fiktional zu assoziieren. Dadurch gewinnt Heym der Dichtung die in Jules Vernes Fortsetzung verflachte symbolische Dimension zurück, die die scheiternde Südpolfahrt bei Poe noch hatte. Das Tagebuch, das einen Vorspann des fiktiven Herausgebers H. H. H. Hannawacker hat, erscheint wie ein wirklicher wissenschaftlicher Expeditionsbericht. Insgeheim aber werden die Zeichen dieses Textes symbolisch so stark überdeterminiert, daß sie ihren wahren Sinn auf einer anderen als der pseudo-referentiellen Ebene zu entfalten beginnen. Gleich die erste Tagebucheintragung manifestiert diese Verwandlung: »Alle unsere geographischen Begriffe scheinen auf den Kopf gestellt, alles was vor uns über den Pol geschrieben ist von den weiten eisigen Wüsten, von der unermeßlichen Kälte der Einöden der Antarktis, alles Humbug, Weisheit von Idioten für Idioten« (*DuS* II, 130/1). Inwiefern? Der Fortgang des Tagebuchs gibt die erforderliche Aufklärung. Shakleton ist in Begleitung von drei Forschern zur entscheidenden Entdeckungs-Tour aufgebrochen, durch lebensfeindliche Eiswüsten, mit Schlitten und in mächtige Wollkleidung gehüllt. Der Wunsch, ins Unbekannte vorzudringen, ist so groß, daß die Forscher eine gewisse Abnahme ihrer Energie und Willenskräfte kaum wahrnehmen. Shakleton wird freilich von sonderlichen Grillen beschlichen, die er – rationalistisch – als »plötzlich erwachte atavistische Instinkte« erklärt (133). Er erwägt, seine schlafenden Kameraden zu ermorden, wird aber der destruktiven Anwandlung ebenso rasch Herr wie der konstruktiven: des plötzlich urgewaltig andrängenden Heimwehs, der Sehnsucht, unter Menschen zu sein, die (wie es charakteristisch heißt) »mir das Herz wieder zu verbrennen begann« (134). – Die Expedition wird fortgesetzt; da beobachtet man ein merkwürdiges Nachlassen des Frostes, entdeckt Moos unter den Schuhen, endlich Gras, sieht in der Ferne stadtähnliche Siedlungen unter strahlend warmem Himmel: es gibt also lebendige Wesen am Pol. Die Irrealisierung des Geschehens, die hier stattfindet, läßt sich so charakterisieren: der Mythos von der heilen Menschheit am Pol, von den Präadamiten, die sich durch den Eiswall gleichsam gegen die der Sünde verfallene übrige Menschheit abschirmen – dieser Mythos dringt in den Text des Expeditionsberichts ein, um ihn symbolisch zu zersetzen. Alles folgende ereignet sich auf einem anderen Schauplatz als dem der geophysikalischen Realität. Man muß sehen, daß die Forscher diesen Umschlag zunächst als Destruktion ihres Kalküls erleben. Sie geben die Einstellung des kalten wissenschaftlichen Blicks nicht auf, und diese Kälte übersetzt sozusagen das real existierende Eis der arktischen Region zur Metapher einer Vereisung der Herzen, welche die der Forscher ist. Kein Wunder, daß deren Blick allen folgenden Geschehnissen gegenüber völlig desorientiert ist. Nachdem sie den Zusammenbruch ihrer Vor-urteile bewältigt haben, betrachten sie die wunderbare Welt, die sich vor ihren Füßen auftut, mit den Augen des »Cortez oder Pizarro«: des beutehungrigen Eroberers und Kolonisten, der sich bereits in den Annalen des Heroismus verewigt wähnt (139).

Es beginnt der Abstieg in die Ebene. Sonderbare *bleiche* Tiere huschen vorbei; der erste Polarmensch, dem die Forscher begegnen, hat eine »schloh-*weiße* Gesichtsfarbe« und »Behaarung«: heller noch als die der »zivilisierten Rassen« (140). Heym zitiert also die Symbolik der weißen Farbe (die ja auch im Weiß von *Moby Dick* allgegenwärtig ist) aus Pyms Bericht. Was den Eroberern von Tsalal jedoch erspart blieb, das widerfährt den Forschern bei Heym. Die Entdeckung des Polgeheimnisses führt zur Golemisierung, d. h. zur Entseelung. In der durchgängig symbolischen Handlung des Tagebuchs bedeutet das: die figurative Kälte, die um die Forscher ist, wird im Milieu der polaren Wärmeregion zu einer realen Starre: sie werden entseelt, d. h. auf eben *den* physikalischen Mechanismus reduziert, auf den ihre Forschung das Leben im allgemeinen zurückzuführen trachtet, indem sie ihm die Seele – dies Dogma prä-rationaler und vor-mechanistischer Weltanschauungen – abspricht.

Die totalitär gewordene Wissenschaft kann den eigenen Leib des forschenden Subjekts nicht ausnehmen: er wird zum »Automat«, zur »Marionette« (141); eine Freiheit des Willens existiert so wenig wie eine spezifische Humanität. Zu jenen »atavistischen« Anwandlungen, deren Shakleton Herr wird, bevor er das Polparadies entdeckt, gehört der Gedanke an eine singuläre Würde des Ausdrucks ›Mensch‹. »Plötzlich«, sagt er, »schien mir das Wort ›Mensch‹ unglaublich lächerlich und bedeutungslos. Und ich brach in gewaltiges Gelächter aus, das sich weit hinter uns in dunklen Echos irgendwelcher Schluchten brach und verlor« (138). Dies Gelächter erscheint angebracht: im Nu wird auch die letzte Spur von Humanität in den Blicken der Forscher getilgt sein,

die wie »Drahtpuppen« zwischen den weißlockigen Polar-
menschen mit den eckigen Schläfen dahinwandern.
Die letzte Aufzeichnung Shakletons besagt, er fühle sich
»seelisch halbiert«, seitdem die Polarwesen etwas aus seinem
Gehirn, das »wie ein winziger Luftballon sich aufzublähen
beginnt«, in einer großen Retorte aufgefangen haben. »Da-
nach versank ich schnell in die Starre des Todes und des
Vergessens« (143).
An dieser Stelle macht der fiktive Editor des Tagebuchs, H.
H. H. Hannawacker, eine Anmerkung: »Offenbar der Prozeß der Golemisierung, dessen Erinnerung bei Ernest H.
Shakleton durch hypnotische Mittel in ein Traumbild verwandelt wurde« (l. c.).
Aber ist Shakleton nicht in Europa wieder aufgetaucht? Hat
er nicht den schon zitierten Expeditionsbericht verfaßt?
Hannawacker folgt der Hypothese des indischen Gelehrten
I. C. Palavitra (der ihretwegen freilich inzwischen im Lon-
doner Irrenhaus Bedlam weilt), daß der Verfasser des Expeditionsberichts der Golem Shakletons gewesen sei, gleichsam die seelenlose *doublure* des im ewigen Eis des Barrière-
Gletschers umgekommenen wirklichen Shakleton: Hannawacker will ihn dort am 24. Januar 1923 erfroren aufgefun-
den und ihm das Manuskript aus den knöchernen Händen
genommen haben (130).
Heyms spätpubertäre Phantasie mutet dem Leser einiges zu.
Immerhin ist der Einfall nicht übel, daß die westliche Welt,
die Shakleton hohe Auszeichnungen zuteilt und mit Spannung seinen Expeditions-Vorträgen lauscht, seine Seelenlosigkeit darum nicht wahrnehmen kann, weil die Rede der
Wissenschaft den Gedanken der Beseelung als prä-rationali-
stischen Aberglauben »unter homerischem Gelächter« von
sich weist (128). Es lag darum nahe, die Entdeckung der
»Spiegelseelen« (124) einem Gelehrten zuzuerkennen, der
einem außereuropäischen Kulturkreis entstammt, eben dem
Inder Palavitra. Ihm ist klar, daß »für das abendländische
Wissen ein richtig nach den Regeln der Geheimlehre verfer-
tigter Golem sich in nichts von anderen Menschen unterscheidet« (126). Unter diesen Prämissen muß die Unterscheidung einer »automatischen Intelligenz«, eines »denken-

den Uhrwerks« (126) und eines Wesens, in dem das Fünkchen der göttlichen Lebenskraft:[84] die Seele, glimmt, als irreal erscheinen. Valérys Faust mußte es dem vorsintflutlichen Mephistopheles schonend beibringen: »Weißt du, daß dies vielleicht das Ende der Seele bedeutet? Diese Seele, die sich jedem aufdrängte als das allmächtige Gefühl eines unvergleichlichen und unzerstörbaren Wertes, als unstillbares Begehren und Vermögen zu genießen, zu leiden, man selbst zu sein, das nirgends Sättigung fand, – diese Seele ist im Sterben. Das Individuum liegt im Sterben. Es ertrinkt in der Zahl.«[85] Der Vorwurf einer vollkommenen Enthumanisierung trifft unter Bedingungen neuzeitlicher Organisation von Wissenschaft auf taube Ohren. Ihr gilt für den höchsten Triumph des Wissens, was Palavitra als Entmenschung oder als Entseelung beschreibt (126): der Griff nach dem Eschaton, der menschlichen Psyche, die unter dem Blick der Wissenschaft als ein hochkomplizierter, gleichwohl aber golemartiger physiko-chemischer Mechanismus sich enthüllt. Die Eigenständigkeit der Seele zu reklamieren hieße, einem abgegoltenen Paradigma der Wissenschaftspraxis anheimzufallen. Das Schlimme ist – Palavitra legt den Finger darauf –, daß die vorgeblich wertfreie Wissenschaft mit einem missionarischen Bekehrungseifer einhergeht und die Lehre von der Irrealität der Seele auch in fremde Kulturen importiert: für gewöhnlich mit imperialistischer Gewalt, deren Grausamkeiten einmal schrecklich vergolten werden (128): Shakleton ist nur ein Anfang.

Eine Dichtung sollte ich noch erwähnen, um den Überblick über Texte, die auf die eine oder die andere Weise als Echos der von Poe zuerst beschworenen DISCOVERY-Problematik betrachtet werden können, zu beschließen. Ich meine *The Waste Land* (1922) von T. S. Eliot. Ein Abschnitt dieses Gedichts ist nämlich (nach Eliots eigener Angabe) durch Shakletons antarktische Reiseprotokolle angeregt. Aller-

84 Die »scintilla charitatis sive caloris Divinae«, wie es in der *Schola cordis* des Benedikt van Haeften heißt (Antwerpen 1629). »Extinctâ vero charitatis scintillâ, Anima prorsus friget, et omnes actiones vivaci caloris destituuntur; itaque laeso eius CORDE, vitâ gratiae privatur« (l. c. 2 und 3).
85 Paul Valéry, *Mein Faust*, München 1963 (dtv sr 16), 31. Vgl. 50, 92.

dings transponiert Eliot diese Anregung mit kühnem Griff ins symbolische Medium seines Gedichts, d. h. er führt es zurück auf die Struktur der unendlichen Fahrt: des verweigerten Ziels. Sie ist in *The Waste Land* sowohl thematisch wie strukturell gegenwärtig.

Ich will es sofort konkretisieren. Es gibt an einigen Stellen des Gedichtes das plötzliche und erschreckende Gefühl, nicht mehr allein zu sein.[86] Eliot findet es figural vorgebildet im neutestamentlichen Bericht vom Gang der Jünger nach Emmaus. *Sie* kennen die Geschichte: plötzlich ist, unsichtbar zunächst, der Herr unter ihnen. Eine tiefsinnige Fiktion: Wo zwei oder drei Brüder und Schwestern in meinem Namen versammelt sind, sagt Christus, da bin ich unter ihnen. Erinnern *Sie* sich des Wagner-Briefzitats aus einer früheren Sitzung: Immer war ›Gott‹ den Menschen der Name für ein gemeinschaftliches Gefühl, für eine intersubjektive Unverbrüchlichkeit. Die muß, da sie keinem der Einzelnen zugeschrieben werden kann, ja in der Tat als so etwas wie der über-individuelle Geist dieser Brüdergemeinschaft gedacht werden, insofern als ein Mehr-als-die-Menge-der-beteiligten-Gruppensubjekte. So betrachtet, hat die Geschichte von den Jüngern, die nach Emmaus gehen, einen sehr realistischen Kern, von dem eine Soziologie der Gruppenkonstitution unmittelbar lernen kann. – Unter modernen Bedingungen freilich gibt es nur noch den *Weg* nach Emmaus, das Ziel ist den Schülern verschlossen, so wie dem Jäger Gracchus das Paradies verschlossen ist, nicht der unendliche Weg dahin.

Immerhin kennt Eliot noch jenes Gefühl des von Höherem In-Dienst-Genommenseins, das ja, wie ich früher zu zeigen versuchte, zur Erfahrung des modernen Selbstseins dazugehört. Es gibt eine bekannte Stelle in Wolframs *Parzival*: sobald Parzival den heiligen Bezirk betritt, läßt er die Zügel seines Pferdes fahren, um sich dem Heiligen auszuliefern. So geschieht es den wandernden Jüngern auf ihrem Weg nach Emmaus – freilich derart, daß ihre von der Sehnsucht nach dem Sinn umgetriebene Wanderung nicht im Abendmahlssaal von Emmaus endet: sie sind Gralssucher ohne Gral,

86 Vgl. zum folgenden Joachim Metzner, l. c., 21–23.

»ewige Hungerleider nach dem Unerreichlichen«, wie Goethe die Romantiker im II. *Faust* verspottete.

Eliot hatte ursprünglich vor, diese vergebliche Suche nach dem Ort des Ursprungs der Brüderlichkeit unter den Menschen – in jenem Raum zu Emmaus, da der Herr zum zweiten Male das Brot mit den Schülern teilt – mit des Ulysses mißglücktem Versuch zu assoziieren, hinter die Säulen des Hercules zu kommen. Er hat das in der endgültigen Fassung aufgegeben; aber der See-Tod des Phöniziers Phlebas (*Death by Water*, Vs. 311–321) erinnert unverkennbar an das Geschick des Odysseus, wie das Symbol des verschlingenden »whirpool« zeigt.

Das Bemühen um Erkenntnis wird bei Phlebas, der mit vielen anderen Gestalten des Gedichts durch leitmotivische Querverbindungen und Beziehungszauber identisch ist, zum Grund seiner Verfehlung des geistlichen Heils. Er wird zum symbolischen Bruder jenes Gralssuchers-Fischerkönigs, um den das ganze Gedicht kreist: beide finden das pleromatische Symbol (*pleroma* ist, was einen Mangel komplementiert, eine Sehnsucht stillt, ein Fehl durch sein Hinzutreten ergänzt), das »Heil« (wie Wagner sagen würde) nirgends. Die Ausfahrt endet bei jener leeren Kapelle, dem Negativ des Gralstempels.

> In this decayed hole among the mountains
> In the faint moonlight, the grass is singing
> Over the tumbled graves, about the chapel
> There is the empty chapel, only the wind's home.
> It has no windows, and the door swings,
> Dry bones can harm no one.
> Only a cock stood on the rooftree
> Co co rico co co rico
> In a flash of lightning.

(Vs. 386–393)

Hier – an der leeren, an der zur Ruine gewordenen Kapelle – endet auch die Wanderung von Christi Schülern. Was ihnen bleibt, ist eine Vision des Himmlischen Jerusalem, dessen Türme herabstürzen auf gefrorene Böden einer unheilig gewordenen Großstadtwirklichkeit (Vs. 371 ff.). Unmöglich, bei diesen Versen nicht an Caspar David Friedrichs *Abtei im*

Eichwald zu denken: an die Ruine, die als Symbol eines religiösen Pleroma stehengeblieben ist, durch die eine verschollene Menschheit ihre letzten Sinn-Sehnsüchte vermitteln konnte; an die Mönche (»these hooded hordes swarming / Over endless plains, stumbling in cracked earth / Ringed by the flat horizon only«, Vs. 378/80). Der Hahn auf dem Dachbalken erinnert an den Hahn, bei dessen Ruf Petrus innewird, den Herrn verleugnet zu haben. Die Glocken – sie heißen »tolling remiscent bells« (Vs. 384) – sind Mahnmale der Erinnerung; die Gesänge dringen aus leeren Zisternen herauf (Vs. 385); die himmlische Stadt übersteht – entheiligt und um ihre erlösende Kraft gebracht – als Athen, London, Wien (Vs. 373 ff.) – oder Düsseldorf.

Der Aufruf der Metropolen führt eine äußerste Spielart des Motivs der ziellosen Reise vor: den Untergang der abendländischen Zivilisation im allgemeinen (»The present decay«). Zu den eben teils zitierten, teils paraphrasierten Versen gibt Eliot in den Anmerkungen ein Zitat aus Hesses *Blick ins Chaos*: »Schon ist halb Europa, schon ist zumindest der halbe Osten Europas auf dem Wege zum Chaos, fährt betrunken im heiligen Wahn am Abgrund entlang und singt dazu, singt betrunken und hymnisch wie Dmitri Karamasoff sang. Über diese Lieder lacht der Bürger beleidigt, der Heilige und der Seher hört sie mit Tränen.«[87]

Um die Geschichte einer unendlichen Fahrt handelt sich's auch im *Totenschiff* von Bruno Traven (1926).[88] Hier steht nicht das geistesgeschichtliche Abstraktum ›Abendland‹ in Frage, sondern – konkreter – der Zustand einer vom Kapitalismus zerstörten ›Humanität‹, die den Wert des Individuums entweder nach seinem Vermögen oder nach seiner Ausbeutbarkeit mißt. Der amerikanische Matrose Gale – die Hauptfigur dieses Anti-Abenteuer-Romans – ist staatenlos im eigentlichen und im uneigentlichen Sinne, nachdem er sein Schiff in Antwerpen verpaßt hat. Überall unerwünscht, verschiebt ihn die Bürokratie der Nationen von Land zu

87 Thomas S. Eliot, *Selected Poems* (von Eliot selbst ediert), London o. J., 73.
88 *Das Totenschiff. Die Geschichte eines amerikanischen Seemanns*, Hamburg 1960 (= rororo, 126).

Land – dem Alten Seefahrer ähnlich, doch diesmal in der Maske des rechtlich freien, des vogelfreien Proletairs, der – ohne Papiere, ohne Staatszugehörigkeit, ohne die Identität der Person und der Heimat – seiner Entrechtung und Ausbeutung keinen wirksamen Widerstand entgegensetzen kann. Der Roman endet offen: mit der Allegorie eines einsamen und ziellosen Dahintreibens, die das Schicksal des Alten Seefahrers soziologisch veranschaulicht: Der Heimatlose wird auf die »Empress of Madagascar« entführt, ein hochversichertes ›Totenschiff‹, das aufgrund eines kalkulierten Konstruktionsfehlers mit Sicherheit scheitern und seinem Eigentümer – über die Leichen der Besatzungsleute – die vereinbarte Prämie einbringen wird. Die Seelen, von denen in dem Seenotruf »save our souls« die Rede ist, sind in harter Währung aufgewogen: an ihrer Rettung liegt niemandem, sofern ihr Tod profitabel ist für den Unternehmer. Zum Schluß treibt Gale allein und ziellos auf den Wogen, dem Kübelreiter der Kafkaschen Erzählung ähnlich, der, nachdem er den mitleidlos kalkulierenden Kohlenhändler vergeblich um »eine Schaufel Kohlen« angefleht hat, mit »gefühllosen Tränen der Kälte« in den Augen »auf Nimmerwiedersehen (. . .) in die Regionen der Eisgebirge« aufschwebt, um sich darin zu verlieren (*E* 196): Eisgebirge und wüstes Meer sind die Orte der Seelenlosigkeit, die *U-topien* eines hienieden, unter den bestehenden gesellschaftlichen Verhältnissen, unmöglich gewordenen menschlichen Lebens: zugleich Orte der Sinnlosigkeit und Symbole des Bestehenden.

Winterreise

Seit Coleridge und Byron erscheint die Entwurzelung des Reisenden aus einer authentischen Gemeinschaft der Menschen in den Farben des Frostes und der Kälte. Des Alten Seefahrers Aufbruch ins offene Meer kommt im Packeis der Polarregion zum Stillstand. Don Juans Fahrten an die Stätten der selbstsüchtigen Liebe führen an den Nordpol der Herzen. Poes Reisende büßen ihre gemeinschafts- und lebensfeindliche Lust, die Welt zu beherrschen, mit dem Tode im polaren »whirlpool«. Heym identifiziert die Seelenlosigkeit einer totalitär gewordenen Rationalität mit dem Selbstmord im ewigen Eis. Kafkas Landarzt verirrt sich, um nie mehr nach Hause zu finden, im »Froste dieses unglückseligsten Zeitalters« (*E* 128). Und Eliots »hooded hordes« schwärmen nach dem Untergang der Idee des Heiligen über zerborstene Frostböden.

Man könnte eine ganze Kulturgeschichte des untergehenden Abendlandes aus dem Gebrauch der Metaphorik der Winterreise (und der Herzenserstarrung)[89] entwickeln. Daß sie auch im thematischen Kontext unseres Motivs durchschlägt, will ich wenigstens an ein paar Beispielen illustrieren.

Mein Ausgangspunkt ist ein Märchen des französischen Emigranten Adelbert von Chamisso, den Sie wahrscheinlich als den Verfasser von *Peter Schlemihls wundersamer Geschichte* (1814) kennen. Das ist die Geschichte jenes merkwürdigen Handels, den dieser Pechvogel mit einem graugekleideten Herrn (dem Teufel natürlich) abschließt: Er überläßt ihm seinen Schatten – eine Vorleistung auf den Verkauf seiner Seele – gegen Fortunati Goldsäckel. Seitdem er seinen Schatten als Tauschgut veräußert und damit der Verdinglichung seiner Subjektivität zur Ware zugestimmt hat, wird er seines Lebens nicht mehr froh. Er trägt den »Tod im Herzen«:[90] Die Schattenlosigkeit macht ihn zum *outcast*, dem

---

89 Vgl. Manfred Frank, *Steinherz und Geldseele. Ein Symbol in Kontext.* In: *Das kalte Herz*, Ffm. 1978 (it 330), 233–366.

90 Adelbert von Chamisso, *Werke* in zwei Bänden, neu bearbeitet von Ulrike Wehres und Wolfgang Deninger, Zürich 1971, I, 108 und 123.

die Gründung zwischenmenschlicher Beziehungen fortan mißlingt. Da er kein Ziel mehr unter den Menschen hat, begibt er sich auf Weltreisen, die ihn auch in die polare Zone führen.[91] Seine Naturforschungen sind indes frei vom Gestus der Beherrschung (die Veräußerung seiner Seele an den Teufel konnte er glücklich noch verhindern). »Durch frühe Schuld von der menschlichen Gesellschaft ausgeschlossen, ward ich zum Ersatz an die Natur, die ich stets geliebt, gewiesen, die Erde mir zu einem reichen Garten gegeben.«[92] Hier gibt es also keine Verhärtung der Seele. Im Gegenteil: die gesellschaftliche Kälte fliehend, findet der Pechvogel in der Natur den Paradiesesgarten wieder.

Übrigens war Chamisso die Versuchung der Naturbeherrschung nicht fremd. Die Verserzählung *Salas y Gomez* (1829) – der Name spielt auf eine südliche Insel an, die Chamisso während seiner großen Expeditionsfahrt kennenlernte – berichtet vom Grab eines Gescheiterten. Und der es entdeckt, ist selbst ein an die öden Felsen des Südmeers Verschlagener, der – zu spät – seine weltneugierige Sehnsucht als Selbstbetrug durchschaut: grausam sind die Hoffnungen auf die Eroberung einer Welt von Kostbarkeiten enttäuscht worden: »Ich sah bereits im Geiste hoch vor mir / Gehäuft die Schätze der gesamten Welt.«[93] Es werden alle Grade der Verzweiflung geschildert bis hin zum Entschluß, sich in Gottes Willen resignierend zu fügen, d. h. das Schicksal zu wiederholen, von welchem die Schriftzüge des Schiefer-Steines auf der Insel berichten.

91 L. c. 130: »Oft habe ich im strengsten Winter der südlichen Halbkugel vom Kap Horn aus jene zweihundert Schritte [in den Siebenmeilenstiefeln], die mich etwa vom Land Van Diemen und Neuholland trennten, selbst unbekümmert um die Rückkehr, und sollte sich dieses schlechte Land über mich, wie die Deckel meines Sarges, schließen, über den Polargletscher westwärts zurückzulegen, versucht, habe über Treibeis mit törichter Wagnis verzweiflungsvolle Schritte getan, der Kälte und dem Meere Trotz geboten. Umsonst – ich kam jedesmal auf Lamboc zurück und setzte mich auf seine äußerste Spitze nieder und weinte wieder, das Gesicht gegen Süden und Osten gewendet, wie am festverschlossenen Gitter meines Kerkers.«
92 L. c. 129
93 L. c. II, 270.

Der *Schlehmihl* und *Salas y Gomez* artikulieren schon Stellungnahmen zu jener Kälte, die dem Geist der Religion und der Brüderlichkeit von der expandierenden Weltbeherrschung droht. Den Zustand selbst aber schildert vortrefflich ein allegorisches Märchen von 1806, *Adelberts Fabel* überschrieben.

Adelbert merkte, als er erwachte, er müsse lange geschlafen haben; er rieb sich die Augen, die sich nicht recht dem Lichte öffnen wollten, und den Kopf, der ihm ganz wüste war; er besann sich endlich doch der Absicht, die er gehabt hatte: auf die weite, mühselige Wanderung auszugehen, um die Welt zu erschauen, sich selbst in ihr, sodann nachzudenken und zu begreifen, falls er's vermöchte; denn diese Dinge reizten ihn. Er sah den weißen Wanderstab neben sich liegen, wollte den ergreifen, sich aufraffen und unverdrossen weiterziehen; aber der Winter war angebrochen, und es war kalt; es hatte gefroren während seines Schlafes, und so fand er, daß sein Stab und seine Kleider und er selbst fest angefroren waren an dem Boden, so daß er sich nicht zu regen vermochte; die Hände nur, die auf seiner Brust geruht hatten, waren ihm frei geblieben. Durch die Zweige des Baumes, unter dem er lag, die nackt waren und ihres grünen Schmuckes beraubt, ging ein düstrer Nebelwind, daß sie unholden Klanges aneinander rauschten; – es ist doch seltsam, dachte Adelbert, und er schlummerte wieder ein.

Adelbert schlummerte ein und ward wach, und schlummerte wieder und ermunterte sich aufs neue; hinter ihm (er lag gegen Norden hingestreckt) ging die Sonne auf und ging nieder, und es wechselten die Monde, und die Jahre vergingen: er aber lag immer noch fest angefroren an dem Boden, und über seinem Haupte rauschten blätterlos die dürren, windgeschlagenen Äste des Baumes. – Auch hatten sich rings um ihn, so weit er sehen konnte, Mauern aus Eis getürmt, die ihn umfingen und sich eng und enger um ihn drängten, gleich Mauern eines Kerkers, eines Grabes. Es ist doch seltsam, dachte Adelbert, und eine Beschwerde auf der Reise, und er dachte viel Törichtes, und wenig, das es nicht war; wie es denn manchem auf seiner Reise zu gehen pflegt. Er dachte: man muß die Notwendigkeit männlich ertragen, und murren gegen das Verhängte ist töricht. Gibt es einmal Gott, daß es Tauwetter werde, so erlang' ich vielleicht wohl einmal noch meine Freiheit wieder und setze dann meine Reise fort und benutze klug, was ich alles sehe; und unter solchen Gedanken pflegt' er jedesmal wieder einzuschlafen.

Er war durch gründliches Nachforschen, zu dem er auch vollkommen Zeit hatte, nun dahinter gekommen, wie das Wesen des Winters so sehr bösartig sei, und er hegte einen herben Haß gegen den Frost. Die einzige Lust, die er übrigens genoß, war, durch die Eisrinde, die ihn umschloß, zu den Sternen hinzuschauen, wann sie am nächtlichen Himmel prangten, und an dem ruhigen Kreislauf des himmlischen Wagens um den Polarstern lernt' er nach Zeiten erkennen, wann wiederum ein Jahr verstrichen war.[94]

Es handelt sich um eine Wanderung aus theoretischer Neugierde; aber noch ehe sie recht angetreten ist, »war der Winter angebrochen, und es war kalt«. Die menschliche Gesellschaft wird gar nicht erwähnt; indessen ist deutlich, daß Adelbert einsam ist und daß ihn sein Wunsch, »die Welt zu erschauen«, von seinesgleichen isoliert hat. Das reale Geschehen fließt unversehens in die Allegorie hinüber: Der Schlaf, aus dem Adelbert eingangs erwacht, macht deutlich, daß nicht eine bestimmte Tat ihn in die Katastrophe stürzt, sondern daß die fortwährende Katastrophe seiner Existenz lediglich ihrer symbolischen Qualität als eine Erstarrung in der Untätigkeit der theoretischen Einstellung überführt wird. Aus diesem Zustand vermag ihn der Traum von einer wunderschönen Frau zu erlösen, die ihm einen Ring mit der Gravur »THELEIN« (also: ›Wollen‹, ›Handeln‹) schenkt. »Sei's! Ich will's!« ruft er mit Macht aus und springt zornig auf, »und die Bande des Eises, die ihn gehalten, waren zerschellt worden, leicht und rasch, wie ein Gedanke fliegt«.[95] – Nun macht er sich auf, nicht etwa die Natur zu entschleiern, sondern seine Wohltäterin wiederzufinden. Mit Mühe gelingt es ihm, freilich in einer zusehends allegorischer werdenden Szenerie, die ihm Einblick gewährt in den Webstuhl der Zeit und des eigenen Schicksals. Auf dem Altar der ANAGKE (der Göttin der Notwendigkeit) findet er die Locke, die die Schöne ihm abgeschnitten hatte, vereinigt mit einer Locke aus ihrem eigenen Haar. Nochmals zieht er den Ring vom Finger und findet nun die ursprüngliche Schrift verändert zu SYNTHELEIN, d. h. ›miteinander Wollen‹, ›gemeinschaftlich Wollen‹. »Er fiel nieder vor dem Throne. Da erwachte er; und er hatte das Antlitz gewendet gegen die im Osten aufgehende Sonne.«[96]

Die Erzählung deutet sich selbst – ein wenig mehr, als ihrer Poesie zuträglich ist. Man merkt, daß ein Schuß Fichtescher Tatphilosophie dieser Generation noch im Gebein sitzt. Im-

94 L. c. 1, 67/8.
95 L. c. 69.
96 L. c. 72.

merhin erlöst sich Adelbert nicht – wie das »Ich« in Fichtes *Bestimmung des Menschen* – durch den eigenen »Geist«, sondern durch die Vision einer Frau. Diese Veränderung interpretiert Adelberts Schicksal als ein Männerschicksal. Und ferner: die Aufforderung zur Tat verändert sich am Ziel des Reflexionsprozesses in eine Ermunterung zu solidarischer Tat. Nur sie kann die Lebensreise aus dem Eis der zwischenmenschlichen Entfremdung erlösen und erneut mit einem Ziel begaben.

Der Optimismus der Fichteschen Selbsterlösungsphilosophie weicht aber bald aus dem Horizont der Dichtung. Schon in den Erstarrungs- und Vereisungsphantasien der skurril-unheimlichen *Nachtwachen von Bonaventura* (1804) (die übrigens Don Juan mit dem Ewigen Juden identifizieren)[97] werden Fichtesche Theoreme eher persifliert als zitiert. Gänzlich zur Utopie – im Wortsinne des Ausdrucks: zur Ortlosigkeit, zur Unzulänglichkeit – scheinen sie verkommen in Wilhelm Müllers Gedichtezyklus *Die Winterreise* (von 1823).[98] Das ist ein Titel, der in einzigartiger Weise die Motive der ziellosen Wanderung und der Erstarrung im Eis vereinigt. Gemeint ist natürlich das Eis auf den oder zwischen den Herzen der Menschen. Die Verniedlichung einiger der Lieder zu Bestandstücken deutschen Volksguts und ihre Aufnahme ins Repertoire der Männergesangsvereine haben die politische Dimension des Sujets fast übersehen lassen. Wie Byron war Müller ein leidenschaftlich engagierter Lyriker; eine Zeitlang nannte man ihn wegen seines Eintretens für den Befreiungskampf der Griechen den »Griechenmüller«. Wie bei Byron ist dies Engagement eine unmittelbare und seismographische Reaktion auf die seelischen Erschütterungen der Epoche. Daß die *Winterreise* das Erlebnis einer Liebesenttäuschung zum Anlaß für einige der düstersten Träume nimmt, die in dieser Zeit und überhaupt in der deutschen Literatur geträumt worden sind – das kann nur den irreführen, der die Liebe für eine unpolitische Angelegenheit hält. Wo anders aber sollte die Entfremdung des

97 IV. und V. Nachtwache.
98 Ich zitiere nach der Ausgabe der *Gedichte*, hg. von J. T. Hatfield, Neudruck Nedeln/Liechtenstein 1968.

Menschen vom Menschen, die Beziehungslosigkeit, die Trennung des Privaten und des Allgemeinen als etwas die Subjekte Erschütterndes erlebt werden als in der Erfahrung, daß die Liebe so unmöglich geworden ist wie die Verbindlichkeit, die ihr Dauer verleiht? Der Zyklus beginnt mit den Strophen, die jeder kennt:

> Fremd bin ich eingezogen,
> Fremd zieh ich wieder aus.
> Der Mai war mir gewogen
> Mit manchem Blumenstrauß.
> Das Mädchen sprach von Liebe,
> Die Mutter gar von Eh' –
> Nun ist die Welt so trübe,
> Der Weg gehüllt in Schnee.
>
> Ich kann zu meiner Reisen
> Nicht wählen mit der Zeit,
> Muß selbst den Weg mir weisen
> In dieser Dunkelheit.
> Es zieht ein Mondenschatten
> Als mein Gefährte mit.
> Und auf den weißen Matten
> Such ich des Wildes Tritt.

Der Volksliedton täuscht. Es gibt hier keine Neuauflage des ewigen Menschheitsthemas vom gebrochenen Ringlein als einer auch unter idealen Bedingungen irreduziblen Möglichkeit zwischenmenschlicher Beziehung. In der *Winterreise* ist die Treulosigkeit unmotiviert und nimmt apokalyptische Dimension an; sie produziert Mahnbilder und Symptome einer Menschheitsdämmerung, die im Motiv der gebrochenen Treue nur ihren Anknüpfungspunkt finden. Das durchgängige Thema ist – wie bei Byron – die Entfremdung: die Bürger in den Dörfern verschließen die Tore vor dem Wanderer, die Hunde knurren ihn feindlich an, der Totenacker erscheint als das wahre Wirtshaus. Ein Zynismus greift Platz, der sich in vordem kaum je gehörte Stillagen steigert. Z. B. ruft der Wanderer die Krähe, die ihm ständig ums Haupt fliegt und die er der Gier nach seinem Fleische verdächtigt, an: »Nun, es wird nicht lang mehr gehn / An dem Wanderstabe. / Krähe, laß mich endlich sehn / Treue bis zum

Grabe!« *(Die Krähe)*. Die einzige Treue, die es gibt, scheint die des Mörders zu seinem Opfer zu sein. Und aus dem melancholischen »Muß selbst den Weg mir weisen / In dieser Dunkelheit« wird die bitterste aller Fichte-Parodien in dem Gedicht *Mut*:

> Fliegt der Schnee mir ins Gesicht,
> Schüttl' ich ihn herunter;
> Wenn mein Herz im Busen spricht,
> Sing ich hell und munter.
>
> Höre nicht, was es mir sagt,
> Habe keine Ohren,
> Fühle nicht, was es mir klagt,
> Klagen ist für Toren.
>
> Lustig in die Welt hinein
> Gegen Wind und Wetter!
> Will kein Gott auf Erden sein,
> Sind wir selber Götter.

Der Rat der guten Fee (das THELEIN, die Perspektive der Selbsterlösung des Menschen durch die eigene Tat: ein Gott, der ihm die Aufgabe abnähme, existiert nicht) – das ist ein Ding, das man nur unter verrücktem Gelächter einem Winterwanderer anraten kann. Wenn der Mensch kein Ziel mehr hat in der Weltennacht (für sie steht ja, wie bei Byron, das Symbol der »Dunkelheit« in der 2. Strophe des Eingangsgedichts), so darum, weil die Weltennacht zugleich die Götternacht ist: die Nacht nach dem Tode Gottes. »Wer nirgends fremd ist«, sagt Friedrich Schlegel, »kann auch nirgends ganz angesiedelt sein« (*KA* II, 95).[99] Das ist die dunkle Kehrseite der nur oberflächlich trostreichen Antwort auf die Novalis-Frage: »Wo gehen wir denn hin?« – »Immer nach Hause.« Denn gerade »das eigne Herz« könnte die gottloseste »Fremde« sein, wie sie Brentano erfährt.[100] Oder Baude-

99 Vgl. L. Tiecks *Schriften*. Berlin 1828–1854, Bd. 10, 83: »Freilich ist der nicht verirrt, der gar keine Straße hat.«

100 Clemens Brentano, *Werke* in zwei Bänden, hg. von F. Kemp und W. Frühwald, München 1972, I, 176/7 (»Nun muß ich in die Fremde ziehen...«). Die Schlußverse des Gedichts lauten: »Nein, in die Brust – den Wespenschwarm / Vergeblicher erstarrter Mühen / Ins eigne Herz, zum eignen Harm / Soll ich nun in die Fremde ziehen.«

laire: »Singulière fortune, où le but se déplace / Et, n'étant nul part, peut être n'importe où!«[101] Wilhelm Müller variiert diesen Gedanken im ersten *Irrlicht*-Gedicht. Der Wanderer hat sich in die tiefsten Felsengründe verirrt, aber »Wie ich einen Ausweg finde, /Liegt nicht schwer mir in dem Sinn. // Bin gewohnt das Irregehen, / 's führt ja jeder Weg zum Ziel; / Unsre Freuden, unsre Leiden, / Alles eines Irrlichts Spiel!« Daneben taucht die fast nietzschesche Perspektive der allein noch ästhetischen Möglichkeit der Lebensrechtfertigung auf. Wenn ihm zum zweitenmal das Irrlicht begegnet, ist sich der Wanderer bewußt, daß es ihn verlockt. Und doch folgt er ihm gern *(Täuschung)*:

> Ach, wer wie ich so elend ist,
> Gibt gern sich hin der bunten List,
> Die hinter Eis und Nacht und Graus
> Ihm weist ein helles, warmes Haus
> Und eine liebe Seele drin –
> Nur Täuschung ist für mich Gewinn!

Die Metaphorik der Herzenserstarrung ist bei Müller geradezu gegenwärtig – ohne die Hoffnung, das Herz zum Tauen zu bringen. Allerdings auch ohne die Fähigkeit, in dieser Seelenlosigkeit das Leben zu fristen. Ich gebe vier Beispiele. *Gefrorene Tränen* ist das erste:

> Gefrorene Tränen fallen
> Von meinen Augen ab;
> Ob es mir denn entgangen,
> Daß ich geweinet hab'?
>
> Ei Tränen, meine Tränen,
> Und seid ihr gar so lau,
> Daß ihr erstarrt zu Eise
> Wie kühler Morgentau?
>
> Und dringt doch aus der Quelle
> Der Brust so glühend heiß,
> Als wolltet ihr zerschmelzen
> Des ganzen Winters Eis!

101 Baudelaire, *Œuvres complètes*, 123.

Das andere Beispiel aus *Erstarrung:*

> Mein Herz ist wie erstorben,
> Kalt starrt ihr Bild darin;
> Schmilzt je das Herz mir wieder,
> Fließt auch ihr Bild dahin.

– eine Strophe, die zugleich eine gute Veranschaulichung für den Zynismus des Paradoxes und die verzweifelte Lustigkeit des Sprechers liefert: Das im Eis der Lieblosigkeit erstarrte Herz – es ist das Herz der Dichtung selbst – wird zum Garanten der Erinnerung an das Verlorene; bringt man es zum Auftauen, ist erst recht nichts gerettet: das Bild der Liebsten, das darin verschlossen ist wie die Biene im Bernstein, schmölze dahin. Also muß die Dichtung nicht, wie Kafka notiert, »die Axt sein für das gefrorene Meer in uns«;[102] sie muß erstarren (wie dies in der kristallinen Metaphorik des Symbolismus tatsächlich geschehen wird), um das Gedächtnis der verlorenen Subjektivität in sich zu bewahren.

Die zwei letzten Beispiele: *Der stürmische Morgen,* an dessen Winterhimmel das Herz sein Bild gemalt sieht:

> Mein Herz sieht an dem Himmel
> Gemalt sein eignes Bild –
> Es ist nichts als der Winter,
> Der Winter kalt und wild.

Und: *Auf dem Flusse,* der überfroren ist und dem Herzen zum Gleichnis seiner eigenen Verfassung wird:

> Mein Herz, in diesem Bache
> Erkennst du nun dein Bild?
> Ob's unter deiner Rinde
> Wohl auch so reißend schwillt?

Dränge die Kälte bis ins innerste Herz vor, so hätte der Wanderer ausgelitten. Aber sein Unglück ist, daß er den ›Frost dieses unglückseligsten Zeitalters‹ recht lebhaft empfindet und sich nicht darein schicken kann. Schließlich ist er nicht einfach ein Wanderer wie die anderen, sondern ein

102 Franz Kafka, *Briefe,* 1902–24, hg. von Max Brod, Frankfurt a. M. 1975, 27 f.

Dichter: die Härte seiner Klagen verhüllt, wie einen verborgenen und vergessenen Schatz, den Tropfen Wärme und Liebe unter der Kruste des sozialen Eises.

Der merkwürdig offene Schluß des Zyklus spannt den Bogen ins gänzliche Irreale. *Sie kennen das* Lied vom *Leiermann*, der, barfuß auf dem Eis, hinterm Dorfe hin- und herschwankt und dem keiner etwas in den ewig leeren Teller wirft: ein *outcast* wie der Wanderer, ebenso feindlich umknurrt von den Hunden, – aber ein Künstler außerdem, wenn auch ohne Publikum. Die *Winterreise* schließt mit den Strophen:

> Und er läßt es gehen
> Alles, wie es will,
> Dreht, und seine Leier
> Steht ihm nimmer still.
>
> Wunderlicher Alter!
> Soll ich mit dir gehn?
> Willst zu meinen Liedern
> Deine Leier drehn?

Nicht der Totenacker macht den Schluß der Winterreise, sondern die Aufhebung der ziellosen Wanderung ins Gedicht. Im Mausoleum des poetischen Symbols überdauert das Aufbegehren des Herzens gegen den Frost des Zeitalters – und, wie man sieht, eine recht stattliche Zeit lang. Die Sprachlosigkeit des Leidens einer Epoche wird sagbar im Gedicht. Und hier beobachten wir wieder jenen den Gedanken des Todes überbietenden Mitteilungsdrang der um ihr Ziel Betrogenen, der uns zuerst bei Kafka, dann wieder bei Coleridge, Brentano und Poe aufgefallen war. Zwar wird das Lied, das das kollektive Elend am deutlichsten ausspricht, am wenigsten gern gehört (wie das Los des Leiermanns und des lyrischen Ich der *Winterreise* zeigt). Doch gerade die äußerste Isolierung, ja Hermetisierung der Dichtung gewährt die Erinnerung an ein Heiles. Daß dies Heil bloß imaginär ist: desto schlimmer für die Wirklichkeit.

*

Der Irrealisierung des Geschehens entspricht eine kategoriale Veränderung des Motivs: immer mehr wird die Fahrt ans Ende der Welt zu einer Fahrt in die innere Unendlichkeit der menschlichen Seele. Spuren dieser Verinnerlichung fanden wir bereits in den Systemen des Idealismus, bei Schelling und Hegel. Es war der letzte Versuch, den Weg des Abendlandes nicht, wie Eliot, als einen Zerfallsprozeß, sondern nach dem Schema des aufgeschobenen Ziels – der Reflexion – zu deuten, also in der Figur der verzögerten Heimkehr und Ankunft, wie sie in der *Odyssee* und der *Aeneis* vorgebildet war. Mit dem spezifisch modernen Unterschied, daß das Ziel nicht mehr ein Ort im real ausmeßbaren Raum – in der Sphäre der ›Äußerlichkeit‹ – ist, sondern ins Innere aufgehoben (irrealisiert und aufgestuft) wird.

Nun muß man sehen, daß Hegel (um nur ihn zu nennen) nicht etwa nur die Selbstvergewisserung eines einsamen Subjektes nach dem Schema der Reflexion denkt: diese Figur dient ihm auch zur Erklärung der sozialen Synthesis. Reflexiv ist die Liebe als das Verhältnis zweier Subjekte, deren jedes die Selbständigkeit des anderen anerkennt und doch nur ist und sein kann in der und durch die Beziehung zum anderen. Der Selbstbezug des Subjekts ist nicht solipsistisch, und der Ort der authentischen Selbstvergewisserung des absoluten Geistes in der Reflexion hat die wesentliche Einigkeit der vergesellschafteten Individuen zu seiner Voraussetzung.

Die Zerstörung des Paradigmas der Reflexion muß auch den Gedanken einer unproblematischen Gemeinschaftlichkeit der Subjekte beschädigen. Wenn die Öko-nomie gelingender Selbstbeziehung, vermöge deren der Mensch (wie Hegel sagt) im Geist seine Heimat findet, gesprengt wird, dann ist auch die Entfremdung des Menschen vom Menschen unaufhaltbar. Denn ›Geist‹ ist der Name für das ideelle Band, das eine Menge von Individuen zu einer Gemeinschaft verknüpft: die urchristliche Gemeinde versammelte sich ›im Geiste Christi‹; der Minimalkonsensus der Republikaner beruft sich auf den ›Geist der Demokratie‹ usw. Wenn also das Schema der Reflexion (die Verinnerlichung der ›Ökonomie des Heils‹) modernes Selbstverständnis nicht mehr erklärt, dann notwendig auch in sozialer Hinsicht. Es ist kein Zufall, daß die Verinnerlichung des Motivs der ziellosen Fahrt in den Farben des Frostes und des Winters geschieht,[103] der nun zum »Winter in den Herzen« der Bürger wird (Musset, Büchner). Sobald das »Ich bin ein Fremdling überall« des Schubertschen Liedes erklingt, ist eine Möglichkeit abendländisch-christlicher Selbst- und Weltorientierung dahin: an der Stelle der Herzen – des klassischen Symbols der Offenheit für die Welt und den Nächsten – höhlt sich die »Eisgrotte«, von der *Kubla Khan* handelt.

Es liegt nun auf der Hand, daß sich die unendliche Fahrt in vielen Dichtungen der Nachromantik als Fahrt in den Winter der Herzen oder an »die Gletscher der Seele« (H. H. Jahnn) ausdrücken wird. Da ist alles beisammen: die Inversion des Schemas der gelingenden Heimkehr; die Ersetzung der Qualität des Warmen durch das Kalte; die Umdeutung der versperrten Reflexion in die mißlingende Kommunikation zwischen den Menschen.

Die Literaturgeschichte des 19. und 20. Jahrhunderts liefert unzählige Beispiele für diese Wendung. Ich bin mir keineswegs sicher, daß ich die signifikantesten treffen werde.

Eben assoziierte ich ein Versbruchstück aus Coleridges *Kubla Khan*. Es ist da die Rede von »a sunny pleasure-dome with caves of ice« und einem sonnenlosen Meer der Unterwelt. Das sind natürlich Metaphern einer absoluten Innerlichkeit. Coleridge gehört zu den Vorläufern einer Generation von symbolistischen Schriftstellern, die die ›natürlichen‹ Grenzen der Einbildungskraft durch Drogengebrauch auszudehnen versuchten. Merkwürdigerweise sind es – wie schon in der deutschen Romantik – Unterreiche, die da erschlossen werden: vom schwellenden Leben der organischen Natur abgeschnittene »künstliche Paradiese«, in denen statt

---

103 Zuweilen sogar im Falle der gelingenden Reflexion: »Gehört«, fragt z. B. Heine, »Hegel dazu [nämlich zur schwäbischen Schule], der Geisteswelt-umsegler, der unerschrocken vorgedrungen bis zum Nordpol des Gedankens, wo einem das Gehirn einfriert im abstrakten Eis?« (*Der Schwabenspiegel – Schriftstellernöte 1832–1855. Sämtliche Werke*, ed. K. Briegleb, München: Hanser 1974 ff, v, 58/9). Novalis hatte vom »Spitzbergen der reinen Vernunft« gesprochen.

natürlicher Bäume und Blumen juwelenschöne Artefakte aus Metall, Glas, Kristall, Wasser ihren kalten Glanz aussenden[104] und ein von der Wirklichkeit abgewendetes Auge (und Herz) bestechen. Walter Benjamin hat darin einen unmittelbaren Reflex auf die Universalisierung des Warentauschs sehen wollen: so wie die Beziehungen der Menschen in der kapitalistischen Gesellschaft über die Wanderungen des ›Geldkristalls‹ und, allgemein, durch die »ossature inorganique« (Sartre) der Tauschgesetze vermittelt werden, so versteinert auch die Geistigkeit der Phantasie. Der fetischisierten Ware`ähnlich, erwirbt sie eine vom schöpferischen Subjekt abgespaltene, insofern »unmenschliche Schönheit«;[105] die *Energeia* des lebendigen Worts erstarrt im *Ergon* des Wortkristalls: Sartre nannte das den »chosisme du signifiant« in der symbolistischen Dichtung.[106]

Coleridge oder Nerval sind nur Vorläufer dieser Entwicklung.[107] In Baudelaires Lyrik tritt sie erstmals in Reinform auf. Bei ihm ist die Abkehr von der naturhaft-organischen Wirklichkeit – zumal von der Kuhwärme der bürgerlichen Gesellschaft – bis zum Ekel gesteigert: »N'importe où! n'importe où! pourvu que ce soit hors du monde!«[108] ist der wiederkehrende Stoßseufzer vieler seiner Texte.

Seine Lyrik entdeckt die »Blumen des Bösen« und das »Häßliche«. Das sind Topoi der Gegenwirklichkeit und der moralisch-ästhetischen Protestation gegen die bürgerliche Norm. Alles, was Baudelaire ins Gewebe seiner Texte einstickt, ist verzaubert in ein lebloses Ding, in etwas Kaltes,

104 Ich denke an poetische Gebilde wie Baudelaires *Rêve parisien.*

105 Jean-Paul Sartre, *Que peut la littérature?*, ed. Yves Buin, Paris 1965, 110: »Vous voyez ici un exemple d'aliénation de l'homme à son produit, qui fait qu'on traite l'œuvre avec le même fétichisme que la marchandise. Sa valeur d'usage, ici, est masquée aussi par son prix, c'est-à-dire par une beauté inhumaine.«

106 Sartre, *L'idiot de la famille*, Bd. 3, Paris 1972, 100. Ganz ähnlich Walter Benjamin: »Die Ware ist an die Stelle der allegorischen Anschauungsform getreten« (*Gesammelte Schriften*, hg. von R. Tiedemann und H. Schweppenhäuser, Bd. 1. 2, Ffm. 1974, 686, passim).

107 Vgl. zu Nerval die für unser Motiv aufschlußreiche Dissertation von Ross Chambers: *Gérard de Nerval et la poétique du voyage*, Paris 1969.

108 *Œuvres complètes*, 182 (hinfort im Text zit.: *OC*).

Glänzendes, Steriles, Reizendes, Faszinierendes. Daß gerade dies die heimlichen Idole auch des Bourgeois sind, das macht diese Wirklichkeitsflucht aus *Juste milieu* und *Empire* so illusionär.[109] Der Unterschied besteht darin, daß Baudelaire seine indirekte Affirmation der bestehenden Verhältnisse durchs Prisma des Imaginären bricht, daß er die Wirklichkeit ins Gas einer irrealen und entgrenzten Bilderwelt verflüchtigt. Diese Aufhebung hat selbst den Charakter einer unendlichen Fahrt, eines »interminable voyage« (*OC* 574). Ihr Spezifikum ist die totale Entgrenzung der Reise von den Kategorien nicht nur des *lieu propre*, sondern der Ortschaft als solcher:

> Singulière fortune, où le but se déplace,
> Et, n'étant nulle part, peut être n'importe où!
>
> (*Le voyage, OC* 123)

Das Novum im Kontinuum unseres Motivs ist der erklärte Wille, das Schema der Reflexion zu zerreißen. So etwas klang schon an in der deutschen Romantik, z. B. in Eichendorffs trunkenem Ausruf an den Bootsführer: »Fahre zu, ich mag nicht fragen, / Wo die Fahrt zu Ende geht!« Bei Baudelaire steigert es sich zum Ekel vor der Heimat, zur wilden Lust, »ein verhaßtes Vaterland zu fliehen« (*OC* 123). Der alte Mahlstrom, *topos classicus* der bestraften Neugier, wird, wie der »alte Seemann Tod«, zum begehrten Ort:

> Nous voulons, tant ce feu nous brûle le cerveau,
> Plonger au fond du gouffre, Enfer où Ciel, qu'importe?
> Au fond de l'Inconnu pour trouver du *nouveau!*
>
> (*OC* 124)

Tod und Strudel – sie werden zu Chiffren einer vom Identitätszwang der Öko-nomie absolvierten, total entgrenzten halluzinatorischen Fahrt; einer Reise ohne Hafen, Ankerpunkt und Heimkehr, unternommen von Reisenden, die nicht dieses oder jenes, sondern Alles wollen, »qui partent pour partir« (*OC* 123): federleichte Seelen, die sich ihrem Geschick – es möge ins Inferno oder in den Himmel führen

---

109 Vgl. zum Thema Wolfgang Reif, *Zivilisationsflucht und literarische Wunschträume. Der exotische Roman im ersten Viertel des 20. Jahrhunderts*, Stuttgart 1975.

– ausliefern, auf Zufall und Sterne setzend, und die, »ohne zu wissen warum«, »Allons!« ausrufen. Ihr Ziel ist die Ziellosigkeit: das »Namenlose« (l. c.).

Überall in *Le voyage* sind die Stationen der odysseischen Irrfahrten präsent. Ihre symbolische Funktion ist freilich nicht mehr die Verzögerung der Heimreise nach Ithaka; sie erscheinen vielmehr als Fallen und Fesseln für den ins Grenzenlose begehrenden Willen (Fallen der Liebe: Circe; Fesseln der Geburt: »l'horreur de leur berceaux« [l. c. 123] usw.). Verbindlichkeiten zwischenmenschlicher Natur sind ebenso hassenswert wie die Riffe und Klippen, die das Schiff der Lebensreise vor Ort festhalten.

Präsent ist auch die Symbolik der kolonialen Entdeckungsreise: freilich verwandelt ins Imaginäre, in die Sehnsucht nach »Neuen Welten (d'Amériques)«, nach »chimärischen Ländern«. Auch der »trunkene Seemann (ce matelot ivrogne)« fehlt nicht, der allein sie finden könnte (l. c. 123). Und nicht der »Juif errant« (l. c. 124).

Und doch: es ist »ein bittres Wissen, das die Reise spendet« (l. c. 124). Die halluzinatorischen Trips (man muß nicht vergessen, daß *trips* Reisen sind, »Reisen ohne Dampfkraft und Segel« [l. c. 123]) entkommen nicht wirklich den »Kerkern« (l. c.) der bürgerlichen Hölle; oder vielmehr: sie entkommen ihnen nur in der Unwirklichkeit des Rauschs, der Phantasie, des Gedichts. Das trostlose ›bulletin éternel du globe entier‹ (l. c. 124) spricht die schlimmste aller Befürchtungen aus: die, daß es dem trunkenen Reisenden auch im Drogen-Trip nicht gelingt, die Wirklichkeitsbezüge aus den grandiosen Bildern auszuscheiden, von denen er heimgesucht wird. Der Traum selbst erhält die Züge der verfluchten Wirklichkeit *im* Medium des Traums selbst aufrecht. Ins Gewebe der Halluzination schreibt sich die Signatur der bürgerlichen Gesellschaft selbst ein: ihre Ziel- und Sinnlosigkeit, ihre Gottverlassenheit (»Criant à Dieu, dans sa furibonde agonie: / ›O mon semblable, ô mon maître, je te maudis!‹« [l. c. 124]), die Entgrenzung ihrer Innerlichkeit, ihre Selbstidentifikation über den Fetisch harter und glänzender Dinge (sagen wir, mit Marx, über den ›Geldkristall‹, über die chimärische Wirklichkeit der Ware, über die Anonymität des Marktes, der Rollen und Funktionen). Der Ort, an welchem das Boot des Dichters scheitert (der Dichter ist nämlich

> Un navire pris dans le pôle
> Comme en un piège de cristal
> Cherchant par quel détroit fatal
> Il est tombé dans cette geôle [OC 93])

– der Ort des poetischen Scheiterns ist genau der Ort, an welchem auch das Staatsschiff der bürgerlichen Gesellschaft seit einiger Zeit öde feststeckt: im Eis der gefrorenen Zwischenmenschlichkeit, in der Verhexung der Verkehrsformen in Produktions- und Tauschverhältnisse, im Liebesverzicht. Bezeichnenderweise verwendet Baudelaire das Modell der pervertierten zwischengeschlechtlichen Beziehungen (»Die Frau, geile Sklavin, ränkesüchtig und stupide; ohne Gelächter sich selbst anbetend, sich liebend, ohne Widerwillen zu empfinden; der Mann, ein gefräßiger, gieriger, harter und lüsterner Tyrann, der Sklavin Sklave und Kotfluß in der Kanalisation« [OC 124]), zumal, um die sado-masochistische Perversion der Verkehrsformen in bürgerlicher Zeit zu charakterisieren: »Der Henker, der genießt, der Märtyrer, der blutet; das Fest, welches das Blutvergießen würzt und in Düfte einhüllt; das Gift der Macht, das den Herrschenden entnervt, und das Volk, verliebt in die Peitsche, die seinen Geist vertiert« (l. c.).

Hier eröffnet sich also nicht einmal in der Phantasie die Nordwestpassage, die den Blick aufs Indien der warmen Herzen freigibt; hier sitzt man fest im Gletschereis der gesellschaftlichen Arktis. Vielleicht werden *Sie* sagen: nur in der Wirklichkeit, vielleicht nicht im Erlebnis des Mohnrauschs oder des Haschisch-Trips selbst. Glücklicherweise können wir Baudelaire darüber selbst befragen. Schon *Le voyage* stellt die reale und die halluzinatorische Reise, was den Enttäuschungseffekt angeht, auf eine Stufe. In den *Paradis artificiels* legt er dem Balzac Worte in den Mund, die von solchen Trip-Erfahrungen handeln:

Eine leichte Kühle hatte sich schon in meinen Fingerspitzen bemerkbar gemacht; sie verwandelte sich alsbald in ein sehr lebhaftes Kältegefühl, wie wenn ich meine beiden Hände in einen eisgekühlten Wasserbehälter getaucht hätte. Aber es tat nicht weh; diese fast schneidende Empfindung durchdrang mich eher mit Wollust. Gleichwohl schien mir, daß diese Kälte mich mehr und mehr durchdringe im Verlaufe dieser unbestimmbaren (oder unbegrenzbaren) Reise (au fur et à mesure de cet interminable voyage). (...) Die Kälte nahm beständig zu, und doch sah ich Leute, die nur leicht bekleidet waren oder sich mit einer Art von Ermattung die Stirn wischten. Diese erquickende Vorstellung gab mir das Gefühl, ein privilegierter Mensch zu sein, dem allein das Recht zugestanden sei, in einem Schauspielsaal im Sommer Kühlung zu erhalten. Diese Kälte steigerte sich jedoch bis zu einem alarmierenden Grade; aber ich war vor allem anderen beherrscht von der Neugier zu wissen, bis zu welcher Stufe sie wohl würde absinken können. Endlich erreichte sie einen solchen Grad, wurde so vollständig, so allgemein, daß alle meine Vorstellungen sozusagen einfroren; ich war ein denkender Eisklotz; ich betrachtete mich als eine aus einem Eisblock gearbeitete Statue; und die wahntolle (folle) Halluzination bescherte mir eine Kühnheit, erregte in mir ein moralisches Wohlbefinden, das ich nicht zu definieren wußte. (...) (Und weiter:) Mir schien, daß der elende Leuchter ein für meinen Durst nach Helle ganz ungenügendes Licht aussende; ich glaubte (...) in eine Welt der Finsternisse einzutreten, die sich im übrigen Schritt um Schritt verdichteten, während ich von Polarnacht und ewigem Winter träumte (*OC* 574).

Ich habe diese Passage, die Baudelaire Balzac ja nur in den Mund legt und also aus eigener Erfahrung schöpfen wird, ausführlich zitiert, da sie besonders deutlich macht, daß die drogeninspirierte Flucht gerade nicht als Flucht aus bürgerlicher Eiseskälte in ein Reich der Wärme erlebt wird – sondern als Gang in ebendiesen Winter, der überdies mit Wohlgefühl begleitet ist. So bricht sich die Selbstaffirmation der kalten bürgerlichen Sozialität im Kristall des Imaginären, um gerade in ihm wiederaufzuerstehen. Die Entgrenzung der Reise ist die Ziel- und Haltlosigkeit der bürgerlichen Gesellschaft selbst; und der verhöhnte Hang zur Heimat und zum »Verbleiben« entspricht dem Hohn des expandierenden kapitalistischen Fortschritts gegen die Sinn-Angebote und Institutionen überkommener Weltbilder und überholter Formen zwischenmenschlichen Verkehrs, die nurmehr als Fesseln der autonomen Warenproduktionen in Betracht kommen. So ist der symbolistische Dichter – der »Verfemte«, wie er sich nannte – zugleich der *outcast* des Bürgertums *und* sein geheimer Spiegel und Bruder. Das ist der Grund, warum z. B. Sartre – er am leidenschaftlichsten – die symbolistische Lyrik als objektiv reaktionär angegriffen hat: als absolutes Desengagement mit der Implikation der imaginären Affirmation der bestehenden Verhältnisse.

Auch Rimbaud, der später Geborene, entgeht dem nicht. Aber bei ihm schlägt doch oft schon die imaginäre Aufhebung der bürgerlichen Wirklichkeit um in deren Kritik. Rimbaud demaskiert die Unbewohnbarkeit der Städte, indem er die Asphaltboulevards mit Wüsten vergleicht.[110] Er versteht seine eigene Polsuche als genaues »Gegenstück zu jenem alten, weltvermessenden Heroismus, der im Grunde glatter Mord und Selbstmord war«.[111] Immer noch, spottet Rimbaud, werden jene »fleurs arctiques« gesucht, diesmal von den exakten Naturwissenschaften, gleichsam als die Trophäen des alten Weltentdeckertums. Freilich: diese Blumen gibt es gar nicht (»elles n'existent pas«).[112]

Rimbauds *Illuminations* sind »des voyages métaphysiques«.[113] Es ist unmöglich, sie als eine Reihe von Behauptungs-Sätzen zu verstehen. Jenes Forschungsschiff, welches ausfahrend unversehens sich umringt findet von »des trombes du val / Et du strom«, führt zwar allerlei nichtige Errungenschaften des Industriezeitalters mit sich (»le sport et le comfort«, »l'éducation / Des races, des classes et des bêtes«) und gerät wie eine Menschheitsarche in die Sintflut:[114] Wird es jedoch darin umkommen? Ist es überhaupt eine Chiffre für den technologischen Prozeß? Oder eher für die Polfahrt der Herzen, die – wie in *Dévotion* – den imaginären Namen einer Frau mit den Phantasmen »des hautes glaces«, »(des)

---

110 *Métropolitain. Œuvres complètes*, éd. de la Pléiade, Paris 1972, 143/4: »des boulevards de cristal«; »La ville! Du désert de bitume fuient droit en déroute avec les nappes de brumes échelonnées en bandes affreuses au ciel qui se recourbe, se recule et déscend, formé de la plus sinistre fumée noire que puisse faire l'Océan en deuil, les casques, les roues, les barques, les croupes. – La bataille!«

111 Joachim Metzner, l. c. 92. Vgl. auch zum folgenden.

112 Rimbaud, *Œuvres complètes (Barbare)*, 144.

113 L. c. *(Dévotion)*, 153.

114 L. c. 152. Metzner liest »strom« als elliptischen Ausdruck für »Mahlstrom«.

régions de nuit« und »(du) chaos polaire« assoziiert?[115] In
Après le Déluge freilich beklagt Rimbaud geradezu den Sieg
der naturzerstörenden Mächte, die das »Splendide-Hôtel in
der Wildheit des Eises und der Polarnacht errichtet
haben«.[116]
Obwohl Rimbauds Fortschrittskritik hinter dem Sarkasmus
ihrer häufig surrealen Bildersprache immer wieder den realen Referenten hervorblicken läßt, kann doch kein Zweifel
sein, daß seine »metaphysischen Reisen« in einer Innenwelt
spielen. Nur die wild flammende Geste – die eines zornigen
jungen Menschen – trennt sie von der resignierten Erstarrung des Wanderers, der mit dem Leiermann seine Reise
fortsetzen will.
In des Winter-Wanderers geistige Nachbarschaft gehören
aber gewiß einige Gemälde von Caspar David Friedrich.
Natürlich die sogenannte »Gescheiterte Hoffnung«, die
eigentlich »Das Eismeer« heißt – aber auch zahlreiche andere. Ich denke vor allem an jene Visionen oder Erinnerun-
gen der christlichen Kirche über einer erstarrten Frostland-
schaft.
»Das Eismeer« stammt aus der 1. Hälfte der 20er Jahre. Daß
man es unter dem Titel der »Gescheiterten Hoffnung«
kennt, beruht auf einer Verwechslung mit einem anderen,
verschollenen Gemälde, das Friedrich selbst »Ein gescheiter-
tes Schiff auf Grönlands Küste im Wonne-Mond« betitelt
hat. Auf dem Wrack war noch der Name des Schiffes
(»Hoffnung«) zu lesen: eine häufige Benennung von Segel-
schiffen damals, und doch von unüberhörbarer Symbolik.
Stechow hat den Nachweis führen können, daß das Wrack
zwischen den gähnenden Eisblöcken auf dem verschollenen
Gemälde eines jener beiden Schiffe darstellte, mit denen (der
auch bei Byron erwähnte) William Edward Parry in den
Jahren 1819/20 und 1824 seine Expeditionen zur Erforschung der Nordwestpassage unternahm. Sein Expeditionsbericht war 1822 bereits ins Deutsche übersetzt. Ob Friedrich (auf dessen Gemälde ja der deutsche Schiffsname »Hoffnung« zu lesen war) diesen Bericht gekannt hat, ist aber

115 L. c. 153.
116 L. c. 121.

ungewiß. Es spielt auch keine Rolle, denn jedes Wirklich-
keitszitat erfährt eine Veränderung seiner Seinsweise, sobald
es in einem Kunstwerk auftaucht. Friedrich erhebt die scheiternde Polreise in den Rang einer Allegorie. Sie zu deuten,
hat man sich lange mit bildungsbürgerlichen Trivialitäten
aufgehalten. Für H. Börsch-Supan ist das Gemälde »ein
Sinnbild für die (. . .) Majestät Gottes« wie für »die Vergänglichkeit des Menschen (. . .) und die Vergeblichkeit, Gottes
Wesen rational zu erforschen«.[117] Ich weiß nicht, ob *Ihr*
Auge da begnadeter ist: ich sehe nichts dergleichen auf dem
Bild und frage mich, warum gerade das Eis als Symbolträger
göttlichen Wesens auftreten soll. Da ist eine andere Assoziation schon plausibler (sie setzt freilich die Kenntnis von
Friedrichs Ansichten und politischen Optionen voraus),
nämlich die Interpretation, hier sei – wie in der *Winterreise* –
ein Bild entworfen, welches das Scheitern des Staatsschiffes
(oder des Schiffes der zeitgenössischen Gesellschaft) im Eismeer der Gleichgültigkeit zwischen den Menschen und der
erstarrten Hoffnungen allegorisiere.[118]
Wie dem auch sei: Friedrichs Gemälde »Das Eismeer« mit
seinen unrealistisch kristallinen, fast tafelartigen Geschieben
zeigt nicht wirklich ein Schiff (ein winziges Wrackstück ist
das einzige, was daran erinnert), sondern eine unregelmäßige
stereometrische Figur, gleichsam die Verdrängung eines
Schiffs durch sein anorganisches Supplement. Alle Spuren
menschlicher Subjektivität – fast alle – sind aufgeschluckt
worden von den gähnenden Eisquadern. Auch dies ein Stück
Veranschaulichung der Benjaminschen These, daß die Allegorie im warentauschenden Zeitalter wiederkehre: nämlich
als Bildlichkeit, in welcher die Bedeutung von der Materialität des Ausdrucks verschluckt wird – wie dieses Schiff vom
Eiskristall oder die Menschenseele vom zirkulierenden
Geldkristall (das liegt nicht fern).
Ich will Ihnen in Kürze zwei Beispiele vor Augen führen, die
die Wirkungsgeschichte nicht unbedingt von Friedrichs Gemälde, sondern der Allegorie, die sich auszubreiten begann

117 Helmut Börsch-Supan, *Caspar David Friedrich*, München 1973, 140.
118 Zur Begründung dieser Konjektur vgl. G. Schmidts Ausführungen in
seinem Ausstellungskatalog *Deutsche Romantik*, Basel 1931, 11.

und die er als einer der ersten verarbeitet hat,[119] vor Augen
zu führen. Es handelt sich um den Einfall, die Ziellosigkeit
der Reise des Holländers durch die Metaphorik der Erstarrung im ewigen Eis darzustellen.

Das erste Beispiel stammt von Hermann Lingg, einem Dichter des Münchener Kreises. Der Titel des Gedichtes ist *Eismeer und Südsee*. Ich führe nur die drei ersten Strophen an,
die sich aufs Eismeer beziehen:

Im höchsten Nordmeer liegt ein Schiff, an Schollen Eises festgeschraubt,
Die Mannschaft auf dem Decke schläft, der Schnee liegt über ihrem Haupt;
Wie gellend auch der Nordwind pfeift, die Segel hängen eisumstarrt;
Kein Mast und keine Planke stöhnt, kein Tau und auch kein Ruder knarrt.

Doch jede Nacht das Nordlicht scheint und leuchtet in den weißen Tod,
Die hohlen Augen glühen hell, die bleichen Wangen werden roth;
Es malen sich in's Segeltuch Eisblumen, riesig, tropengroß
Krystallne Blüthen, geisterhaft, kalt, unbewegt und düftelos.

Vom dunklen Eisgebirge sehn gewalt'ge Schatten schwarz herab,
Wie von der Urwelt Thieren, die versteint hier ruhn im Felsengrab,
Und gleich als gährte jetzt noch tief, tief unter'm Schnee die Feuerkraft,
So rollt ein tiefer Donner oft, daß weit das Eis in Schluchten klafft.[120]

Das andere Beispiel ist von Georg Heym und heißt geradezu
Der Fliegende Holländer. Es ist in zwei Fassungen aus dem
Jahre 1911 überliefert, die in einigen Strophen übereinstim-
men, im übrigen aber unabhängig voneinander sind. Ich zitiere den ersten Teil der letzten Fassung.

Wie Feuerregen füllt den Ozean
Der schwarze Gram. Die großen Wogen türmt
Der Südwind auf, der in die Segel stürmt,
Die schwarz und riesig flattern im Orkan.

Ein Vogel fliegt voraus. Sein langes Haar
Sträubt von den Winden um das Haupt ihm groß.
Der Wasser Dunkelheit, die meilenlos,
Umarmt er riesig mit dem Schwingenpaar.

---

119 Vgl. E. Hüttinger, *Der Schiffbruch. Deutungen eines Bildmotivs im 19.
Jahrhundert*. In: *Beiträge zur Motivkunde des 19. Jahrhunderts*, München
1970, 211–244.
120 Hermann Lingg, *Gedichte*. Erster Band, Stuttgart ⁷1871, 229/30.

Vorbei an China, wo das gelbe Meer
Die Drachendschunken vor den Städten wiegt,
Wo Feuerwerk die Himmel überfliegt
Und Trommeln schlagen um die Tempel her.

Der Regen jagt, der spärlich niedertropft
Auf seinen Mantel, der im Sturme bläht.
Im Mast, der hinter seinem Rücken steht,
Hört er die Totenuhr, die ruhlos klopft.

Die Larve einer toten Ewigkeit
Hat sein Gesicht mit Leere übereist.
Dürr, wie ein Wald, durch den ein Feuer reist.
Wie trüber Staub umflackert es die Zeit.

Die Jahre graben sich der Stirne ein,
Die wie ein alter Baum die Borke trägt.
Sein weißes Haar, das Wintersturmwind fegt,
Steht wie ein Feuer um der Schläfen Stein.

Die Schiffer an den Rudern sind verdorrt,
Als Mumien schlafen sie auf ihrer Bank.
Und ihre Hände sind wie Wurzeln lang
Hereingewachsen in den morschen Bord.

Ihr Schifferzopf wand sich wie ein Barett
Um ihren Kopf herum, der schwankt im Wind.
Und auf den Hälsen, die wie Röhren sind,
Hängt jedem noch ein großes Amulett.

Er ruft sie an, sie hören nimmermehr.
Der Herbst hat Moos in ihrem Ohr gepflanzt,
Das grünlich hängt und in dem Winde tanzt
Um ihre welken Backen hin und her.

(*DuS* I, 201/2)[121]

Ein dunkles Gedicht – trotz des klassisch korrekten Blank-
verses (mit Schluß auf der 5. Hebung). In ihm erscheint der
Holländer versetzt in eine *nature morte*. Des Seemanns weißes Haar, das wie im Elmsfeuer aufrecht steht, wird vom
»Wintersturmwind« gefegt; aus »Stein« sind seine Schläfen,

121 Vgl. zum Thema die instruktive Untersuchung von Kurt Mautz, *Georg
Heym. Mythologie und Gesellschaft im Expressionismus*, Ffm. ²1972, bes.
139 ff. (»Der Winter«), »Die endlose Reise« (163 ff.) und »Die Toten« (184
ff.).

als seien es die Schläfen einer Statue. Zu diesem Eindruck stimmt, daß sich die Jahre seiner Stirn eingruben, als wären sie das Negativ der Herzenstafeln, in die mit diamantenem Griffel Jahwe sein Gesetz eingravierte (*Jer.* 17, 1). Die Zeit erscheint nicht mehr als ein reißender Sog wie bei Wagner (»Wie ein Pfeil fliegt er hin ohne Ziel, ohne Rast, ohne Ruh'«); sie ist nurmehr an ihrer Wirkung, der leblosen Schrift auf einer toten Stirn, nachweisbar. Erstarrung ist die Grundstimmung, die über den Strophen schwebt. Eine konsequent aufgebaute Handlungsführung ist nicht erkennbar. Und doch ist die totgehetzte Zeit im monoton-melancholischen Rhythmus der Verse allgegenwärtig. Es ist die Leier einer »toten Ewigkeit«, die hier gedreht wird und deren rotatorisches Einerlei ein Bewußtsein präsentiert, dem das rastlose Umherirren bereits zum ereignislosen Stillstand geronnen ist. Hinter dem Rücken des Kapitäns, der, wie in Hauffs *Gespensterschiff*, an den Mast gelehnt ist, hört man das gleichförmig unentwegte Pochen der »Totenuhr«. Sie zählt die endlos vielen Stunden dessen, dessen Leben keiner vitalen Einteilungen mehr bedarf, weil Vor und Nach, Wesentlich und Unwesentlich, Dringlich oder Hintanzustellen ihren Sinn verloren haben. Und vor allem: Es ist eine Frost- und Winterlandschaft (wie so oft bei Heym): »Die Larve einer toten Ewigkeit / Hat sein Gesicht mit Leere übereist.«[122]

Der Unterschied zu Linggs Allegorie ist dennoch deutlich. Bei Heym bedarf es des arktischen Wirklichkeitszitats nicht, um die Sphäre der Winterlandschaft zu evozieren: sie ist in eine seelische Qualität aufgehoben. Die Seele selbst wird vom Winter übereist. Es scheint, als strecke die anorganische Natur ihre Finger nach den Lebenden aus, um sie aus ihrer geschichtlichen Lebenswelt herauszulösen und den harten Aggregaten, dem Stein, dem Eis, der Dürre, dem Erz, dem Welken – kurz: allem Kontrakten und Vormenschlichen –

---

122 So erging es bereits dem *Odysseus*, dem Heym einen lyrischen Entwurf gewidmet hatte: »Er wandert durch der Meere weiten Raum, / Darauf des Himmels große Kuppel glänzt, / Die ehern ragt aus ferner Brandung Schaum, / Wie Wintertag, den goldner Dunst bekränzt« (*DuS* I, 170).

gleichzumachen. Die »mumien«-haft verschlafene Mann-schaft hört den lebendigen Ruf des Kapitäns nicht mehr; wie ein verwitternder Granit ist ihr Ohr vom Moos überkleidet, welches den Zersetzungs- und Desorganisationsprozeß der »welken Backen« vorantreibt, so wie ihre Hände, »Wur-zeln« gleich, in die morsche Bordwand »hereingewachsen« sind. In die gleiche Sphäre gehört das Weiß – die Symbol-farbe der Desorganisation: der weltzerstörenden weißen Rasse, des Tabuierten, des Eises, der Sterilität, der Polar-menschen, des kalten und berechnenden Verstandes, der lie-besfeindlichen und gegenkörperlichen Intellektualität. Und auch die Einsamkeit, von der die erste Fassung noch aus-drücklich spricht (»Der Meere Einsamkeit, die meilenlos, / Umarmt er riesig mit dem Schwingenpaar«, nämlich »der große Vogel«, der – altes Motivrequisit – auch hier die end-lose Fahrt anführt [*DuS* 1, 195]).

Auch ohne Erwähnung ist die Einsamkeit – die soziale Isola-tion nach dem Auslöschen eines gesamt-gesellschaftlichen Ziels – gegenwärtig in der zweiten Fassung – und es ist gewiß ein stilistischer Fortschritt, daß sie der Nennung gar nicht bedarf. In der Letztfassung ist »Der Meere Einsam-keit« ersetzt durch »Der Wasser Dunkelheit« – ein Bild, das die Stimmung der Einsamkeit in der der Dunkelheit (des vom Orientierung spendenden Licht nicht Durchdrunge-nen) spiegelt und steigert. Dunkel ist das Element, einsam das Meer: ein Zustand wie nach der Menschheitskatastro-phe, ein Jenseits der unendlichen Fahrt, in welcher sich die Sehnsucht schon wieder zum Tableau fügt.

Heyms Gedicht ist zweiteilig. Der zweite Teil entfernt sich noch deutlicher vom Arsenal der Holländer-Fabel. Daß er eine geheime Sympathie des erstarrten Seglers, dieses »düste-ren Phantoms«, mit dem Dichter unterstellt, der ihn »grüßt« (*DuS* 1, 202), ist freilich nicht neu. Schon in der Zweitfassung von Brentanos *Auf dem Rhein* ist eine ähnliche Identifika-tion vollzogen. Angedeutet ist sie bei Coleridge; Rimbauds *Bateau ivre* ist geradezu dem lyrischen Ich gleichgesetzt, was noch Banville tadelte. Die auffälligste Identifikation finde ich jedoch in einem fast unbekannten Gedicht von Léon Dierx (einem symbolistischen Lyriker des 19. Jahrhunderts, den vermutlich auch Rimbaud gelesen hat). Es heißt *Le vieux solitaire* und beginnt mit den Versen:

> Je suis tel qu'un ponton sans vergues et sans mâts,
> Aventureux débris des trombes tropicales,
> Et qui flotte, roulant des lingots dans ses cales,
> Sur une mer sans borne et sous de froids climats.

Der Dichter gleicht also einem ziellos dahintreibenden Wrack auf ebenfalls »meilenlosem Meer« und »unter kalten Klimaten«: »vaisseau désemparé qui ne gouverne plus« (2. Strophe). Es gleitet, willenloses Spielzeug der hin und her rollenden Flut, und war doch einmal der Entdecker (imaginärer, pluralischer) »Australien«. Kein einziger Matrose ist ihm verblieben, jede Welle reißt ihm ein Brett aus seinen Flanken, »die Meerungeheuer verfolgen mit ihren weißen Augen die verworrenen Spiegelungen des Kupfers unter der Dünung« (Str. 4). In seinem Laderaum birgt es zwar die »Goldbarren« (lingots) einer reichen Phantasie (»La coque lourde encore de richesses perdues, / De trésors dérobés aux pays fabuleux« [5. Strophe]); aber, dem Holländer gleich, wird es von den kreuzenden Schiffen »verächtlich gemieden«.

> Tel je suis. Vers quel ports, quel récifs, quel abîmes,
> Dois-tu les charrier, les secrets de mon cœur?
> Qu'importe? Viens à moi, Caron, vieux remorqueur,
> Écumeur taciturne aux avirons sublimes![123]

Es geht hier offensichtlich – ich vernachlässige die anderen Züge, die *Ihnen* leicht zugänglich sind – um die Gleichung des gesellschaftlichen Schicksals des Versemachers mit dem manövrierunfähigen und ziellos dahintreibenden Schiff. Der »verächtliche Blick« des Bourgeois auf den unproduktiven Parasiten vermag freilich nicht darüber hinwegzutäuschen, daß auf einem anderen Schauplatz der »vieux solitaire« zum exemplarischen Prototyp des bürgerlichen Individuums wird. – Bei Heym, wie gesagt, ist die Phase der ziellosen Fahrt schon überwunden: diese Vision hat bereits keinen Ort (auch: keinen poetischen *topos*) mehr: das Einerlei, die Gleichgültigkeit und die Allgegenwärtigkeit sind an seine

123 Léon Dierx, *Œvres complètes*, Paris, Bd. 1 (1894), 87/8.

Stelle getreten. Heyms Dichter und Holländer wird von »der Liebe Schatten« durch die Nacht ins Unterreich geführt. Er teilt die grenzenlose Einsamkeit des düsteren Phantoms und wohnt einer Geister-Mette bei, die eine Totenmesse zugleich ist. Ein Sarg wird durchgetragen, dessen Leichnam kein Gesicht zu haben scheint; es ist die Allegorie des *Life-in-Death*, des Bei-Lebzeiten-tot-Seins nach dem Verlust des Sinns oder des Ziels:

> Maßlose Traurigkeit. In Nacht allein
> Verirrt der Wandrer durch den hohen Flur,
> Wo oben in der dunklen Wölbung Stein
> Gestirne fliehn in magischer Figur.
>
> (*DuS* I, 204)

Ein signifikantes Bild: die Gestirne, sonst Orientierungshilfen für den Seefahrer, beginnen zu tanzen und zu flottieren; sie ordnen sich nicht mehr zu einer bedeutungsvollen Konstellation – sie fliehn zurück. In der zweiten Strophe gibt es übrigens eine charakteristische Metapher. Die von schwarzem Sturm geschürte Kirchenlampe, »die lautlos flackert«, wird einem »zerstörten Herz« verglichen. Es ist »von Qual durchlöchert, und die Trauer krankt / Im Tode noch in seinem schwarzen Erz. / An langen Ketten zittert es und schwankt« (l. c. 203). Eine Metapher der Herzenserstarrung, an der man die gleiche Verwandlung beobachtet wie an der Metapher der unendlichen Fahrt: so wie diese schon jenseits des Hoffens angelangt ist, so ist das starre Herz schon über die Gefühle hinaus und von hoffnungsloser Leere übereist. Immerhin gibt es selbst in der Totengruft der Heymschen Imagination noch ein poetisches und also kontrafaktisches Eingedenken einer Welt ohne Kälte, Einsamkeit, Ziellosigkeit und Tod; denn der Dichter verliert sein eigenes Herz nicht ans Anorganische, welches Stück um Stück das Menschenwerk einkassiert und mortifiziert. Ihn führt »durch die Nacht der Liebe Schatten«; sein Gesang hält das Leiden wach, das unter der Eiskruste der Herzen so unhörbar geworden ist wie der Ruf des Holländers an seine Leute (Chiffre der Gemeinschaft schlechthin). Er hört – noch – die »Stimmen (. . .), die vorüberziehn / Im hohlen Grund, der

von den Qualen schwillt, / Mit dumpfem Laut«. Er sieht die
von zwei Dolchen durchbohrte »offne Brust« jenes Ministranten, der am Altare kniet (welcher ihm zur Schlachtbank
statt zur Erlösungsstätte wird), und er weiß, daß »darin /
Noch schwelt und steigt trostloser Liebe Brand« (l. c.).
Mit Linggs *Eismeer* und Heyms Version des *Fliegenden
Holländer* schließe ich den Parcours durch poetische Ausführungen von Eismeer-Visionen à la C. D. Friedrich ab.
Dieser Überblick sollte sinnenfällige Illustrationen für jene
Tendenz in der Entwicklung unseres Motivs beischaffen, die
das Scheitern als eine Reise ins (innere) Eis darstellt.
Heyms schauerliche Parodie (wenn man überhaupt so sagen
darf) des Kirchengewölbes, des Altars, der zur Schlachtstätte
wird, und der Messe, die nicht die Gewißheit der Auferste-
hung und des Ewigen Lebens, sondern des Ewigen Todes
bringt, appelliert indessen an eine andere, verwandte Symbolik, die ich im Verlauf der Vorlesung immer wieder beschworen habe.
Ich sagte, daß der Dichter – oder allgemeiner: der Künstler –
in Zeiten des Verlusts religiöser Beglaubigungskraft die
Erinnerung ans warme Herz noch festhält. Richard Wagners
Aufsatz *Religion und Kunst* beginnt mit dem Satz: »Man
könnte sagen, daß da, wo die Religion künstlich wird, der
Kunst es vorbehalten sei, den Kern der Religion zu retten,
indem sie die mythischen Symbole, welche die erstere im
eigentlichen Sinne als wahr geglaubt wissen will, ihrem sinnbildlichen Werte nach erfaßt, um durch ideale Darstellung
derselben die in ihnen verborgene tiefe Wahrheit erkennen
zu lassen« (*GSD* x, 211). Tut Friedrichs *Abtei im Eichwald*
etwas anderes? Die Totengestalten und das Eis bezeichnen
den Ruin der religiösen Weltansicht ebenso wie die ruinierte
Kirche – aber *als* Tableau eines Ruins übersteht die Religion
ihre Vernichtung in dem kollektiven Gedächtnis der Kunst.
Nicht, als läge etwas an der Kirche als solcher: sie zu erhalten ist Sache der Konservatoren von Altertümern, sogenannten ›Baudenkmälern‹: es geht um den Geist zwischenmenschlicher Solidarität, der immer über eine unproblematische Einigkeit in den höchsten Wertüberzeugungen vermittelt ist. Die Dichtung hat diesen tragenden Konsensus in den

Wertansichten der Menschen z. B. durch die Metapher vom warmen Herzen versinnbildlicht – und seinen Verlust entsprechend durch die Symbolik des aufziehenden Frostes, auch um die Herzregion. Lesen Sie, als x-beliebiges Beispiel, den VIII. Gesang von Shelley's *Queen Mab*: Die trostlosen Eiswüsten sind Symbollandschaften des gegenwärtigen Äons, in dem der Mensch keinen (nur mehr sachvermittelten) Zugang zum Menschen hat: aber die gegenwärtige Eiszeit muß einem neuen Liebesfrühling weichen: »All things are recreated, and the flame / Of consentaneous love inspires all life.«[124] So jedenfalls in der Vision Shelleys. Einige fünfzig Jahre später sieht es anders aus. Ich kontrastiere Shelley's Frühlingstraum mit einem der vielen Götter- und Menschheitsdämmerungs-Gedichte aus der Zeit des französischen Symbolismus. Ein Gedicht von Charles Leconte de Lisle (1818–1894) – einem Mann, über den Sartre im 4. Buch des *Flaubert* sehr Interessantes berichtet – trägt den Titel *Le Dernier Dieu*. Der Ich-Sprecher des Gedichts wird von einem apokalyptischen Traum heimgesucht: Er irrt, mutterseelenallein, auf der Erde. Und diese Erde ist öd und leer wie vor dem Schöpfungstage: Kein Lebensgeräusch, nicht einmal das Schnauben der Meere und das Röcheln der Winde durchbricht die nackte Unbeweglichkeit. Der abgewrackte Globus trollt sich, wie es salopp heißt (s'en allait), »par le Vide sans fin«, und hat bereits vergessen, daß er einmal aus dem Nichts geboren ward. Die Meere trocknen aus, die Sonne verglimmt, wird leichenblaß wie eine Grabfackel und verschwindet in der »grenzenlosen Einsamkeit«. Mit erstorbenen Gefühlen irrt der Geist des Träumers schattengleich dahin wie eine Phantasie gewordene Erinnerung abendländischer Humanität (»Reste de l'éphémère et vaine humanité / Dont un souffle a vanné la cendre dans l'espace«).

»Und ich sah, auf dem höchsten Punkt eines Berges, schweigend, / mit erstorbenen Gefühlen (impassible), kälter als der ewige Schnee, / ein Gespenst, das mit unbewegten Pupillen / das tote, unter der Wüste der Himmel verschüttete Universum verschlang. // Majestätisch und voller Schön-

124 *Poetical Works*, ed. by Thomas Hutchinson. A new edition, corrected by G. M. Matthews, Oxford 1970, 794 (= Canto VIII, Vs. 107/8).

heit richtete sich dies Gespenst, erhabenes Bild der Olympischen Götter, dieser Kinder des goldenen Zeitalters, / auf, ganz so wie zur Zeit, da der glückliche Mensch / noch ihre Altäre mit einer freien und stolzen Demut verehrte. // Doch lag das Gewölbe (l'Arc), von welchem die schöpferischen Begierden entsprangen, / bewegungslos unter den Eisblöcken, mit den Flügeln, / die eure Küsse, o weiße Unsterbliche [oder: Immortellen], / aus dem Munde der Götter auf die Lippen der Priester tragen! // Aber die Stirn (le front) hatte nicht mehr ihre Lichtrosen, / nichts [kein Herz] schlug mehr in dem angebeteten Busen, / der an seinem geheiligten Morgen über die Welt / die sengenden und süßen Fluten schüttete, / o Wollust der ersten Zeit (ô Volupté première)! // Und Zauber und Schrecken, das bittere Angedenken / an die blutigen Tränen nach den Stunden der Lust, / alle Berauschungen der himmlischen Marter / griffen mir ans Herz mit eiserner Faust; // Und ich erkannte, eiserstarrt auf der unfruchtbaren Erde (glacé sur la Terre inféconde), / daß da, starr, ohne Wiederkehr entschlafen war, / der letzte, der teuerste der Götter (Le dernier, le plus cher des Dieux), der antike Amor,[125] / durch den alles lebt, ohne den alles dem Tode anheimgegeben ist: Mensch und Welt«.[126]

Dies Gedicht, das ich nicht zu kommentieren brauche, steht für viele andere mit gleichem Tenor, auch im Werk Lecontes de Lisle selbst – besonders aber bei Jules Laforgue, der ebenfalls in einem Traumgedicht *(Rêve)* die Vision erfährt, mit einem Male sei »der ewige Zeuge, der am Firmament thront«, gestorben und »die Welt im Nu im Eise erstarrt«. Wie, wenn am nächsten Tage nichts mehr sich regte? »Die Jahrhunderte gehen dahin. Nichts ist da. Kein anderer Laut / als der ewige Wind und das ans Ufer schlagende Wasser... / Nichts als ein verlorener Sarg, der in der Nacht dahintreibt.«[127]
Ich führe diese Verse nur an, um einer möglichen sentimentalen Deutung des Bildes von der *Abtei im Eichwald* zuvorzukommen: Der Tod Gottes ist nicht der Tod des lieben Jesuleins, von dem die Konfirmandenwitze handeln, sondern der Tod der Liebe, der Lebenskraft, die in Rimbauds Ruf »Ô future Vigueur« noch Zukunft zu haben schien, nun

125 Ich bin versucht zu übersetzen: *die abendländische Liebe.*
126 Leconte de Lisle, *Poèmes tragiques*, Paris 1938, 153–155.
127 Jules Laforgue, *Poésies complètes*, édition augmentée de soixante-dix poèmes inédits (zu welchen *Rêve* gehört). Présentation, notes et variantes par Pascal Pia, Paris (Gallimard) 1970, 454.

aber in der gesellschaftlichen Realität erstorben scheint und
eben – wie gesagt – nur mehr in der imaginären Welt der
Kunst ein Gedächtnis-Mausoleum errichtet bekommt.

Wie die in Friedrichs *Abtei im Eichwald* bildgewordene
Phantasie auf die Texte der symbolistischen Dichter gewirkt
hat, das will ich Ihnen an drei poetischen Beispielen kurz
zeigen. Man möchte meinen, sie seien geradezu von seinem
Gemälde inspiriert, so wie Hermann Linggs *Eismeer*-Ge-
dicht von dem Bild gleichen Namens ins Leben gerufen
scheint.

Das eine Beispiel ist aus einem Gedicht *Des Fleurs de bonne
volonté*, wiederum von Jules Laforgue (1860–1887). Es heißt
L'Ile (Die Insel)[128] und paßt nicht nur darum in meine Vorlesung, weil sein zweiter Teil *Le vaisseau fantôme* überschrieben ist (das ist nur eine äußerliche Ähnlichkeit), sondern weil es eine Paradieses-Vision auf charakteristische
Weise desillusioniert. Die Insel dieses Gedichts ist ein von
Wasser allseits umgebener Paradiesesgarten; mythische Figuren huldigen dem Träumer, reichen ihm gar ein mit blen-
dender Emaille beschupptes Muschelszepter. Ich übersetze
das folgende: »Man ist glücklich, diesen Morgen. Seit einer
Woche/ gaben diese leichten Nebel meinen Traumgespinsten
einen Anstrich von Kummer. / Sie alle seufzten danach, daß
man, nach einem schönen Sonnentag, (endlich) ein Photo
von meinem großen Zeh anfertige...« – Soweit also die
ironisch gebremste Idylle. Ohne Übergang folgt die Desillu-
sionierung: »Ach nein! das ist ja gar nicht meine Insel, meine
süße Insel... / Ich bin doch gar nicht mehr ein so seniler
Nero... / Meine bleiche Insel ist am Pol, aber am letzten /
Der Pole, unbekannt selbst den verrücktesten Walfischfang-
booten! / Die an- und übereinandergeschobenen Eisberge
heben sich blaß / Aus den Nebeln wie weiße Kathedralen. /
Schon haben sie mich von allen Seiten umstellt und auf einen
Block zurückgedrängt; und dort ist's, wo ich, sehr einsam /
Blühe, eine süße Lilie der Leichentuch-Zone, / Mit meiner
süßen Kleinen!«[129] – »Und das ist die Insel. Und siehe da, zu

128 J. Laforgue, *Poésies*, Paris 1922, tome II, 94–96.
129 L. c. 94.

welchem Eldorado / Der nihilistische Exodus mein Schiffchen gestoßen hat.«[130]
Mein Kommentar darf knapp sein. In Stil und Tonlage
könnte das Gedicht von Nietzsche sein – besonders, was den
eingelegten Spott auf den gescheiterten nihilistischen Exodus
betrifft. Freilich scheint mir Laforgues Intention gerade die
entgegengesetzte der Nietzscheschen zu sein. Der »Exode
nihiliste« ins Traumland der von Zwecken freigestellten ›ästhetischen‹ Welt – nach Nietzsche der einzigen verbliebenen
Möglichkeit der Daseinsrechtfertigung[131] – führt in die polare Region.[132] Und was da eingefroren ist, ist auch deutlich:
es ist die alte Abtei, das architektonische Symbol eines sinn-
getragenen gesellschaftlichen Miteinanders. Der schwerelose
Sarkasmus dieses Gedichts, wie vieler anderer von Laforgue,
hat nicht die hyperborealen Hoffnungen eines Nietzsche
oder Benn[133] – es desillusioniert lachend den Traum eines
poetischen Eskapismus, der die Kälte der Welt, die er flieht,
in den polaren Phantasien seines Bilderrauschs wiederher-
stellt.

Henri Michaux scheint Laforgues Gedicht gekannt zu haben. In *La nuit remue*[134] findet sich ein vierstrophiges Prosa-
gedicht ohne abgesetzte Verszeilen: *Icebergs* ist der Titel. Ich
versuche, eine deutsche Übersetzung zu geben:

Eisberge, ohne Reling, ohne Geländer, wo alte niedergeschlagene Kormo-
rane und die Seelen kürzlich verstorbener Matrosen sich anlehnen kommen
in den zaubrischen Nächten des Hyperborealen.

Eisberge, Eisberge, religionslose Kathedralen des ewigen Winters, einge-
hüllt in die Eishaube (calotte) des Planeten Erde.
Wie hoch, wie rein sind deine aus der Kälte geborenen Ränder.

130 L. c. 95.
131 Friedrich Nietzsche, *Werke*, hg. von Karl Schlechta, München [6]1969, I,
14 (passim).
132 Nietzsche leugnet das nicht: seine Umwertung aller Werte hat freilich
auch die Polreise und das kalte Herz nicht ausgespart, vgl. M. Frank, *Steinherz und Geldseele*, l. c. 353 ff. (passim).
133 Vgl. Nietzsche, *Werke*, II, 895, 1253, 1165; *Gedichte*, hg. von J. Her-
mand, 128; Benn, *Ges. Werke*, hg. D. Wellershoff, Wiesbaden o. J., IV, 1041.
134 Erstdruck Paris (Gallimard) 1935, 93.

Eisberge, Eisberge, Rücken des Nord-Atlantik, erhabene gefrorene Buddhas auf unbeschaulichen Meeren (sur des mers incontemplés), gleißende Leuchttürme des erfolglosen [oder: des endlosen] Todes (de la Mort sans issue), der fassungslose Schrei des harten Schweigens der Jahrtausende.

Eisberge, Eisberge, bedürfnislose Einzelgänger versperrter, ferner und ungezieferfreier Länder. Verwandte (Parents) der Inseln, Verwandte der Quellen, wie ich euch sehe, wie ihr mir vertraut seid ...

Natürlich kann die Übersetzung die Vieldeutigkeit des französischen Originals nicht nachahmen. Die *Eis-calotte* des Planeten Erde kann einfach Eis-Haube heißen, oder aber Priesterhaube – mit dem verborgenen sakralen Sinn enthüllt sie die negative Theologie dieses Gedichts. Ähnlich verhält sich's mit den »mers incontemplées«. Jeder weiß, daß der Buddha der Statuen kontempliert – hier sind die Buddhas treibende Eisberge auf nicht-kon-templierten Meeren – also (wörtlich) auf Meeren, die nicht Gegenstand der Beschauung, der Kontemplation sind. Aber es steckt darin eben auch der Stamm *templ-*, den man in *templum* findet. *Templum* ist ursprünglich der vom Augur, vom Vogel-Flugbeschauer, am Himmel und auf der Erde abgesteckte und abgegrenzte Beobachtungsraum; dann allgemein der vom Profanen abgeschnittene, ab-getrennte, eben heilige Bezirk (*temenos* und *tempos* gehen auf die Wurzel *tem* ›schneiden‹ zurück; *temenos* – und dann *templum* – ist der Schnittpunkt zweier Linien, dann allgemein artikuliertes, ab-geteiltes Stück Raum oder Zeit / *tempus*).[135] Ich will darüber nicht spekulieren: nicht die Etymologie, sondern die Assoziierbarkeit des ›Tempels‹ gibt den Ausschlag – und dafür hat Michaux gesorgt, indem er die Eisberge als Kathedralen ohne Religion, als die negativen Gotteshäuser unseres ewigen (Herzens-) Winters anspricht: »Icebergs, Icebergs, cathédrales sans religion de l'hiver éternel, enrobés dans la calotte glaciaire de la planète Terre.«

Das mag genügen. Ich halte die Engführung mit der *Abtei im Eichwald* (nicht notwendig mit dem realen Gemälde C. D. Friedrichs, aber doch mit dem symbolischen Syndrom, für

135 Vgl. Ernst Cassirer, *Philosophie der symbolischen Formen*, Darmstadt 1977, Bd. II *(Das mythische Denken)* 123 und 132.

das ich es exemplarisch immer wieder beschwöre) für unmittelbar zwingend. *Sie* sehen, daß die ziellose, die unendliche oder die scheiternde Ausfahrt nicht *notwendig* in der Metaphorik der Lebensreise oder der Schiffahrt evoziert werden muß. Sie ist noch präsent in den Winterlandschaften der modernen Dichtung überhaupt und in den Wüsten (›The Waste Lands‹) unserer Zivilisation, von den Eisbergen zu schweigen, die Byron in den Herzen der Herrschenden gewahrt – oder in der klirrenden Isolation, die der Rationalismus der bürgerlichen Gesellschaft um die sozialen Atome gelegt hat. Nicht als ob sie gar nicht mehr miteinander verkehrten (das Gegenteil ist der Fall: nie war der ›Verkehr‹ massenhafter und geregelter); aber die Verkehrsformen sind entblößt von aller Individualität, die eben tatsächlich, wie Foucault feststellt, keine Funktion mehr hat im seelenlosen Automatismus des hochtechnisierten Kapitalismus.[136] Darüber herrscht Einigkeit zwischen sozialistischen und konservativen Gesellschaftskritikern. Nur darüber gibt es – Gott sei Dank – noch keinen geschlossenen Konsensus, ob dieser Zustand ohne Alternative und, vor allem: ob er wünschbar ist. Die Dichter sind es, die jenen »cri éperdu du silence dure des siècles« am Leben erhalten. Und manchmal erreichen sie damit noch ein Ohr: z. B. – ich hoffe es – das *Ihre*.

136 Interview vom Mai 1966 mit Madeleine Chapsal.

Der unendliche Text

Bislang habe ich das Motiv der unendlichen Fahrt ausschließlich unter semantischen Gesichtspunkten befragt. Mein Interesse war auf die Bedeutung – auf den manifesten oder verborgenen Sinn – des symbolischen Syndroms gerichtet, dem ich nun keine weiteren Illustrationen hinzufügen will. Mein Vorgehen war ideengeschichtlich: Ich fragte mich, was aus dem Schema der *Ökonomie des Heils* (oder der *Reflexion*: Ausgangspunkt und Ziel der Lebensreise oder der ›Phänomenologie des Geistes‹ fallen zusammen) unter Bedingungen neuzeitlicher Religions- und Mythenkritik – im Zeitalter der analytischen Vernunft – geworden ist oder werden würde. Da fand sich denn, daß der Zweifel an der »Lebensimmanenz des Sinnes« (um eine Formulierung aus Lukács' Romantheorie aufzugreifen)[137] auch die Ökonomie der gelingenden Heimkehr anficht: Ausgangs- und Endpunkt der Reise koinzidieren so wenig wie der erste und der dritte Ton im Motiv des Toren aus *Parsifal*:

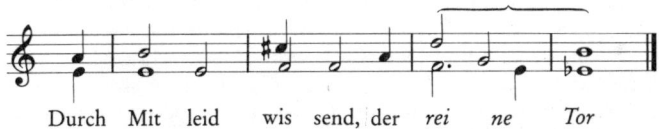

Durch Mit leid wis send, der *rei* *ne* *Tor*

– Sequenz, auf die im II. Akt Kundry den Namen Parsifal singt (*GSD* x, 355): Ausdruck der Irrfahrt, die den »reinen« und den »welthellsichtig« gewordenen Toren unterscheidet, seine Identität spaltend und verzeitlichend.

Es war das motiv- und geistesgeschichtliche Interesse, das mich veranlaßt hat, diese Spaltung in der Semantik der Texte (als den Gegenstand, von dem sie erzählen) aufzusuchen. Doch blieb uns keineswegs verborgen, daß der moderne Dichter – seit Coleridge und Brentano – die ziellose Fahrt mit dem Geschick der poetischen Rede identifiziert.[138] Der Jäger Gracchus fällt gleichsam aus der Rolle, wenn er mitten

137 Lukács, *Die Theorie des Romans*, l. c. 35 (passim).
138 Zufolge einer alten metaphorischen Tradition, die den Schiffbauer mit der Hybris der Grenzüberschreiter verbindet. In diesen Zusammenhang

in der Antwort, die er dem Bürgermeister von Riva gibt, sagt: »Niemand wird lesen, was ich hier schreibe, niemand wird kommen, mir zu helfen« (*E* 288). So träfe das »Unglück« der Verfehlung des *lieu propre* (des Ortes, an dem der Mensch eigentlich zu Hause ist) den Prozeß des (literarischen) Schreibens? Offensichtlich wird sich die Unendlichkeit der Fahrt in der Unabgeschlossenheit des Schreibens selbst zum Problem: die Literatur reflektiert ihr eigenes Wesen, wenn sie die Metapher der Lebensreise ent-grenzt.

Es fällt auf, daß die Identifikation der Reise und des Schreibens einen hochgradig abstrakten Begriff von ›Text‹ voraussetzt: *das* Schreiben, *die* Literatur – universelle Titel, die *so* erst seit der Romantik gebraucht werden[139] – lassen sich gattungstheoretisch nicht mehr exakt situieren. Ich meine das nicht (nur) in dem Sinne, daß sich die romantische Literatur als Allegorie des Unaussprechlichen, des Unendlichen oder Absoluten verstand[140] und darum auch den Partikula-

---

gehört auch die *Metapher der Dichtung als Schiffahrt*, der *ingenii barca*, die sich in unerforschtes Gebiet hinauswagt. Vgl. dazu E. R. Curtius, *Das Schiff der Argonauten*, in: *Kritische Essays zur Europäischen Literatur*, Bern 1954, und Titus Heydenreich, *Tadel und Lob der Schiffahrt. Das Nachleben eines antiken Themas in der romantischen Literatur*, Heidelberg 1970. – Derrida hat die Metapher der Schiffahrt auch in der Rhetorik der wissenschaftlichen Rede über die Metapher – die ja oft für den Inbegriff poetischen Sprachgebrauchs gehalten worden ist – nachgewiesen: Die Figur der *Übertragung*, des *Hinübersetzens* von einem Ausdruck zu einem anderen, appelliert an das Sprachspiel der Seefahrt: »La figure du vaisseau ou du bateau (. . .) fut si souvent le véhicule de la pédagogie rhétorique.« Sobald das Spiel der Metapher autonom wird – aber war es das nicht von jeher, wie die Sprachwandlungsprozesse bezeugen? –, gibt es keine Möglichkeit mehr, das Geschehen der Übertragung durch das Gesetz der Analogie zu kontrollieren: »Je ne peux plus arrêter le véhicule ou ancrer le navire, maîtriser sans reste le dérive ou le dérapage« (Derrida, *Le retrait de la métaphore*, in: *Po&sie*, n° 7 [1978], 104/5). Das ziellos treibende Schiff beginnt seine Irrfahrt auf den Fluten der Rede selbst, und die poetische Rede macht diese Konsequenz lediglich als solche bewußt.

139 Vgl. dazu Ph. Lacoue-Labarthe/J.-L. Nancy, *L'absolu littéraire. Théorie de la littérature du romantisme allemand*, Paris 1978.

140 Vgl. dazu ausführlich Manfred Frank, *Das Problem ›Zeit‹ in der deutschen Romantik*, München 1972, 28 ff.

rismus der Kunstarten und Gattungen – z. B. zugunsten des Gesamtkunstwerks[141] – zu überwinden trachtete. Ich denke vor allem an den Begriff der »Transzendentalpoesie« bei Fr. Schlegel und Novalis. Es handelt sich dabei um eine Analogie-Prägung zum Ausdruck der Transzendentalphilosophie. Mit ihr teilt die transzendentale Poesie das Interesse an den Bedingungen, unter denen sie zustandekommt: also das Interesse am Schreiben als solchem. Die Transzendentalpoesie, sagt Fr. Schlegel, »stellt in jeder ihrer Darstellungen sich selbst mit dar«, zeichnet ins poetische »Produkt« mit ein den ›Spiegel‹, der die Bewegungen »des Produzierenden« in seiner reinen Tätigkeit *(poíesis)* zurückwirft.[142] Novalis spürt diese reflexive Bewegung auch im Gebiet der (nicht-literarischen) Zeichentheorie auf. »Das erste Bezeichnende«, sagt er und meint damit die schematisierende Tätigkeit einer originären Zeichenstiftung, »wird unvermerkt vor dem Spiegel der Reflexion sein eignes Bild gemahlt haben, und auch der Zug wird nicht vergessen seyn, daß das Bild in der Stellung gemahlt ist, daß es sich selbst mahlt.«[143]

Welche Konsequenzen eine solche, gleichsam doppelte Markierung der (poetischen) Zeichen haben könnte, will ich im Anschluß an eine mehr fundamentale Überlegung erörtern. Ich meine, daß die transzendentale Sinnbrechung jeden Text, ganz unabhängig von seinem Genre und seinem Inhalt, generalisiert. Wenn nämlich in eine beliebige Komposition von Zeichen der Akt ihrer Erzeugung (ihrer Gene-ration) miteingezeichnet wird, trägt jedes Zeichen den Index seiner Textualität.

Textualität ist ein Allgemeinbegriff und charakterisiert alle signifikanten Gebilde *als* Texte. Unter einem Text *(textum: das Verwobene)* verstehe ich ein Gewebe von Sinn-Ausdrucks-Einheiten, deren jede ihren ›lokalen Wert‹ (wie

---

141 Vgl. z. B. Schelling, *SW* I/5, 736: »Ich bemerke nur noch, daß die vollkommenste Zusammensetzung aller Künste, die Vereinigung von Poesie und Musik durch Gesang, von Poesie und Malerei durch Tanz, selbst wieder synthesirt die componirteste Theatererscheinung ist.«

142 *KA* II/204, Nr. 238.

143 Novalis, *Schriften* (hinfort im Text zit.: *NS*), hg. von Paul Kluckhohn und Richard Samuel, 2. Aufl., Stuttgart 1960 ff. Bd. 2, 110, Nr. 11, Z. 20–24.

Schleiermacher das nennt) durch das differentielle Verhältnis zu allen anderen erwirbt. Was ein Ausdruck bedeutet, ist ihm nicht auf die Stirn geschrieben und kann nur auf dem Umweg über alle anderen Ausdrücke ermittelt werden. Der Sinn einer poetischen (wie jeder anderen) Komposition enthüllt sich nicht unmittelbar aus der Positivität der ›Marken‹,[144] sondern durch den Nachvollzug der Beziehungen, die sie zu allen anderen ›Marken‹ unterhalten. Die Metapher des Text-Begriffs verweist also an die *Lücken*, die jedem Gewebe eigentümlich sind und seine ›vollen und positiven Terme‹ überhaupt erst mit Sinn und Bedeutsamkeit begaben. Den ›Gesamtsinn‹ eines Textes verstehen heißt dann, der Spur seiner Verwebung zu folgen und sie als Generationsprozeß zu reflektieren.

Nach klassischer Ansicht – sie ist aber noch im Strukturalismus von J. A. Greimas oder in der Genretheorie von E. D. Hirsch gegenwärtig – spiegelt der Text die Einheit eines zentralen *vouloir-dire*, einer Sinn und Anordnung der Ausdrücke determinierenden und zu ›Funktionen‹ des Ganzen qualifizierenden Intention. Man legt sie frei, indem man – analog zum analytischen Verfahren der Linguisten – bei den ›kleinen Einheiten‹ beginnend immer höhere Ebenen der Systematik ersteigt (morphonologische, grammatische, kontextuelle, pragmatische, generische usw.), um endlich – auf dem Gipfel der hierarchischen Pyramide – den ›sens total‹ (wie Greimas sagt) zu erreichen. Ich rede nicht über die hermeneutische und methodologische Problematik dieser Demarche. Mir ist – im gegenwärtigen Zusammenhang – darum zu tun, eine ihr implizite Voraussetzung ans Licht zu bringen: Sie unterstellt ja, die systematische Abgeschlossenheit *(clôture)* des Textes repräsentiere so etwas wie ein transzendentales *signifié* oder einen ausdruckstiftenden Ur-Sinn, der als der unabhängige Organisationsgrund des ganzen Gebildes wie ein Magnet das Feld aller anderen Bedeutungen zu einer festen Ordnung zusammenhielte. Die Geschichte sehr

---

144 Ich übernehme den semiologisch neutralen Terminus »marque« von Derrida, um mich mit dem Ausdruck ›Zeichen‹ nicht auf eine bestimmte linguistische Theorie festzulegen.

unterschiedlicher semantischer Realisierungen, ja schon die alltägliche Erfahrung der Nicht-Identität zweier Lektüren eines und desselben Textes zeugen für die Fragwürdigkeit dieser Annahme, die die Lektüre und das Verstehen als Aufführungen einer fixierten und mit sich gleichen Partitur ausgibt. Diese Partitur – die Grammatik eines Textes – wäre so etwas wie eine dem differentiellen Spiel der Funktionen entrückte Wahrheit, die von außen oder von oben den Sinn der ›Marken‹ ein und für allemal festsetzte und zu ihrem ›Ausdruck‹, zu ihrer ›Wiedervergegenwärtigung‹ bestimmte.

Dies Modell (das mit der Arbitrarität der Zeichen unvereinbar ist und seit Schleiermacher und Humboldt angefochten wird) kann seine scheinhafte Evidenz nur dort entfalten, wo überschaubare und geschlossene Äußerungseinheiten zur Interpretation anstehen. Wo, wie in der Transzendentalpoesie der Romantik, der Akt des Schreibens als solcher ins Spiel kommt, verschwindet im Nu die Vorstellung eines identifizierbaren »sens tuteur« oder »signifié *principal* du texte«[145]: die Gebilde werden – als »*epideíxeis* der Unendlichkeit« (*KA* XVIII, 128, Nr. 76) – »unerschöpflich«, ja »alldeutig« (*NS* III, 664, Nr. 603; II, 610, Nr. 402). Denn »unendlich bestimmt, ist bestimmungslos im allgemeinen Sinne« (*NS* II, 201, Nr. 284). Die transzendentale Perspektive vernichtet die Partikularität des Textes – »Absolutirung – Universalisirung (...) des individuellen Moments, der individuellen Situation etc. ist das eigentliche Wesen des *Romantisirens*« (*NS* III, 256, Nr. 87) – und eröffnet jene »*échappées de vue* (...) ins Unendliche« (*KA* II, 200, Nr. 220), die diesen bestimmten Text zu einem Paradigma des »texte général«[146] werden lassen. Damit ist nicht gemeint, daß er der Äußerungsabsicht eines bestimmten Sprachspiels, dem Sinnganzen dessen, was E. D. Hirsch ein »Genre« nennt,[147] entginge; gemeint ist, daß die Art und Weise der poetischen Sprachbehandlung jedes Zeichen auf zwei Schau-

---

145 Jacques Derrida, *Positions*, Paris 1972, 61.
146 L. c. 61/2, 82 (passim).
147 E. D. Hirsch, *Prinzipien der Interpretation*, München 1972, 93 ff. (»Der Begriff des Genre«).

plätzen zugleich spielen läßt: einerseits im System dieses bestimmten Textes und dieses partikulären Genres, andererseits auf der Ebene des Schreibens selbst, das sich nicht auf ein bestimmtes Buch oder auf eine Bibliothek reduzieren noch auch von einem »référend au sens classique« kontrollieren läßt: »par une chose ou par un signifié transcendental qui en réglerait tout le mouvement«.[148] Das romantische Projekt der »szientifischen Bibel« begegnet auf dieser Ebene »dem Buch« Mallarmés. Beide setzen eine Zerstörung der Ökonomie des Textes voraus: das Geschriebene ist nicht länger mehr jener kleine oder große Umweg, den der (unbezeichnete, transzendentale) Sinn zurücklegen muß, um sich seiner Identität-mit-sich *ausdrücklich* zu versichern. Die transzendentale Reflexion entgrenzt den partikulären Sinn der Zeichen, indem sie sie als Manifestationen *des* Schreibens enthüllt, d. h. zugleich in einen imaginären »texte général« aufhebt. Dieser Begriff setzt – wie der des Subjekts – einen konstitutiven Mangel an Präsenz voraus: er markiert, wie Derrida sagt, »une multiplicité irréductible et *générative*. Le supplément et la turbulance d'un certain manque fracturent la limite du texte, interdisent sa formalisation exhaustive et clôturante ou du moins la taxonomie saturante de ses thèmes, de son signifié, de son vouloir-dire.«[149]
Was wir auf der semantischen Ebene des Themas der unendlichen Fahrt beobachtet haben, wiederholt sich mithin – analog – in der *Form* der Texte, die davon handeln. Der Fehl eines ›transzendentalen Obdachs‹, das ›schlechthinnige Ab-

---

148 Derrida, *Positions*, 61.
149 L. c. 62. Vgl. 82: »*Il y a* un tel texte général partout où (c'est-à-dire partout) ce discours et son ordre (essence, sens, vérité, vouloir-dire, conscience, idéalité, etc.) sont *débordés*, c'est-à-dire où leur instance est remise en position de *marque* dans une chaîne dont c'est structurellement son illusion que de vouloir et de croire le commander. Ce texte général, bien sûr, ne se limite pas, comme on l'aura(it) vite compris, aux écrits sur la page. Son écriture n'a d'ailleurs pas de limite extérieure, que celle d'une certaine *re-marque*. L'écriture sur la page, puis la »littérature«, sont des types déterminés de cette re-marque. Il faut les interroger dans leur spécificité et, à nouveaux frais, si vous voulez, dans a spécificité de leur »histoire«, et dans leur articulation avec les autres champs »historiques« du texte général.«

hängigkeitsgefühl‹ des Subjekts, hat sein Pendant im Verlust der Sinnfülle des Textes, in dem es sich ausspricht. »Un maelström immobile (...) aspire les noms et les choses et les vide de leur être« (Sartre, *Situations* IX, Paris 1972, 285). Was wir früher die Zerstörung der Ökonomie des Heils nannten, setzt sich fort in der Entgrenzung des Textes, über den das Subjekt sein Selbstverständnis vermittelt. In beiden Fällen handelt sich's – um einen gemeinsamen Titel zu wählen – um eine *Krise der Reflexion.* Der klassischen Poetik seit Aristoteles galt die Sprache der Dichtung für eine uneigentliche Repräsentation von Gedanken. Die Metapher – eine der Figuren des uneigentlichen Sprechens – ist eine Form der *léxis* (der Rede) und hat ihr Daseinsrecht allein in dem Umstand, daß sie dem unsinnlichen Gedanken *(diánoia)*, der sich unmittelbar nicht äußern kann, als Vehikel dient (*Poetik* 1456 a). »C'est le principe de toute littérature classique«, sagt Sartre, »le langage est distinct de la pensée mais il peut l'exprimer *adéquatement:* ›Ce que l'on conçoit bien s'énonce clairement / Et les mots pour le dire arrivent aisément.‹«[150] Die Übereinkunft *(homónoia)* des Ausdrucks mit dem Gedanken wird von Aristoteles nicht etwa in einer beide übergreifenden Beziehung, sondern in der teleologischen Ausrichtung des Ausdrucks auf seine (unausdrückliche) *Wahrheit* fundiert (vgl. 1448 b und das 1. Kap. des III. Buchs der *Rhetorik*). Diese Orientierung an der Axiomatik des Reflexionsmodells (der Sinn spiegelt sich in seinem Ausdruck und kehrt von ihm zu sich selbst zurück) bestimmt das Ausdrucksmoment der poetischen Rede dazu, die dienende und unselbständige Seite der Unterscheidung darzustellen.

Ihren vermittelnden (die Anschauung an den Begriff, den Ausdruck an den Sinn, das gesprochene Wort an den Gedanken verweisenden) Status wird die Metaphorik der poetischen Rede bis hin zur Hegelschen Poetik behalten. Im Hintergrund steht stets das Reflexionsmodell, welches die (zu Zwecken der Repräsentation unumgängliche) Differenz auf eine Einheit reduzieren möchte. Dieses Modell setzt seinerseits eine bestimmte maßgebliche Interpretation von Subjek-

150 Sartre, *L'idiot de la famille*, Bd. 2, 1984.

tivität als Selbstgegenwärtigkeit voraus. Sobald diese hermeneutische Voraussetzung ins Schwanken kommt, d. h. sobald die vollkommene Durchsichtigkeit und Identität des
Selbstbewußtseins auf dem Spiel stehen, verändert sich im
Nu auch die Axiomatik des Text-Modells. Wenn die Zei-
chensynthese nicht länger mehr als ein Repräsentationsver-
hältnis begriffen werden kann (wonach der Sinn sich in seinem Ausdruck wieder vergegenwärtigt), wird die poetische
Metapher absolut: sie verliert das unabhängige Maß, an dem
ihre Abweichung vom Gedanken (vom transzendentalen
Sinn, von der Wahrheit) kontrolliert werden könnte. Jener
minimale Abstand, der das Zeichen von seinen Nachbarn
abspaltet, um es mit Sinn zu begaben, genügt, um seine Identität für immer zu zerstören. Fichte entdeckte dies Dilemma
im Begriff der Reflexion selbst: Denkt man sie als eine opake
Identität des Selbst nur mit sich, so scheitert man am »Refle-
xionsgesetz aller unserer Erkenntnis«, welches besagt, daß
die Bestimmtheit eines Gedankens seinen Gegensatz zu allen
anderen Gedanken voraussetzt;[151] führt man dieses Gesetz
ins Geschehen der Selbstbeziehung ein, gefährdet man die
Identität, d. h. die Un-mittelbarkeit und Irrelativität des Gedankens ›Ich‹. Es hilft also nichts: die Verausgabung des
Selbst an sein Anderes wird zu seiner Ermöglichungsbedin-
gung: sie spaltet das Selbst in zwei Momente – auch dann,
wenn es, zu sich zurückgekehrt, seinen differentiellen
Grund verleugnet. Der Weg des Reflektierten zu sich als
Reflektierendem ist dennoch versperrt, und zwar durch die
nicht wegzubringende Äußerlichkeit eines Signifikanten.
»Un langage«, sagt Derrida, »a précédé ma présence à moi-
même.«[152]
Die Reflexion erweist sich unter diesen Umständen nicht
nur als stillschweigendes Ideal der Metapher; sie ist selbst
eine Metapher. Nicht nur überträgt sie (meta-phérei) die
Vorstellung der anschaulichen Verdoppelung eines Selbigen
auf ein prinzipiell nicht anschaubar Seiendes; sie liefert sich

151 J. G. Fichte, *Wissenschaftslehre 1798 (nova methodo)*. In: *Nachgelas-
sene Schriften*, hg. von Hans Jacob, Berlin 1937, Bd. II, 368.
152 J. Derrida, *La dissémination*, Paris 1972, 378.

eben dadurch der strukturalen Logik eines Spiegelstadiums ganz eigener Art aus. Denken Sie an den Horror, der die Dichtung und ihre Theorie seit der Romantik bei dem Gedanken erfaßt, der materielle Spiegel könnte sich gegenüber dem Blick als selbständig erweisen, ja er könnte – wie in einigen Erzählungen E. T. A. Hoffmanns, bei Kleist, erst recht bei Mallarmé – den wesenlosen Blick des Selbst in sich vereinnahmen, insofern das Auge ja nur über den Spiegel mit sich bekannt ist. Alsdann würde sich das Subjekt der Reflexion als eine ursprungslose Verwandlung erfassen, der anstelle eines Urbildes, an dem sie den Grad der Veränderung kontrollieren könnte, ein Spiegel sich entgegenstellt, und zwar gespenstischerweise ein Spiegel ohne Stanniol: »un miroir sans tain, un miroir en tout cas dont le tain laisse passer les ›images‹ et les ›personnes‹ en les affectant d'un certain indice de transformation et de permutation.«[153] Die Reflexion, welcher der eigene Reflex zuvorkommt, der von seinem Ausdruck überholte Gedanke – Novalis nannte diese Struktur *ordo inversus* (*NS* II, 127, Nr. 32, Z. 20) – stellt den Sinn ganz und gar in die Schatten des materiellen Ausdrucks. Damit ist ebenso nachhaltig die Semiotik der Repräsentation wie die strukturalistische Vorstellung von der Sprache als einer in sich abgeschlossenen Taxonomie zerstört.

Eine Ordnung von nie letztgültig ihren Signifikaten und mithin auch nicht ihren Referenten zugeordneten Signifikanten – ein System von Zeichen, deren Sinn von ihrem nicht-bedeutungshaften Sein überragt wird – wer würde leugnen, daß diese Vorstellung einen metaphysischen Notstand bezeichnet, der alle beschränkten Ökonomien des Systemdenkens und der klassischen Hermeneutik/Ästhetik zerplatzen läßt? Ein solcher Umsturz, der zum erstenmal in der abendländischen Geschichte ein Anschauungsding ohne innere Ausrichtung auf einen Sinn produziert, meldet sich – soviel ich sehe – seit der Romantik an, sobald nämlich dem Wortzeichen – infolge des Verlustes der Repräsentanz einer »absoluten Wahrheit« (*KA* XII, 94/5, 77/8) – nicht mehr »et-

---

153 Derrida, l. c. 350.

was Bestimmtes«, sondern »das Alles« als Thema anvertraut wird. Vollzogen ist er in der dem Ohr des Semiologen peinvollen Frage aus Becketts *Fin de partie:* »Y a-t-il des secteurs qui t'intéressent particulièrement... Ou rien que le tout?«[154]

Inzwischen scheint ›das Alles‹ im *Sprachgitter* einer absolut entgrenzten Ökonomie zur Grund-Bedingung der poetischen Rede geworden zu sein. Die Dichtung weicht ihr desto weniger aus, je mehr ihr Eidechsenohr geschärft ist. Mallarmé sprach von der Krise der Literatur: sie findet statt im Zustand der Unauffindbarkeit des transzendentalen *signifié* – des Sinns, der wie eine Zentralsonne die anderen Bedeutungen nach sich ausrichtet –, in jenem Zustand also »quand rien n'a lieu que le lieu, dans l'instance où personne n'est là pour savoir«.[155]

Das ist die Situation der Transzendentalpoesie. Sie verweist jedes Zeichen an die Bewegung seiner Erzeugung, d. h. an den Ort nicht eines gegebenen anderen, sondern eines fehlenden Signifikanten. Die sogenannte romantische Ironie ist nur eines neben anderen Stilmitteln, durch welches der Text an die Wahrnehmung seiner Unendlichkeit appelliert. Derrida hat etwas Ähnliches im Verfahren der »re-marque« bei Mallarmé nachgewiesen: Die Zeichen einiger seiner dichtesten Texte führen gleichsam eine überschüssige Markierung mit sich. Sie verweist auf jenes *Zwischen*, den Ort zwischen den Signifikanten – und zwar nicht als auf einen verborgenen und zusätzlichen Sinn, sondern als auf ein Mehr-als-die-Gesamtheit-von-Sinn eines Textes. ›Le blanc‹ ist in dieser zweiten Markierung überhaupt kein Wert unter Werten, sondern der Zwischen-Wert oder die Wertigkeit selbst.[156] Er ist (mit Mallarmés Worten) »ce qui se tait du discours«, »un silence (...) condition et délice de la lecture«,[157] nämlich die in den Text miteingezeichnete Bedingung dafür, daß die vor seiner Leere positiv sich abhebenden Zeichen überhaupt eine Be-

154 *Fin de partie. Endspiel*, Ffm. ⁴1969, 112/4, 115.
155 Derrida, l. c. 317. (Derrida spielt an auf *Un coup de dés*, Mallarmé, *Œvres complètes*, éd. de la Pléiade, Paris 1945, 475).
156 L. c. 282 ff.
157 L. c. 309 (= *Œuvres complètes*, 310).

deutung erwerben, um sie im Rückschlag ihrer De-markierung gegebenenfalls wieder an das ›Zwischen‹ abzutreten. Seine Präsenz ist unsinnlich wie die Ironie der Romantiker: Fixiert man das Zeichen, an dem man sie glaubte erkannt zu haben, löst es sich auf wie eine ätherische Tusche; die Ironie zeigt sich nie als solche, aber sie ent-stellt die Zeichen, an denen sie arbeitet, und erinnert die Sprache an ihre unverlierbare Fähigkeit, »*alles andere* als das damit zu bezeichnen, was sie sagt«.[158] Dies ist eine prinzipielle Möglichkeit jeder »marque« innerhalb eines Systems von ›Typen‹, insofern der aktuelle Wortgebrauch den Sinn nicht dauerhaft an seinen Ausdruck anbindet: »La notion d'un glissement incessant du signifié sous le signifiant s'impose donc.«[159] Diese Offenheit wiederum schuldet der Text jenem Fehl einer authentischen Repräsentanz des ›absoluten Sinns‹, dessen Transzendenz in einer und derselben Bewegung den Begriff der Verzeitlichung des Subjekts, das Phantasma der ziellosen Fahrt und die Struktur des unendlichen Textes erzeugt.

Der unendliche Aufschub des Zieles, von dem unsere Texte erzählen, entspricht also einem unendlichen Aufschub des Sinns innerhalb der Struktur der Texte selbst. Es ist kein Zufall, daß gerade der Begriff der ›Gattung‹ seit der Romantik in Frage steht. Gattungen *(Genres)* sind ja Regelsysteme, die ein Gesamt von Äußerungen (es müssen nicht unbedingt poetische sein) als Realisationen bestimmter Intentionalitätsformen erkennbar machen: Man merkt es meinen Äußerungen an, daß sie im Kontext eines Vortrags oder eines wissenschaftlichen Essays stehen, daß sie ihren Sinn im Rahmen eines lyrischen Sprechens, einer dramatischen oder epischen Komposition entfalten (etc.). Man versteht die entsprechenden Propositionen, indem man sie als Äußerungen eines bestimmten Typs von Sprachverwendung identifiziert, d. h.

158 Jacques Lacan, *Écrits*, Paris 1966, 505 (»Ce que cette structure de la chaîne signifiante découvre, c'est la possibilité que j'ai, justement dans la mesure où sa langue m'est commune avec d'autres sujets, c'est-à-dire où cette langue existe, de m'en servir pour signifier *tout autre* chose que ce qu'elle dit.«)
159 L. c. 502.

nach den Konventionen des sie beherrschenden *Genres* entschlüsselt.

Was geschieht jedoch, wenn das Sagen absolut wird? Diese Gefahr taucht in dem Augenblick auf, da ein Text nicht mehr (nur) als Ausdruck einer wenigstens in gewissen Grenzen bestimmbaren Intention, sondern – z. B. – als »Allegorie« dessen verstanden wird, was Friedrich Schlegel »das Unendliche« nannte.

Die erste Konsequenz wäre, daß die synthetische Einheit der in einem solchen (transzendentalpoetischen) Text verwobenen Zeichen instabil, wo nicht überhaupt problematisch würde: niemand garantiert einem bestimmten Ausdruck, daß er einem ihm und nur ihm nach Maßgabe einer Konvention zugewiesenen Sinn als Vehikel dient. Es wird mithin unmöglich, von einem Zeichen im strengen Sinn zu sprechen. Die Sprache, sagt Schlegel, ist ihrem Wesen nach allegorisch (*KA* II, 348); und er versteht unter der Allegorie die »Andeutung des Unendlichen, die Aussicht in dasselbe« (*KA* XII, 211). Sie läßt sich nur indirekt geben, indem nämlich der sprachliche Ausdruck seine Signifikanz – durch stilistische Mittel, durch Ironie, Metapher und Metonymie – bis zu einem solchen Grade virtualisiert, daß seine ›Unbestimmtheit‹ als ›Andeutung des Unendlichen‹ einleuchtet (l. c. 210).[160] Es handelt sich um die Konstruktion einer Brücke, deren Widerlager im »Unerreichbaren« oder im »Unaussprechlichen« steht und sich mit dem *terminus a quo* keinesfalls zur Identität der reflexiven Dyade zusammenschließt. Es ist vielmehr »die Unmöglichkeit, das *Höchste* durch Reflexion positiv zu erreichen«, welche »zur Allegorie führt« (*KA* XIX, 25, Nr. 227). »Das Romantische« ist die Überschreitung aller Äußerungen und der Gattung, die sie zu einem intentionalen Gesamt vereint, in Richtung aufs Unendliche.[161] Nur das Unendliche verleiht ihnen »Wert«. Nun ist freilich »der Begriff des Unendlichen transcendent«

160 Vgl. die ausführliche Erörterung des Allegoriebegriffs in M. Frank, *Das Problem ›Zeit‹ (. . .)*, 28 ff.

161 »(. . .) daß das Romantische nicht sowohl eine Gattung ist als ein Element der Poesie, das mehr oder minder herrschen und zurücktreten, aber nie ganz fehlen darf. Es muß Ihnen nach meiner Ansicht einleuchtend sein,

(*KA* xii, 28), d. h. ihm entspricht nichts Existierendes (*KA* xviii, 82, Nr. 634). Der Terminus des Unendlichen bezeichnet also einen vakanten Ort, den zu bewohnen oder den wieder in Besitz zu nehmen das endliche Selbstbewußtsein sich vergeblich – also unendlich – sehnt. Das ist der Sinn der berühmten »*Sehnsucht nach dem Unendlichen*« (*KA* xviii, 418, Nr. 1168). Sie setzt den Verlust eines »sens principal« voraus und fühlt sich dennoch ›getrieben‹, ihn zu suchen. Das Selbst befindet sich in einem wesenhaft negativen Bezug zu seinem Anderen; und diese Negativität ist es, die es nirgends zur Identität mit sich gelangen läßt. Dem Fliegenden Holländer gleich, erleidet es die Tat der Emanzipation von Gott, die es als freies Wesen begründet, in der Weise des Verlustes einer substantiellen Identität: eines ihm gleichsam in die Wiege gelegten Zieles oder Sinns.

Die Folge ist, daß sich das »Daseyn« des Selbst zum »grössesten Geheimniß«, zum unauflöslichen »Räthsel« wird (*NS* ii, 362, Nr. 21; *KA* x, 311). Vom Absoluten, d. h. »unendlich bestimmt, ist [es] bestimmungslos im allgemeinen Sinne« (*NS* , 201, Nr. 612).

Das ist ein Ausdruck seiner Freiheit. Sie ist Urheberin ihres Sinns gerade darum, weil das »Ich im Grunde nichts [ist]« (*NS* ii, 273, Nr. 568), weil es von Natur »nichts Bestimmtes« ist (*NS* iii, 471, Nr. 1112), d. h. weil es nicht schon mit der fertigen Ausstattung einer bestimmten Bedeutung auf die Welt kommt. Das Wesen – die Bedeutung – der menschlichen Subjektivität bildet sich nicht im Bezugsrahmen einer ontotheologischen Ökonomie, sondern steht in jedem Augenblick des zeitlichen Lebens auf der Kippe. Darum ist »jeder Mensch ohne Maaß veränderlich« (*NS* ii, 664). »*Pluralism* ist unser innerstes Wesen« (*NS* iii, 571, Nr. 107). »Das Princip *Ich* ist *gleichsam* das ächte gemeinschaftliche und *liberale*, universelle Princip. Es ist eine Einheit, ohne *Schranke* und Bestimmung zu seyn. (. . .) Selbstheit ist (. . .) das Princip der höchsten *Mannichfaltigkeit*« (*NS* iii, 429/30,

daß und warum ich fodre, alle Poesie solle romantisch sein; den Roman aber, insofern er eine besondere Gattung sein will, verabscheue und verwerfe« (*KA* ii, 335).

Nr. 820). Kein Wunder, daß diejenige »Philosophie«, welche die »Veränderlichkeit des Charakters und [den] relativen Charakter überhaupt« lehrt (*NS* II, 281, Nr. 626), eine Universalierung der kopernikanischen Revolution betreibt: »Die Philosophie macht alles *los* – relativirt das Universum – Sie hebt wie das Copernikanische System die *festen* Punkte auf – und macht aus dem Ruhenden ein Schwebendes. Sie lehrte die Relativitaet aller Gründe und aller Eigenschaften« (*NS* III, 378, Nr. 622). Das muß natürlich poetologische und gattungstheoretische Konsequenzen haben: was das erste betrifft, so muß der Dichter »Mannichfaltigkeit in *Darstellung* von Menschenkaracteren« bezwecken: »nur keine *Puppen* – keine sogenannten Karactere – lebendige, bizarre, inconsequente, bunte Welt« (*NS* III, 558, Nr. 16). »Ein Gedicht muß ganz *unerschöpflich* seyn, wie ein Mensch« (*NS* III, 664, Nr. 603). – Was das zweite anbetrifft, so stellt Novalis fest: »Wir sind aus der Zeit der allgemeingeltenden *Formen* heraus.« Mit ›Formen‹ meint er, wie der Kontext nahelegt, Gattungen. Ähnlich wie Friedrich Schlegel verwirft er sie nicht schlechterdings, sondern aus dem Gesichtspunkt eines absolut gewordenen Sprechens, das seine Sinneffekte nicht mehr durch die in früheren Zeitaltern verbindlichen Konventionen kontrollieren kann.

Die Unfestlegbarkeit der Persönlichkeit spiegelt den Verlust einer absoluten Bedeutung des Menschen. Und »wenn ein Werck mehrere *Veranlassungen*, mehrere Bedeutungen, mehrfaches Interesse, mehrere Seiten überhaupt (. . .) hat«, so gilt dies Novalis als ein sicheres Zeichen dafür, daß es »ein ächter Ausfluß der *Persönlichkeit* ist« (*NS* II, 610, Nr. 401). Die – formale und semantische – Unbestimmtheit des Kunstwerks dünkt dem heimatlosen Subjekt gerade heimatlich: »Über die allgemeine *n* Sprache der Musik. Der Geist wird frey, *unbestimmt* angeregt – das thut ihm so wohl – das dünkt ihm so bekannt, so vaterländisch« (*NS* III, 283, Nr. 245). Und: »Die höchste Elementarwissenschaft ist diejenige, die schlechterdings kein *bestimmtes* Object – sondern ein reines N. behandelt. So auch mit der Kunst. Das Machen mit Händen ist auch schon ein specielles, angewandtes Machen. Das N *Machen* mit dem N Organ ist der Gegenstand dieser allgemeinen Kunstlehre und Kunst« (*NS* III, 257, Nr. 92).

Natürlich greift der Radikalismus dieser poetologischen Phantasie weit über das hinaus, was in der zeitgenössischen Dichtung geleistet wurde. Selbst heute wirken manche »ästhetischen Imperative« (*NS* III, 413, Nr. 745), die damals formuliert wurden, noch verwegen und uneinlösbar. Bevor ich dennoch an einem überschaubaren Beispiel zu zeigen versuche, wie sich der romantische Textbegriff unter dem Einfluß der Erfahrung des Unendlichen zersetzt, will ich ein Merkmal der eben zitierten Thesen unterstreichen: Die Favorisierung der Musik unter den Künsten hat den Grund, daß kein anderes Zeichensystem die Ebene der Bedeutungen gegenüber der Ebene der Ausdrücke in vergleichbarer Weise zurücktreten läßt. Hier ist tatsächlich das unentwegte Gleiten des *signifié* unter dem *signifiant* die Regel selbst. Im Bereich des Sprachlichen ist das in solchem Grade nicht zu erreichen, denn jedes verwendete Zeichen hat zumindest *auch* eine konventionelle Bedeutung. Man »romantisiert« die Zeichenverwendung, indem man gerade dasjenige Moment, das in gewöhnlichen Kommunikationssituationen bloßes Werkzeug der Mitteilung von Sinn ist, zum Erklingen bringt. Denn nur durch ihre »physische Existenz (. . .) im Raum und in der Zeit« werden »Zeichen« zum »Organ der Melodie«, wie Friedrich Schlegel in seiner *Deduction des Rythmus* schreibt (*KA* XI, 220). Sie zu musikalisieren, d. h. von »ihrer allegorischen, intellektuellen Existenz« zu befreien, ist das Interesse der Kunst (l. c.). Nur durch ihre Materialität haben Zeichenfolgen ja einen »Rythmus«; der phonische »Charakter seines Geräusches« ›individualisiert‹ den Ton und unterscheidet ihn zugleich von allen anderen Tönen des Lautsystems (l. c. 221). Die Klangqualität hat unmittelbar eine quantitative Funktion: sie trägt ein bestimmtes Maß der Zeiterfüllung in sich, und daraus entsteht bei der Kombination unterschiedener Töne ein jeweils individueller Rhythmus der Sequenz. Nun spielt der Rhythmus gerade keine Rolle bei der Realisation oder beim Verstehen von Sprecher-Intentionen; er ist als »Werkzeug der Poesie (. . .) zugleich ein Organ der Musik« (l. c. 220). Die poetische Funktion des Sprechens wird sichtbar, wenn die Laute ihre konventionellen Bedeutungen in die Schwebe bringen, wenn der Dichter sie unter rein ästhetischen Kriterien manipuliert. Die insignifikante Sprachverwendung schließt freilich den transzendentalen Gesichtspunkt nicht aus: sie enthüllt den differentiellen Mechanismus der Artikulation, der Töne rhythmisch und phonisch gegeneinander individualisiert und so zu Trägern von Sinn werden läßt. Wenn Modulation und Rhythmus für sich bedeutungslos sind, so sind sie dennoch Grund von Bedeutsamkeit. In ihrem Zusammenspiel wird der Schematismus der Zeichenbildung sinnlich erfahrbar als ein unaufhaltsames Rinnen und Zerfallen jenes ›absoluten Sinns‹, der als solcher unsagbar und nur in den Skansionen der artikulierten Silben negativ gegenwärtig ist.

Nach dieser Vorbemerkung will ich mich unmittelbar einem Gedicht von Ludwig Tieck zuwenden: dem *Mondscheinlied*, das zuerst 1798 im *Sternbald*-Roman veröffentlicht wurde. Meine Wahl ist natürlich nicht zufällig. Sie fußt auf der Beobachtung eines Form- und Funktionswandels des lyrischen Sprechens im Verlauf des 19. Jahrhunderts (eines Wandels, der die Lyrik unseres Jahrhunderts geprägt hat) und weiterhin auf der Hypothese, daß Tiecks Gedicht zu den frühesten Dokumenten gehört, an denen sich dieser Wandel nachweisen läßt. Ich zitiere es zunächst ganz:

> Träuft vom Himmel der kühle Tau,
> Tun die Blumen die Kelche zu,
> Spätrot sieht scheidend nach der Au,
> Flüstern die Pappeln, sinkt nieder die nächtige Ruh.
>
> Kommen und gehn die Schatten,
> Wolken bleiben noch spät auf,
> Und ziehn mit schwerem, unbeholfnem Lauf
> Über die erfrischten Matten.
>
> Schimmern die Sterne und schwinden wieder,
> Blicken winkend und flüchtig nieder,
> Wohnt im Wald die Dunkelheit,
> Dehnt sich Finster weit und breit.

Hinterm Wasser wie flimmende Flammen,
Berggipfel oben mit Gold beschienen,
Neigen rauschend und ernst die grünen
Gebüsche die blinkenden Häupter zusammen.

Welle, rollst du herauf den Schein,
Des Mondes rund freundlich Angesicht?
Es merkt's und freudig bewegt sich der Hain,
Streckt die Zweig entgegen dem Zauberlicht.

Fangen die Geister auf den Fluten zu springen,
Tun sich die Nachtblumen auf mit Klingen,
Wacht die Nachtigall im dicksten Baum,
Verkündet dichterisch ihren Traum,
Wie helle, blendende Strahlen die Töne niederfließen,
Am Bergeshang den Widerhall zu grüßen.

Flimmern die Wellen,
Funkeln die wandernden Quellen,
Streifen durchs Gesträuch
Die Feuerwürmchen bleich. –

Wie die Wolken wandelt mein Sehnen,
Mein Gedanke, bald dunkel, bald hell,
Hüpfen Wünsche um mich wie der Quell,
Kenne nicht die brennenden Tränen.

Bist du nah, bist du weit,
Glück, das nur für mich erblühte?
Ach! daß es die Hände biete
In des Mondes Einsamkeit.

Kömmt's aus dem Walde? schleicht's vom Tal?
Steigt es den Berg vielleicht hernieder?
Kommen alte Schmerzen wieder?
Aus Wolken ab die entflohne Qual?

Und Zukunft wird Vergangenheit!
Bleibt der Strom nie ruhig stehn.
Ach! ist dein Glück auch noch so weit,
Magst du entgegengehn;
Auch Liebesglück wird einst Vergangenheit.

Wolken schwinden,
Den Morgen finden
Die Blumen wieder:
Doch ist die Jugend einst entschwunden,
Ach! der Frühlingsliebe Stunden
Steigen keiner Sehnsucht nieder.[162]

Es handelt sich um ein zwölfstrophiges Gedicht, dessen einzelne Verse sehr unterschiedliche Zeilenzahl und -länge aufweisen. Der größte Vers umfaßt 15 Silben (Str. 6, Vs. 5), der kürzeste 4 (Str. 12, Vs. 1). Entsprechend diskontinuierlich ist die Zahl der Hebungen (maximal 6, minimal 2). Wer das Gedicht unvorbereitet liest, wird Schwierigkeiten haben, es zu skandieren. Mit Ausnahme der Verse 3 und 4 in der 3. Strophe und der Schlußverse gibt es kein einziges Zeilenpaar, dessen Takte nach demselben metrischen Gesetz gearbeitet sind. Das zwingt den Vortragenden, den ganzen Text (trotz des beibehaltenen Reims und der traditionellen graphischen Anordnung in strophischen Blöcken und Verszeilen) wie ein Stück Prosa zu lesen, d. h. den Rhythmus der Zeilen aus dem natürlichen Wortakzent sich erzeugen zu lassen. Dessen Wandelbarkeit übertrifft freilich die metrische Unbestimmtheit eines gewöhnlichen Prosatextes nicht unerheblich: Bald staut sich die Masse der Hebungen so sehr, daß fast jede Silbe einen Akzent verlangt (»Spätrot sieht scheidend nach der Au«), bald verflüchtigt sich ihr Abstand durch allerlei flüssig aufeinanderfolgende Senkungen (»Schimmern die Sterne und schwinden wieder, / Blikken winkend und flüchtig nieder«), um sich aufs neue zu verdichten (»Wohnt im Wald die Dunkelheit, / Dehnt sich Finster weit und breit«). Daß zwei Takte des gleichen Typs einander folgen, ist deutlich die Ausnahme. Es wechseln Trochäen (»Hinterm Wasser«) mit Jamben (»Und ziehn«), Daktylen (»Flüstern die«), Anapästen (»Streckt die Zweig«, »blicken winkend«) und Spondeen (»Spätrot sieht scheidend«). Die einzige Regel, die man in solcher Kombination

---

162 Ludwig Tieck, *Werke* in vier Bänden, hg. von Marianne Thalmann, Bd. 1, München 1963, 870/1.

von Taktarten erkennen kann, ist die Regel größtmöglicher Abwechslung.

Tieck erreicht dadurch, daß sich die Frage nach der Form, nach der Kompositionsart des Gedichtes fast noch früher als die Frage nach seinem Inhalt stellt. Das war freilich Tiecks erklärte Absicht. »Warum soll eben Inhalt den Inhalt eines Gedichtes ausmachen?«[163] läßt er Rudolph fragen. Noch bevor man sich darauf hat einstellen können, wovon im *Mondscheinlied* die Rede ist, hat sich dem Ohr der Eindruck eines unkontrollierbaren Gleitens und Flimmerns von Tönen eingeprägt, denen man vergeblich eine zugrundeliegende metrische Ordnung abzugewinnen strebt. A. W. Schlegel definierte im *Kunstlehre*-Teil seiner Berliner Vorlesungen von 1801 *(Über schöne Literatur und Kunst)* das Metrum (er sagt: den Rhythmus, aber der Wortgebrauch hat sich in unserer Zeit gerade verkehrt) als das Maß und den Modus der Zeiterfüllung. Es verlangt »eine solche Anordnung des Zeiterfüllenden, worin bemerkbare Verhältnisse stattfinden. Es gehört also zum Rhythmus zweierlei: ein gemeinschaftliches Zeitmaß für die ganze Reihe von Sukzessionen und Abwechslung in der Dauer der einzelnen. Wo eins von beiden fehlt, ist noch kein Rhythmus vorhanden«.[164] Vom Metrum ist die »Modulation« zu unterscheiden. Darunter versteht Schlegel – abweichend vom streng musikalischen Sinn des Begriffs – die unterschiedliche Tonqualität der zeiterfüllenden Phasen in ihrer Abfolge, mit ausschließlicher Rücksicht auf »Verhältnisse ihrer Beschaffenheit, jeden [der Töne] einzeln für sich betrachtet« – also auf Höhe und Tiefe, Schwere oder Leichtigkeit der Töne unabhängig von ihrem Zeitmaß. »Harmonie« beruht »auf ihrer Beschaffenheit im Verhältnis zueinander«; »Melodie« endlich ist »die Kombination der beiden Begriffe von Rhythmus und Modulation«.[165]

---

163 Tieck, *Werke* (l. c.), I, 928. Früher stellt Florestan die Frage nach der Notwendigkeit eines Schlusses: »Und warum muß denn alles eben einen Schluß haben, (. . .) und nun gar in der (. . .) Poesie! Fangt ihr nur an, zu spielen, um aufzuhören?« (862).

164 *Kritische Schriften und Briefe* II, hg. von Edgar Lohner, Stuttgart 1963, 209.

165 L. c. 207.

Legen wir diese Terminologie – aus dem Musikalischen ins Lyrische übertragen – zugrunde, dann müssen wir dem *Mondscheinlied* tatsächlich die metrische Gleichförmigkeit absprechen. Denn kein Metrum findet statt »bei Sukzessionen von inkommensurabel verschiedener Dauer, die ohne Regel aufeinander folgen«.[166] Natürlich hat das Gedicht gleichwohl einen Rhythmus (ich gebrauche den Ausdruck jetzt im modernen Sinne); aber dieser Rhythmus wird – in Ermangelung eines unabhängigen und sich durchhaltenden Zeitmaßes – zu einer Funktion der Modulation, der Klangqualität der Töne und Silben. Wenn es eine Regel gibt, nach der sich der Rhythmus der Verse richtet, dann ist es die Regel der »Empfindungsreihe«, also der Sukzession der Gefühle, die sich in der musikalischen Beschaffenheit der Klänge unmittelbar realisiert finden.[167] Jeder Ton – als Träger einer Empfindung – hat eine bestimmte Qualität und erfüllt allein nach Maßgabe dieser Qualität ein bestimmtes Zeitquantum. Aus diesen Quanten werden die Takte aufgebaut, und ihr Gesamt konstituiert schließlich ein Metrum, welches allerdings erst in dem Augenblick durchsichtig wird, da der letzte Ton der Empfindungsreihe verklungen ist. Kurzum: das Zeitmaß dieses lyrischen Sprechens entspringt nicht dem Gehorsam gegenüber einer vorgegebenen metrischen Regel, sondern es kreiert diese Regel spontan nach Maßgabe der Gewichte, welche den einander ablösenden und tönend gewordenen Empfindungen zukommen. Um die erlebte Zeit angemessen darzustellen, muß sich die lyrische Sprache von den »konventionellen Regeln« befreien und ihren eigenen, im strengen Sinn unvorhersehbaren »inneren Regeln« folgen, »die die Natur der Kunst erfordert«. Der echte Dichter kennt im Grunde nur ein Gesetz, »auf das Rücksicht [zu] nehmen, was die Natur der Empfindungen erfordert«.[168]

Tieck wählt zwar die Sprache der Genieästhetik, um sich verständlich zu machen. Doch geht es ihm weniger um die

166 L. c. 209.
167 Ludwig Tieck, *Das Buch über Shakespeare*, hg. von Henry Lüdeke, Halle a. S. 1920, 117/8.
168 L. c. 117.

Illustration der Willkür eines Kraftgenies, das sich über die bestehenden Regeln hinwegsetzt, als um die Einsicht, daß keine Gesetzeshypothese vorab zu bestimmen vermag, wie sich ein Sprechen formieren wird, das sich erst im Augenblick seiner Äußerung als dem angemessen erfahren und bewähren kann, *was* es sagen will: der Inhalt wird zu einer Funktion der Modulation. Die Bewegung der inneren Zeitlichkeit soll ja aufs genaueste aufgefangen und in Tönen dargestellt werden. Verweilt das Gemüt auf einem Gegenstande, so tut es auch der Sprachfluß. Strömt es heftig aus, so tun es auch die Töne, die sich rhythmisch bis zum äußersten verflüchtigen und verflüssigen können. Gewiß bleibt Tiecks Gedicht in vielen Zügen konventionell. Seine Metaphorik ist nicht besonders originell, einiges reicht ans Banale, ja ans Lächerliche. Dagegen bezeigen vor allem die ersten sieben Strophen des *Mondscheinlieds* eine in der deutschen Dichtung bis dahin unbekannte Sorglosigkeit, was syntaktische Rücksichten betrifft. (Im allgemeinen überwiegt die Parataxe. Die Logik der Satzverknüpfung ist undurchsichtig, die Vorgänge erfolgen asyndetisch.) Fast durchweg beginnen die Strophen mit Verbformen im Infinitiv, wobei aus dem Kontext unentscheidbar ist, ob es sich um Nebensätze handelt, die ein »wenn« einsparen, oder um elliptische Wendungen, die durch ein »es« oder ein Hilfsverb zu vervollständigen wären, oder am Ende um Fragen. Keine der drei Möglichkeiten kann jedenfalls, wenn wir sie durchprobieren, für alle Sätze – sind es Sätze? – zugleich gelten (besonders nicht in der 4. Strophe, deren Dynamik lebhaft ist: »Hinterm Wasser wie flimmende Flammen, / Berggipfel oben mit Gold beschienen, / Neigen rauschend und ernst die grünen / Gebüsche die blinkenden Häupter zusammen.«). Ellipsen finden sich auch in den Verbformen selbst, z. B. »fangen« (statt ›anfangen‹), »wachen« (statt ›aufwachen‹), zuweilen im Verein mit Wortumstellungen innerhalb der syntaktischen Periode: »Magst du entgegen gehn«, »Aus Wolken ab die entflohne Qual« usw. Die syntaktische Schwindsucht dieses Sprechens steigert wirkungsvoll die unabsehbar rhythmische Bewegtheit der Verszeilen. Und wenn es auch mit einiger Mühe möglich wird, eine minimale Thematik des Gedichtes auszumachen, so wird die Suche doch ziemlich erschwert durch Tiecks Verfahren, im schnellsten Wechsel konträrer Sinnesreize die mitwandernde Einbildungskraft lahmzulegen. Dies ist jedenfalls seine erklärte Absicht: Durch beständige »Zerstreuung« des fixierenden Verstandes verhindert er die diskursive Durchdringung der Impressionen und zerstört die Möglichkeit, »auf irgend einen Gegenstand einen festen und bleibenden Blick zu heften«.[169] Aller Effekt der Lektüre (oder des Hörens) beruht auf einer so rapiden Abfolge der kontrastierenden Töne oder Zeichen, daß die synthetischen Leistungen der Verstandestätigkeit unterlaufen werden und eine diffuse Anschauung (im kantischen Sinne) zustandekommt, noch ehe verstanden wurde. Es gehört diese Möglichkeit, erklärt Tieck aufschlußreich, »zur unbegreiflich schnellen Beweglichkeit der Imagination, die in zwei aufeinanderfolgenden Momenten ganz verschiedene Ideen an einen und denselben Gegenstand knüpfen (. . .) kann«[170]. Das bedeutet nicht, daß es Tiecks Sprache an sinnlicher Konkretheit gebräche: es ist der zu rasche Wechsel, der die Sammlung auf das Mitgeteilte unmöglich macht. Man versteht nun den Sinn der strophenweise vorangestellten und grammatisch unauflösbaren Verbformen: erst ist eine unbestimmte und unabsehbar sich entwickelnde Bewegung da, dann wird begrifflich festgemacht, *was* sich da eigentlich bewegt: kommend und gehend, winkend, flimmend, blikkend, blinkend, flimmernd, rollend, springend, blendend, funkelnd, wandelnd, hüpfend, brennend, nie ruhig stehn bleibend usw. Die Verben des ganzen Gedichts wirken mächtiger als durch ihre Semantik durch ihren Klang. Auch inhaltlich bevorzugen sie endende oder eben in Gang kommende Bewegungen, flüchtige visuelle und akustische Ereignisse, unbemerkbarste Übergänge und Verwirrungen. Helle und dunkle Vokale, plosive und gleitende Konsonanten wechseln auf kleinstem Raum miteinander ab, was den Eindruck des Flimmerns steigert.

Über den ›Inhalt‹ des Gedichtes zu sprechen, wird unter

---

169 Ludwig Tieck, *Kritische Schriften*, Leipzig 1848, Bd. 1, 65.
170 L. c., 56.

diesen Umständen fast überflüssig. Die ersten vier Strophen besingen die abwärts sinkende Bewegung des scheidenden Tages. Die fünfte Strophe vermittelt den Übergang zur Nachtwelt: die dunkel gewordene Erde (»unten«) lebt von der Spiegelung des Himmelslichtes (»oben«), nachdem zuvor noch das Oben der Ort der Helligkeit gewesen war. Nun geht die Nacht auf, der erste erregte Daktylus begrüßt sie freudig. Der Abwärtsbewegung des sinkenden Lichtes arbeitet die Aufwärtsbewegung der dämmernden Nacht entgegen; aber sie ist mitnichten ruhig oder weniger hektisch als die Tagwelt: die Flüchtigkeit der Eingangsrhythmen setzt sich nach dem Kulissenwechsel in der heftigen Modulation der Nachtstrophen gleichförmig fort. Von der 8. Strophe an vollzieht sich eine Reflexion des Natureingangs: Nacht und Tag werden Chiffren einer in ihren Wirrsalen sich auslegenden unbeständigen Innerlichkeit: »Wie die Wolken wandelt mein Sehnen, / Mein Gedanke, bald dunkel, bald hell« (Str. 8, 1/2). Tag und Nacht – und der Übergang, der sie atmosphärisch angleicht, noch bevor sich ihre Unterschiedenheit geltend machen konnte – wechseln ab wie »Zukunft« und »Vergangenheit«, »bleibt der Strom nie ruhig stehn« (Str. 11, 1/2).

Die Thematik des Lebensflusses und der Zeitlichkeit fehlt also auch bei Tieck nicht. Aber daß sie in einer umständlichen Reflexionsbewegung explizit gemacht wird, gereicht dem Gedicht eher zum Schaden und gehört zum schlechten Rationalismus der Tieckschen Muse. Wer hätte bezweifelt, daß es sich beim *Mondscheinlied* um eine Seelenlandschaft handelt, und wer hätte nicht schon der Brechung des lyrischen Melos und der Emanzipation der Modulation vom metrischen Zwang angemerkt, daß eine dezentrierte Subjektivität diese Mittel zum Ausdruck der Erfahrung ihrer Gebrochenheit gewählt hat? Diese Erfahrung sucht nach einem *Kompositionsprinzip*, das der klassischen Poetik fremd war. Die heimatlose Seele vermag Substantielles und Akzidentelles nicht mehr sicher zu unterscheiden. Selbst die Konstanz des Themas – die Flüchtigkeit des Lebens – realisiert sich nurmehr als die Kontinuität einer Veränderung. Adorno hat von einem »von Wagner inaugurierten Nominalismus der musikalischen Sprache« geredet. In ihm sei jene »paradoxe Beziehung zur Zeit« aufgehoben, die im klassischen Sonatensatz oder in der Arien-Oper als in der Veränderung identisch sich durchhaltendes Thema verkörpert war. Die Invarianz der Themen im Zeitfluß behindert die Freiheit der subjektiven Reflexion und verkleinert das Terrain der »Durchführung«. Denn »nur solange Durchführung nicht total, nur solange ein ihr nicht Unterworfenes, ein musikalisches Ding an sich kantisch gleichsam ihr vorgegeben ist, vermag die Musik die leere Gewalt der Zeit beschwörend fernzuhalten«.[171]

Nun, wenn wir die Terminologie der Musikästhetik ins Poetologische übersetzen, werden wir sagen müssen, daß im *Mondscheinlied* eine Unterscheidung von Themen, Motiven und deren Durchführung schon nicht mehr recht gelingen will. Die Einheit des Textes steht in jedem Augenblick, mit jeder Wendung, mit jedem ›Ton‹ auf dem Spiel, und sie wird punktuell immer wieder neu erzeugt: jeder Takt steht im Zentrum des Gedichts. Doch wo jedes Einzelne mit gleichem Recht beanspruchen darf, Thema und Zentrum des Ganzen zu sein, da gibt es im strengen Sinne weder Thema noch Mitte mehr: alles wird akzidentell, alles wird zur Essenz des Kunstwerks. Seine gattungsmäßige Ökonomie – die Organisation des zu Sagenden durch die Einheit eines zentralen und diktatorischen *vouloir-dire*, einer formprägenden Intentionalitätsart – wird entgrenzt, und jedem individuellen Ausdrucksmittel widerfährt, was Novalis die Aufhebung seiner Distinktheit gegen alle anderen nannte: »Ein [durch alle anderen Individuen und also] unendlich caracterisirtes Individuum ist Glied eines Infinitonomiums« (*NS* III, 261, Nr. 113), d. h. eines differentiellen Systems ohne feste Grenzen. Innerhalb eines solch offenen Systems gibt es keine Permanenz der Individuen: denn »je mannigfacher Etwas individuirt ist – desto *veränderlicher seine Grenze* – und *Nachbarschaft*« (l. c.).

Adorno hat die Auflösung der Unterscheidung von Thema und Variation vor allem am Werk von Brahms demonstriert. Auf andere – und nicht weniger zukunfträchtige – Weise

---

171 Th. W. Adorno, *Philosophie der neuen Musik*, Ffm. ²1958, 57.

gilt dies für Wagners »unendliche Melodie«. Man hat zwar mit Recht eingewandt, daß die einzige Stelle in Wagners *Gesammelten Schriften und Dichtungen,* an der dieser Ausdruck begegnet (VII, 130), keinerlei Handhabe für die Interpretation bietet, Wagner habe damit eine Satztechnik, eine Kompositionsart bezeichnen wollen. Im Jahre 1860 (aus dem die Formulierung stammt) war die idealistische Verwendung des Terminus »unendlich« noch präsent. Die Idealisten unterschieden zwischen einer aktuellen und einer extensiven oder (wie Hegel sagt) zwischen einer guten und einer schlechten Unendlichkeit. Jene meint die Ewigkeit, das Absolute, die wieder in Einheit aufgehobene Totalität der ›unendlichen Fülle‹; diese die Unendlichkeit im Sinne von raumerfüllender Mannigfaltigkeit oder endloser Zeiterstrekkung. Fritz Reckow[172] hat zeigen können, daß Wagner den Ausdruck in beiden Bedeutungen verwendet, und er hält dafür, daß er in der Wendung »unendliche Melodie« synonym mit »zeitlos«, »ewig gültig« oder »ewig verständlich« gebraucht sei.[173] Sollte das zutreffen, so hat dieser Ausdruck wirkungsgeschichtlich gleichwohl im Sinne der Bezeichnung einer Kompositionstechnik überdauert. Und das aus Gründen, die auf Wagners eigene Äußerungen verweisen. Zum einen legt er Wert darauf, in seinen Musikdramen die Differenz arioser und rezitativischer Partien durch »einen bisher nicht gekannten ununterbrochenen musikalischen Fluß« aufgehoben und melodisch nivelliert zu haben (*GSD* IX, 211). Diese Kompositionstechnik erlaube es, die Handlung vollkommen zu befreien »von der Nöthigung zu einer Motivirung durch [äußerliche] Reflexion« (l. c. 309). »Die Musik ist es nun, was uns, indem sie unablässig die Mitempfindung bringt, zugleich ermächtigt, eben diese Handlung in drastischer Bestimmtheit vorzuführen« (l. c.). Hier gibt es endlich einen ununterbrochenen Fluß der Motivation, der eine äußerliche Differenzierung in thematische und durchführende Passagen unmöglich macht. Wagner bezeichnete jenes »un-

172 *Zu Wagners Begriff der unendlichen Melodie,* in: Carl Dahlhaus (Hg.), *Das Drama Richard Wagners als musikalisches Kunstwerk,* Regensburg 1970, S. 81–103.
173 L. c. 93, 99, 103.

unterbrochene Hineinredenlassen des Orchesters in die Angelegenheiten der Sänger« bekanntlich als »das ›Durchkomponiren‹« (*GSD* x, 171) des musikalisch-sprachlichen Kunstwerks, das seine Einheit nicht in kleineren thematisch oder arios herausgehobenen Partien punktuell stifte, sondern »in einem das ganze Kunstwerk durchziehenden Gewebe von Grundthemen« realisiere (l. c. 185; vgl. iv, 322, 202). Diese Satzform trägt als einzige der Realität des menschlichen Selbst Rechnung, dessen Wesen die Zeitlichkeit, der Mangel an erfüllter Gegenwart, die unendliche Sehnsucht, kurz: die Transzendenz ist.

Regt dieses Meer [der Tonkunst] aus seiner eigenen Tiefe sich selbst auf, gebiert es den Grund seiner Bewegung aus dem Urgrund seines eigenen Elementes, so ist auch seine Bewegung eine endlose, nie beruhigte, ewig ungestillt zu sich selbst zurückkehrende, ewig wiederverlangend von Neuem sich erregende (*GSD* iii, 83).

Es fällt leicht, die Symbolik des Motivs der unendlichen Fahrt in die Lektüre dieses Passus aus dem *Kunstwerk der Zukunft* hineinzuassoziieren, zumal Wagner sie wenige Seiten später selbst beschwört:

Im Reiche der Harmonie ist (...) nicht Anfang und Ende, wie die gegenstandslose, sich selbst verzehrende Gemüthsinbrunst, unkundig ihres Quelles, nur sie selbst ist, Verlangen, Sehnen, Stürmen, Schmachten, – *Ersterben* d. h. Sterben ohne in einem Gegenstande sich befriedigt zu haben, also Sterben ohne zu sterben, somit immer wieder Zurückkehr zu sich selbst (*GSD* iii, 86/7).

– das Schicksal des Fliegenden Holländers, des Alten Seefahrers, des Jägers Gracchus.
Ich entnehme diesem Zitat vor allem die Ansicht, daß partielle Einheiten aufgehört haben, dem Sehnenden für wesenhaft zu gelten. Er kann sich bei keinem einzelnen Ziel oder Gegenstande befriedigen. Und diese Unmöglichkeit verhindert das Komponieren nach der Technik etwa des Sonatensatzes mit seiner überdeutlichen Differenzierung des insistierenden Themas und einer zeitlich begrenzten subjektiven Reflexion, die in der Reprise wieder ins Thema zurückfließt und als dessen Durchführung nie seiner Kontrolle entgeht.

Dergleichen Überlegungen scheinen uns von unserem Gegenstand abzuführen, da sie immer mehr aus dem Gebiet der Analogie von Musik und Lyrik ins eigentliche Gebiet der Tonkunst hinübergleiten. Das ist freilich nicht ganz der Fall. Wagners Musikdrama – als Resultat einer Verschmelzung und Überschreitung der Grenzen verschiedener Kunstformen, darunter zunächst eben auch der Wortkunst – mußte durch die phonische und rhythmische Struktur seiner Texte dafür sorgen, daß eine vom »Prokrustesbett« stereotyper Ordnungsvorschriften befreite unendliche Melodie auf ihrer Basis sich entfalten konnte. Nun verführt zumal die metrische Gleichförmigkeit eines Gedichts und die Wiederkehr des Reims zum Festhalten an einem regulären Periodenschema und einer gleichförmigen musikalischen Syntax. Sollten diese restaurativen Züge aufgehoben werden, so mußte der Versrhythmus der Textvorlage nicht nur irregulär gearbeitet, sondern auch um ständigen Wechsel der soeben gesetzten Taktart bemüht sein. Wenn prinzipiell keine Silbe oder Tonfolge wiederholt werden darf,[174] war es sinnvoll, schon im Text die Wiederholung auch nur eines Takt-Typus zur Ausnahme werden zu lassen. Wagner schreibt dazu in seiner *Mitteilung an meine Freunde:*

Überall, wo mich wiederum der Ausdruck der poetischen Rede so vorwiegend bestimmte, daß ich die Melodie vor meinem Gefühle nur aus ihr rechtfertigen konnte, mußte diese Melodie, sobald sie in keinem gewaltsamen Verhältnisse zum Verse stehen sollte, fast allen rhythmischen [meint hier wie bei Schlegel metrischen] Charakter verlieren; und bei diesem Verfahren war ich unendlich gewissenhafter und von meiner Aufgabe erfüllter,

---

174 Diese Selbstdisziplinierung der Melodie bildete ein Hauptärgernis der zeitgenössischen Wagnerkritik: »Keine Wiederholung auch nur einer Sylbe durch die ganze Oper, ununterbrochen lebendiger, rascher, feuriger, stürmischer Fortgang des Drama's« (Besprechung des *Lohengrin* durch den Frhr. von Biedenfeld in *Europa. Chronik der gebildeten Welt* vom 19. 10. 1850). Vgl. Fr. D. in der Augsburger *Allgemeinen Zeitung* vom 4. 9. 1850: »Das geht ohne Absatz so fort, bis der Vorhang fällt: kein Recitativ, kein Andante, kein Caberletta, auch kein Duett . . .; nirgends ein Ruhepunkt, überall Bewegung, Hatz und Hast, eine wilde Kraft.« (In: *Situationsgeschichte der Musikkritik* (. . .), hg. von Helmut Kirchmeyer, IV. Teil, Dritter Bd., Regensburg 1968, Sp. 735 und 695).

als wenn ich umgekehrt die Melodie durch willkürliche Rhythmik zu beleben suchte. (. . .) Die Einbuße meiner Melodie an rhythmischer Bestimmtheit, oder besser: Auffälligkeit, ersetzte ich nun aber durch eine *harmonische* Belebung des Ausdruckes, wie nur gerade *ich* sie als Bedürfnis für die Melodie fühlen konnte (*GSD* IV, 327).

Diese »neu zu gewinnende *rhythmische* Belebung der Melodie durch Rechtfertigung *aus dem Verse,* aus der *Sprache* selbst« (l. c. 328) habe ihn auf den Stabreim geführt, dessen metrische Irregularität und modulatorische Geschmeidigkeit ihn »zur unendlich mannigfaltigsten Kundgebung« spontaner Empfindungen befähige. Die Prosaisierung der musikalischen Sprache – zur Kompositionstechnik erweitert – ist das einzig geeignete Mittel, zum tönenden Ausdruck dessen zu werden, was Tieck die »Empfindungsreihe« nannte. Die Empfindungen sind nicht regellos; aber sie schaffen sich ihren Rhythmus im Augenblick des Ausdrucks selbst, indem sie durch die Qualität der sukzedierenden ›Töne‹ das Maß der ganzen Reihe determinieren, nicht aber von einem metrischen Stereotyp äußerlich sich in die Reihe zwingen lassen. Dergleichen war unvermeidlich, solange das musikalische Periodenschema das Gerüst der Melodik bildete. Unter der Voraussetzung solcher musikalischer Gattungsvorschriften mußte die Empfindungsreihe in ein metrisches Maß sich fügen; denn »rhythmische Regelmäßigkeit – Schematik, um es pejorativ auszudrücken – ist, in Wechselwirkung mit der Harmonik und der Motivik, formbildend. Melodieteile von gleicher Länge tendieren dazu, sich zu ergänzen und sich, wenn Harmonik und Motivik den Konnex unterstützen oder mindestens nicht durchkreuzen, zu einer Gruppe zusammenzuschließen. Das quantitative Moment erfüllt eine qualitative, syntaktische Funktion. Und zwar ist die klassische musikalische Syntax hierarchisch: Zwei korrespondierende Takte bilden eine Phrase, zwei Phrasen einen Halbsatz, zwei Halbsätze – Vorder- und Nachsatz – eine Periode. Eine Viertaktgruppe kann zwar, ohne daß das Korrespondenzprinzip aufgehoben wäre, zu drei Takten schrumpfen oder sich zu fünf Takten ausdehnen; soll aber die Syntax verständlich bleiben, so setzt die Ausnahme, die Abweichung von der Norm des Gleichmaßes, voraus, daß sich die Regel dem musikalischen Gefühl fest eingeprägt hat«.[175]

In Wagners musikalischer Syntax – der unendlichen Melodie – ist diese Gattungs-Norm aufgehoben; und es ist (für unseren Zusammenhang) bedeutsam, daß diese Aufhebung vom Rhythmus der Stabreim-Verse zugleich mit der Emanzipation der Dissonanz erzwungen wird. Dahlhaus hat an den ersten zehn Versen von Waltrautes Erzählung (»Seit er von dir geschieden, / zur Schlacht nicht mehr / schickte uns Wotan; / irr und ratlos / ritten wir ängstlich zu Heer« usw. [*GSD* vi, 201 f.]) und an Kundrys großer Antwort auf Parsifals Weigerung (»Grausamer! – Ha! – / Fühlst du im Herzen / nur anderer Schmerzen, / so fühle jetzt auch die meinen« [*GSD* x, 360 f.]) überzeugend dargetan, daß hier die Modulation der zur Prosa tendierenden Töne die Zersetzung des musikalischen Periodenschemas förmlich erzwingt und daß die zusammenschließende Wirkung des Stab- oder Endreims die auflösenden und dissonanten Effekte der sprachlichen und »musikalischen Prosa« nicht aufzuhalten vermag.[176] Weder folgt die Sequenz der Takte einer Regel noch gibt es eine erkennbare Logik in der Fügung der Perioden: Die einzige Ordnung, die man nicht leugnen wird, ist die der »Empfindungsreihe«, die sich über das gesamte Drama als ein unendliches Gewebe – als Text – von Leitmotiven ausbreitet und an keiner Stelle durch eine traditionelle und externe Gattungsökonomie kontrolliert wird, die eine Unterscheidung arioser und rezitativischer, thematischer und variierender oder (wie Roland Barthes sagen würde) kardinaler und katalytischer Passagen erlaubte.

Könnte man Wagner und Tieck – dem Schematismus unserer Literaturgeschichtsschreibung folgend – noch dem kulturellen Kontinuum der »Romantik« zuweisen, so befinden wir uns unmittelbar an der Schwelle der Moderne, sobald wir uns dem lyrischen Werk des englischen Jesuitenpaters Gerard Manley Hopkins (1844–1898) zuwenden. In seiner Dichtung erreicht die Emanzipation der rhythmischen Mo-

---

175 Carl Dahlhaus, *Richard Wagners Musikdramen*, 104.
176 L. c. 104/5; 151/2.

dulation vom Metrum einen vorläufigen Höhepunkt, der
auch von zeitgenössischen und späteren Experimenten (etwa
dem *Phantasus* von Arno Holz oder den metrisch entgrenzten Langzeilen des Expressionisten Ernst Stadler) nicht
überboten werden konnte.

In Hopkins' poetologischen Überlegungen bricht die um-
gangssprachlich – vor allem in der Romania – noch immer
aufrechterhaltene Unterscheidung von Poesie und Prosa
endgültig zusammen: »Der Rhythmus der gewöhnlichen
Sprache und der geschriebenen Prosa« wird zum Ideal der
poetischen Rede, wie Hopkins im Vorwort zu seinen Sonet-
ten schreibt.[177] Die klassisch-idealistische Forderung, die
Poesie müsse sich von der chaotischen »Totalität der Sprache« dadurch absondern, daß sie – wie der Weltkörper –
»ihre eigene unabhängige Bewegung und eben deßwegen
ihre Zeit in sich selbst habe« – nämlich »durch Rhythmus
und Sylbenmaß« (Schelling, *SW* I/5, 635 und 637) –, wird
hier zurückgenommen. Hopkins geht noch weiter: auch die
Prosa der Umgangssprache – z. B. die bewußt rhythmisch
gestaltete Rede *(oratio)* oder die rhetorische Emphase des
Überreden-Wollens – neigt zuweilen zu »Gleichförmigkei-
ten«, die sich nur durch Spielregeln eines streng gegen-me-
trischen Sprechens vermeiden lassen. Schon in der traditionellen Verssprache beobachtet man »umgekehrte Füße« und
»kontrapunktische Rhythmen«:[178] das sind rhythmische Li-
zenzen, die im Toleranzbereich jedes Metrums liegen. Man
hat z. B. das Metrum eines jambisch ansteigenden Blankver-
ses im Ohr und kann durch schwebende Betonung die Ein-
fügung eines einzelnen Trochäus (als Ausdruck vielleicht einer rhetorischen Emphase) leicht auffangen.[179] Wiederholt
sich freilich solch eine Umkehrung in zwei aufeinanderfolgenden Füßen, so bietet sich dem Gehör ein mit dem Metrum konkurrierendes anderes Metrum an; es laufen gleich-

---

177 *Gedichte*, Englisch und deutsch, hg. von Wolfgang Clemen, Stuttgart
1973, 181.
178 L. c. 178.
179 Zwei Beispiele, die Hopkins selbst gibt: »Hóme to his móther's hoúse
prívate retúrned« und »Bút to vánquish by wísdom héllish wíles« (*Paradise
Regained* IV, 639 und I, 175).

sam zwei Rhythmen nebeneinander her, wie oft in Versen Miltons. Wir haben, sagt Hopkins, alsdann so etwas wie einen »Kontrapunkt-Rhythmus«,[180] durch welchen freilich der »Grundrhythmus« dominierend durchscheint. Sobald auch dies letzte Zugeständnis an die metrische Prädominanz verabschiedet wird, gibt es nurmehr »einen einzigen Rhythmus, und zwar wahrscheinlich den Sprungrhythmus, von dem ich nun sprechen werde«.[181] Es handelt sich beim Sprungrhythmus um einen totalisierten Kontrapunkt: Das metrische Schema, das festliegt und in mehreren Versen und ganzen Versdichtungen identisch sich durchhält, ist vollkommen suspendiert. Damit auch nicht der Schein einer metrischen Diktatur auftaucht, muß nach strengem Satz[182] komponiert werden. In der Regel soll kein Versfuß seinen Vorgänger nachahmen. Der Akzent soll in den germanischen Sprachen stets auf die erste Silbe fallen. Ihr dürfen bis zu drei unbetonte Silben folgen, so daß die Mehrzahl der Takte aus Spondeen, Trochäen, Daktylen und Päonen bestehen wird. Diese terminologische Fixierung ist allerdings irreführend: denn der Päon oder der Daktylus ist ein integraler Bestandteil eines Metrums, während die Füße im Sprungrhythmus in beliebiger Folge stehen und dennoch absolut gleichwertig sind.

Das Enjambement wird rhythmisch mitgezählt, so daß nicht die Verszeile, sondern die ganze Strophe zum kompositorischen Minimum wird. Um weitere Freiheiten zu ermöglichen, sind Pausen – also das Aussetzen von Tönen im rhythmischen Fluß – und »abschweifende Versfüße« erlaubt, nämlich zwei- oder dreisilbige Senkungen, die durch eine Schleife unter den Wörtern bezeichnet und bei der Zählung der Füße nicht mitberücksichtigt werden. (Hopkins spricht von »hangers« und »outrides« [vgl. *GSB* 609, 563, 630].) Ferner können mehrere Silben zeitlich in eine zusammengezogen und es können Umkehrungen des Rhythmus durch

180 Hopkins, *Gedichte*, l. c. 179.
181 L. c. 179/80.
182 »Er ist«, sagt Hopkins, »so streng geregelt wie jeder andere Rhythmus auch« (*Gedichte. Schriften. Briefe,* hg. von W. Clemen und F. Kemp, München 1954, 620/1. [Hinfort im Text zit.: *GSB*]).

einen ›querliegenden Schnörkel‹ angezeigt sein. (Dies muß freilich Ausnahme bleiben, denn der Kontrapunkt darf in einem konsequent anarchisierten Taktfluß keine Rolle mehr spielen: »Der Sprungrhythmus schließt den Kontrapunkt aus«, und »abschweifende Versfüße [und Umkehrungen] gehören zu kontrapunktischen Metren, die einen wohlbekannten, unmißverständlichen oder sich stark ins Gedächtnis prägenden Standardrhythmus voraussetzen« [l. c. 536].)
Der Sprungrhythmus emanzipiert also die lyrische Sprache vollständig von den schematischen Periodisierungen, die den gebräuchlichen Metren eigentümlich sind. Das Gewicht liegt auf der Modulation der Verszeile; und dafür ist maßgeblich das »deutlich empfundene Prinzip *gleicher Tonstärken*« (l. c. 611), welches besagt, daß jeder Fuß – unabhängig davon, ob er aus einer oder aus vier Silben besteht – jedem anderen Fuß gleichgewichtig ist (612). Das ist keineswegs ein Problem, welches unter dem Titel einer Revolution des lyrischen Rhythmus seinen Ort fände:[183] Wie bei Wagner und Tieck hat die Befreiung des Versfußes vom Diktat des Metrums nicht die Absicht, die Sprache alsdann einem anderen Herrn, einem totalisierten Kontrapunkt, zu unterwerfen: der Rhythmus soll sich vielmehr organisch aus der phonischen Qualität der sukzedierenden Silben entwickeln, also aus der Modulation der »Empfindungsreihe«. Schon bei Tieck hatte der Ausdruck an die Metaphorik des Gewebes (des Textes) und der durchgehenden Motivation appelliert. Unter »Empfindungsreihen« verstand er Skalen einer immer aus sich selbst gezeugten Steigerung und Erweiterung der Gefühlsfolge, die an die zuerst angeschlagene Empfindung »immer neue Aussichten« sich anlagern läßt.[184] Wagner sprach vom »Gewebe der Hauptthemen«, das sich übers ganze Kunstwerk ausbreitet und »durch eine, dem Gefühle immer gegenwärtige Entwicklung der angeregten Stimmungen überhaupt zu erzeugen (ist)« (*GSD* IV, 322).

183 Wie dies z. B. bei Arno Holz geschieht.
184 L. Tieck, *Das Buch über Shakespeare*, 117.

Die zu genau unterscheidbaren, und ihren Inhalt vollkommen verwirkli-
chenden melodischen Momenten gewordenen Hauptmotive der dramatischen Handlung bilden sich in ihrer beziehungsvollen, stets wohlbeding-
ten... Wiederkehr zu einer einheitlichen künstlerischen Form, die sich
nicht nur über engere Theile des Drama's, sondern über das ganze Drama
selbst als ein bindender Zusammenhang erstreckt, in welchem nicht nur
diese melodischen Momente als gegenseitig sich verständlichend und somit
einheitlich erscheinen, sondern auch die in ihnen verkörperten Gefühls-
oder Erscheinungsmotive, als stärkste der Handlung und die schwächeren
derselben in sich schließend, als sich gegenseitig bedingende, dem Wesen
der Gattung nach einheitliche – dem *Gefühle* sich kundgeben. – In diesem
Zusammenhange ist die Verwirklichung der vollendeten einheitlichen Form
erreicht (*GSD* IV, 202).

Die komplizierte Formulierung aus *Oper und Drama* macht
deutlich, wie schwer es Wagner fällt, sein Kompositionsver-
fahren gattungstheoretisch zuzuordnen. Der lange und syntaktisch undurchsichtige Satz versucht, die extreme Mannigfaltigkeit der Empfindungsreihe und den subjektiven Faktor,
der in ihr sein Spiel treibt, an dem Punkt anzutreffen, da sie
ins Objektive einer »einheitlichen Form« umschlagen, nämlich zu einem unendlichen Gewebe, zu einem von keiner
Ökonomie begrenzten Text werden. Es handelt sich nicht
um eine globale und synthetische Einheit, die der Menge der
einzelnen Töne von außen meisternd ihr Gesetz aufnötigte,
sondern um eine in jedem Augenblick auf dem Spiel stehende und aufs neue gestiftete Einheit des Textes. »Gerade
damit wird die Freiheit zum Prinzip allseitiger Ökonomie,
das der Musik nichts Zufälliges läßt und doch die äußerste
Mannigfaltigkeit aus identisch festgehaltenen Materialien
entwickelt. Wo es nichts Unthematisches mehr gibt, nichts,
was sich nicht als Ableitung eines immer Gleichen ausweisen
könnte, da läßt sich kaum noch von freiem Satze sprechen.«[185] Jeder Ton ist, was er ist, durch die Beziehung zu
allen anderen; er steht in einem durchgängigen Motivations-
verhältnis, das ihm verwehrt, seine Bedeutung unmittelbar
geltend zu machen, und ihn zwingt, den Umweg über alle
anderen Töne zu beschreiten.

185 Thomas Mann, *Doktor Faustus*, Ffm. 1965, 254/5.

So will es auch Hopkins verstanden wissen: »Unter ›Gefühlsfolge‹ verstehe ich eine bestimmte dramatische Eigenschaft, welche bewirkt, daß dasjenige, was vorangeht, das, was später kommt, zu bedingen oder zu erzeugen scheint; zum mindesten stellt es sich so dar, nachdem man das Ganze gehört hat« (*GSB* 605). Auch hier geht es um das Paradox jenes Umschlags subjektiver Willkürfreiheit, die sich in Termen der klassischen Genieästhetik artikuliert, in die Seinsweise eines Relationalsystems, dessen Einheit sich nicht seinerseits als Werk einer subjektiven Veranstaltung zu erkennen gibt. Die Kompositionsart des Sprungrhythmus bricht – um die musikalische Metaphorik fortzusetzen – mit der Tonalität eines Grundtons oder Grundakkords, zu dem die variative Durchführung an irgend einer Stelle ihrer Entwicklung zurückfände als zu ihrem *licu propre*. Die Folge ist, daß die Töne einander gleichwertig sind und daß sich ihre Bedeutung nicht aus ihrer Beziehung zu einer unabhängigen und festen Grundbedeutung ergibt, sondern ausschließlich aus ihrer Beziehung zueinander. Das Gefühl eines bodenlosen Schwebens stellt sich ein, dessen Gesetz erst im nachhinein sich aufstellen läßt und nur für diese eine Komposition gilt.

Ich illustriere dies Verfahren an den ersten neun Zeilen von Hopkins' Sonett *That Nature is a Heraclitean Fire and of the Comfort of the Resurrection* (entstanden im Juli 1888):

Cloud-Puffball, torn tufts, tossed pillows / flaunt forth, then chevy as an
air –
built thoroughfare: heaven-roysterers, in gay-gangs / they throng; they
glitter in marches.
Down roughcast, down dazzling whitewash, /wherever an elm arches,
Shivelights and shadowtackle in long / lashes lace, lance, and pair.
Delightfully the bright wind boisterous / ropes, wrestles, beats earth bare
Of yestertempest's creases; / in pool and rut peel parches
Squandering ooze to squeezed / dough, crust, dust; stanches, starches
Squadroned masks and manmarks / treadmire toil there
Footfretted in it. Million-fuelèd, / nature's bonfire burns on.[186]

186 Hopkins, *Gedichte*, 106/8.

Ich denke, Sie empfinden unmittelbar die Verwandtschaft zu Tiecks *Mondscheinlied*. Beide Gedichte sind gereimt; bei Hopkins handelt's sich um ein Sonett italienischen Typs mit drei angehängten Codas. Die Zeilen sind im allgemeinen 6-hebig (es gibt, der ›abschweifenden Versfüße‹ halber, zuweilen mehr, der ›beschleunigten‹ halber zuweilen weniger Akzente). Die Mitteldiärese läßt an den Alexandriner oder an den klassischen Trimeter (mit Zäsur nach der dritten Hebung) denken. Tatsächlich schwankt die Zahl der Silben in den Verszeilen zwischen 7 und 20. Im Gegensatz zu Tieck wiederholt im ganzen Gedicht kein einziger Versfuß seinen Vorgänger. Binnenreime sind häufig, zuweilen ist das Reimwort einer Zeile in den zweiten Versfuß der auf sie folgenden Zeile verschoben (Zeile 1 auf 2; vgl. Zeile 16 ff.); der Stabreim und die Alliteration sind stark verwendet. Die Bindungskraft all dieser synthetischen Stilmittel reicht aber, wie Sie sofort bemerkt haben, keineswegs aus, um das Gefühl einer extrem abwechslungsreichen Modulation der Töne zu bannen; auch die Phonemfolgen in den Silben sind so gewählt, daß sie heftig kontrastieren zu denjenigen ihrer Vorgängerinnen.

Ein nachgerade schneidendes Gefühl gewaltsamer Zerreißung des Rhythmus und des lyrischen Melos stellt sich ein. Mehr noch als bei Tieck unterstützt die Syntax diesen Eindruck: Der Atomisierung der Einzeltakte entspricht nicht nur die durchgängige Parataxe, sondern auch die Atomisierung kleinster Bedeutungseinheiten, die – wenigstens auf den ersten Blick – nahezu unverbunden nebeneinander stehen. Singulare stehen neben Pluralformen (»Cloud-Puffball«, »torn tufts«; »Shivelights and shadowtackle«); syntaktisch zusammengehörige sind durch übermächtige Sperrung (*hyperbata*) voneinander abgespalten; die Stellung der Satzteile im Satz arbeitet geradezu gegen die Vorschriften der Grammatik an und wechselt überdies beständig ab, so daß sich auch keine syntaktische Kontrast-Regel herausbildet. Nicht einmal die morphonologischen Regeln sind beachtet: es gibt kühnste Neologismen, Ellipsen und Kontaminationen, die Verknüpfung von Wörtern verschiedener grammatischer Kategorien (»beats level«, »yestertempest«, »clearest-selvèd«, »disseveral« usw.) und dergleichen.

Zuweilen gibt es grammatische Unentscheidbarkeiten und Mehrdeutigkeiten. Z. B. ist in der Sequenz »in pool and rut peel parches Squandering ooze to squeezed dough, crust, dust« unklar, ob man *rut* und *peel* als Substantive interpretieren und zusammenfassen soll (rut-peel: Wagenspur-Pelle) – oder ob sich's bei *peel* um ein Tätigkeitswort handelt (pellen, sich schälen: intransitiv? transitiv?), das mit *parches* eine verfremdende Kombination eingeht (peel-parches: schäldörrt) – eine zweifellos agrammatische Fügung, die aber nicht die einzige ihrer Art wäre: Gleich die folgende Sequenz bereitet ähnliche Sorgen. Ist »treadmire toil« eine Substantiv-Kombination oder ein kühn zusammengesetztes Verb? Die Grammatik der Partizipialkonstruktion bietet jedenfalls keine Entscheidungshilfe. Kurz: schon bei der semantischen Entzifferung trifft man auf unüberwindbare Schwierigkeiten, und das Gedicht fügt sich nach Maßgabe der getroffenen Zuordnungen in immer neue Beziehungs-Gitter, die auf keine gründende und maßgebende Einheit hin zu überschreiten sind. Wie bei Tieck ist das Gedicht von Licht- und Dunkel-Metaphern durchglüht. Einer Bewegung aus dem Dunkel ins Licht (die Quartette) folgt die Umkehrung in den Terzetten: das Licht der Natur, der Menschengeist, das aus dem Chaos Geborene verdüstert sich (fällt dem Dunkel anheim, dem Unaufgeklärten, dem Chaotischen, unkontrollierbar Sich-Wandelnden usw.), und erst die drei Codas wenden den Abfall wieder um in siegreiche Gewißheit lichtvollen Heils. Das Leuchtfeuer der Natur, der strahlende Diamant, das durchdringbarste und härteste aller Mineralien, wird zum Symbol der Einheit des Unbeständigen und des Festen. Dem heraklitischen Feuer gleich, ist gerade sein Hin- und Herschlagen (seine wechselnde Reflektibilität) der Garant des Unvergänglichen; aber es ist nicht mehr die unvergängliche Einheit gegen die Unordnung, sondern die Ewigkeit der zerbrochenen Ökonomie als solche.

Damit bin ich am Ende. Ich wollte Ihnen zeigen, an welchen Zügen moderner Texte das Thema der unendlichen Fahrt sein formales oder kompositorisches Pendant findet. Und da schien mir die Entwicklung, die ich skizziert habe, sinnenfälliger zu sein, als es auf einem anderen Wege möglich ge-

wesen wäre: z. B. dem Wege über die Wandlungen der poetischen Bildlichkeit, von dem die Bücher über das ›Wesen der
modernen Dichtung‹ berichten. Natürlich kann man den
Bruch mit dem Paradigma der Reflexion auch in der Emanzipation der Metapher vom Gesetz der Analogie nachweisen: die beiden Relate der Metapher verweisen zwar aufeinander, geben das Geheimnis des Gesetzes, das ihren Austausch ermöglicht, aber nicht mehr preis: Reflex und Reflek-
tierendes bestehen in der Einheit einer Spiegelungsbewe-
gung, aber diese Einheit ist nicht mehr mit Sicherheit die
Identität oder ihr bescheideneres Supplement, die Ähnlichkeit. Ich deutete diese Möglichkeit oben in der Mallarmé-
schen Metapher des Spiegels ohne Stanniol an. Auch sie enthüllt eine Weise des Zielverlustes und der Entgrenzung der
Ökonomie. Aber es handelt sich dabei nicht um ein ur-
sprüngliches Phänomen. Basaler ist die Erfahrung der Textualität des In-der-Welt-Seins. Sie lehrt, daß der Aufschub-
des-Sinns (der sich in der dunklen Metapher aktualisieren
läßt) nicht die gefährliche Ausnahme von der Regel einer
unmittelbaren Bedeutungspräsenz ist, sondern eine konstitutive Möglichkeit aller nicht-symbolischen (arbiträren,
konventionellen) Orientierungssysteme darstellt. Bei einem
jeden semantischen System, sagt Sartre, »il s'agit, en vérité,
d'un groupe de rapports entre des termes qui ne se définis-
sent que par leurs oppositions réciproques ou par un ›diffé-
rentiel‹ qui détermine chacun par les autres en tant que sa
seule essence réside dans sa différence avec tel ou tel autre
terme et, du coup, avec tous.«[187] Die Nichtidentität der
Terme untereinander wird mithin zur Bedingung der Identität jedes einzelnen. Darin besteht die Analogie zum Konkur-
renzsystem der bürgerlichen Gesellschaft, in der der
Mensch, was er ist, über den Reflex seiner Funktion als »in-
dividu commun« (wie Sartre sagt) erfährt.[188] Diese Entfremdung in die und durch die symbolische Ordnung ist indessen
kein Naturgesetz: die funktionale Identität der semiotischen
›Typen‹ steht ständig auf dem Spiel, insofern jedes signifi-

187 Sartre, *L'idiot de la famille*, Bd. 3, 222.
188 Sartre, *Critique de la raison dialectique*, Paris 1960, 462 (passim).

kante Tun das Repertoire des bislang Sag- und Bedeutbaren durch unbegrenzt viele Möglichkeiten, neue Differenzierungen im Gewebe des gesellschaftlichen Textes vorzunehmen, erweitert. Die Metapher, die nie auf eine stehende Identität zurückzubringen ist, ist im Grunde nur ein globaler Ausdruck für diese methodisch unbegrenzbare Möglichkeit der Sinnstiftung und Sinnerweiterung/Sinnveränderung im Repertoire des Sagbaren. Diese Möglichkeit freilich setzt die Unbeständigkeit des Sprachlichen *(du langage)* voraus – und die poetologischen Reflexionen über die Empfindungsreihe, die unendliche Melodie und den totalisierten Kontrapunkt sind nur drei verschiedene und besonders auffällige Akzentuierungen dieser Einsicht. Sobald sie sich dem modernen Selbstverständnis eingeprägt hat, ist das »literarische Absolute« geboren. Dessen Absolutheit ist freilich nicht mehr im absoluten Wissen oder im felsenfesten Glauben begründet – sondern in der Unüberschreitbarkeit des Sprachlichen. Das bedeutet gerade nicht, daß wir in unseren Texten geborgen (oder auch: gefangen) wären wie hinter Wänden (davon träumten glücklichere Zeitalter: das Paradies ist nicht – wie die Neue Welt – das Land der unbegrenzten Möglichkeiten, sondern als Verwahrsam, als abgegrenzter Bezirk, als Garten vorgestellt worden), sondern daß die Grenzen des Textes, über den wir unser gesellschaftliches Selbstverständnis (als *des individus communs*) vermitteln, beständig vor uns zurückweichen und uns jene »échapées de vue ins Unendliche« vermitteln, von denen Friedrich Schlegel sprach (*KA* II, 200, Nr. 220). Die Selbstauflösung der textuellen Ökonomie (d. h. ihrer Bändigung durch den Gedanken der geregelten Beziehung auf sich selbst: auf das Eigene und Heimatliche *katà tòn toû oíkou nómon*) wird zur »*epídeixis* der Unendlichkeit« (*KA* XVIII, 128, Nr. 76). Einer Unendlichkeit allerdings, die sich nach dem Verlust einer transzendenten Ökonomie des Heils und der Heimkehr nurmehr in der Gestalt der *schlechten Unendlichkeit* (Hegels) manifestieren kann: als der dem Sprechen eingewebte oder eingetriebene Stachel der Sehnsucht und als die Unendlichkeit eines Unterwegs-Seins, dem es an einem absoluten Ziel mangelt.